财政部规划教材
全国财政职业教育教学指导委员会推荐教材
全国高等院校财经类教材

新编供应链管理

黎继子 主编

经济科学出版社

图书在版编目（CIP）数据

新编供应链管理／黎继子主编. —北京：经济科学出版社，2014.9
财政部规划教材　全国财政职业教育教学指导委员会推荐教材　全国高等院校财经类教材
ISBN 978 - 7 - 5141 - 5033 - 9

Ⅰ.①新… Ⅱ.①黎… Ⅲ.①供应链管理 - 高等学校 - 教材　Ⅳ.①F252

中国版本图书馆 CIP 数据核字（2014）第 222907 号

责任编辑：侯晓霞　张建光
责任校对：杨晓莹
责任印制：李　鹏

新编供应链管理
黎继子　主编
经济科学出版社出版、发行　新华书店经销
社址：北京市海淀区阜成路甲 28 号　邮编：100142
教材分社电话：010 - 88191345　发行部电话：010 - 88191522
网址：www.esp.com.cn
电子邮件：houxiaoxia@esp.com.cn
天猫网店：经济科学出版社旗舰店
网址：http://jjkxcbs.tmall.com
北京密兴印刷有限公司印装
787×1092　16 开　14.5 印张　360000 字
2014 年 12 月第 1 版　2014 年 12 月第 1 次印刷
ISBN 978 - 7 - 5141 - 5033 - 9　定价：32.00 元
(图书出现印装问题，本社负责调换。电话：010 - 88191502)
(版权所有　翻印必究)

编写说明

本书是财政部规划教材、全国财政职业教育教学指导委员会推荐教材，由财政部教材编审委员会组织编写并审定，作为全国高等院校财经类教材。

近年来，企业的经营环境和生产管理方式发生了很大的变化，一方面顾客的需求越来越多样化，需求不确定性越来越大，另一方面企业分工越来越精细化和专业化，供给复杂性越来越强。因此，经营运作管理的边界不得不由过去以企业为单位，演变为以供应链为单位，以期达到对市场的快速响应。故供应链管理得到了国内外学术界和企业界人士的极大关注，并在实践中获得了很大成功。不仅是国际上著名的跨国企业、大公司，如华为、惠普、联想、大众等，在供应链管理中取得了巨大的成绩，大大降低了运作成本、提高了运作效率、缩短了交货时间，增强了竞争力。更重要的是，国内一些中小企业，积极探索适合它们运作的供应链管理模式，比如宁波海天和海太两家注塑机企业，依托当地产业集群，进行本地一体化供应链纵向合作，以及跨链横向的协调，这种集群式供应链管理，大大增强了企业的敏捷性。使得国内中小企业也能和跨国公司在同一个平台上"与狼共舞"。

本书系统地介绍和阐述了供应链管理的理论、原理、方法和技术。全书共分九章。首先介绍了供应链和供应链管理的基础知识，然后阐述了供应链战略管理和管理决策、供应链设计与构建，接着对供应链采购管理、供应链生产计划和控制、供应链库存管理和供应链信息管理进行了论述，最后对供应链风险管理和供应链绩效管理进行了分析和总结。

本书的主要特色是注重案例，在每章开始和结束都有案例，同时配以各章小结。另外，每一章节中附上了习题，以供老师和学生复习和巩固之用。

本书可作为高等院校和职业高校物流专业和相关专业本专科、工商管理硕士（MBA），以及物流工程专业硕士教材，也可作为企业管理人员的参考用书。

本书由黎继子主编，黄纯辉、左志平、南保康和冷凯君为副主编。编写分工如下：黎继子（第1章和第2章），黄纯辉（第8章），左志平（第4章和第6章），南保康（第3章和第9章），冷凯君（第5章和第7章）。黎继子负责统稿和最终书稿修订工作。在本书编写工程中，参阅和引用了国内外的有关研究成果和文献，在此表示衷心的感谢。

由于供应链管理理论体系还处于发展之中，以及编者才疏学浅，书中难免会有一些不妥和不足之处，恳请读者批评指正。

编　者
2014 年 8 月

目录

第1章 供应链管理概述 / 1
引导案例 / 1
1.1 供应链管理的演变 / 3
　1.1.1 外部环境的变化 / 3
　1.1.2 企业内部的变化 / 4
　1.1.3 供应链管理模式产生与发展 / 7
1.2 供应链管理的内涵 / 9
　1.2.1 供应链及其特点 / 9
　1.2.2 供应链管理及其内容 / 11
1.3 供应链管理原理 / 13
　1.3.1 供应链管理原则 / 13
　1.3.2 供应链管理运作机制 / 14
本章小结 / 15
讨论案例 / 15

第2章 供应链战略管理 / 17
引导案例 / 17
2.1 供应链的类型 / 18
　2.1.1 根据供应链所生产的产品类型特点来进行分类 / 19
　2.1.2 基于核心企业地位的分类 / 19
2.2 供应链战略管理决策 / 21
　2.2.1 供应链战略的提出 / 21
　2.2.2 供应链战略类型及选择 / 22
2.3 第三方物流与第四方物流 / 26
　2.3.1 第三方物流 / 26
　2.3.2 第四方物流 / 29
本章小结 / 30

讨论案例 / 31

第3章 供应链的设计构建 / 33
引导案例 / 33
3.1 供应链体系结构模型 / 35
3.1.1 供应链的成员构成 / 35
3.1.2 供应链网络拓扑结构 / 37
3.2 供应链的构建 / 38
3.2.1 供应链构建的原则 / 38
3.2.2 供应链构建的内容 / 40
3.2.3 供应链构建的影响因素 / 42
3.2.4 供应链构建的方法 / 43
3.2.5 供应链构建的步骤 / 47
3.3 供应链体系的构建策略 / 49
3.3.1 基于约束理论的供应链构建 / 49
3.3.2 基于产品生命周期的供应链构建 / 53
3.3.3 基于集成思想的供应链构建 / 55
3.4 供应链构建的评价与优化 / 60
3.4.1 供应链构建的评价 / 60
3.4.2 供应链设计的评价指标与方法 / 61
3.4.3 供应链构建的优化 / 62

本章小结 / 65
讨论案例 / 66

第4章 供应链的采购管理 / 68
引导案例 / 68
4.1 传统的采购模式 / 69
4.1.1 采购与采购流程 / 69
4.1.2 传统采购的模式及特点 / 70
4.2 供应链背景下的采购管理 / 72
4.2.1 供应链背景下的采购管理特点 / 72
4.2.2 供应链背景下的准时采购策略 / 74
4.3 供应商选择与管理 / 76
4.3.1 供应商管理概述 / 76
4.3.2 供应链环境下的供应商关系 / 78
4.3.3 供应商选择 / 80

本章小结 / 88

讨论案例 / 89

第5章　供应链生产计划与控制　/ 91
引导案例 / 91
5.1　供应链计划 / 93
　5.1.1　供应链计划管理的原因 / 93
　5.1.2　供应链计划系统 / 95
5.2　生产计划与控制 / 96
　5.2.1　生产计划与控制的内容 / 96
　5.2.2　供应链管理下生产计划与控制的特点 / 97
　5.2.3　供应链下生产计划与控制的过程 / 101
5.3　生产计划与控制系统模型 / 102
　5.3.1　供应链管理环境下生产管理组织模式 / 102
　5.3.2　生产计划与控制系统模式 / 103
本章小结 / 106
讨论案例 / 106

第6章　供应链的库存管理　/ 109
引导案例 / 109
6.1　库存管理的基本原理和方法 / 111
　6.1.1　库存与库存管理 / 111
　6.1.2　库存管理的基本模型 / 115
6.2　供应链环境下的库存管理策略 / 124
　6.2.1　供应商管理库存策略 / 126
　6.2.2　联合管理库存策略 / 129
　6.2.3　协同计划、预测与补充管理 / 130
6.3　牛鞭效应与库存管理 / 132
　6.3.1　牛鞭效应的产生 / 132
　6.3.2　牛鞭效应对库存的影响 / 133
本章小结 / 134
讨论案例 / 135

第7章　供应链信息管理　/ 138
引导案例 / 138
7.1　供应链中信息共享 / 139
　7.1.1　供应链中信息的作用 / 139
　7.1.2　供应链中信息的特点 / 141

7.2 供应链管理中的主要信息技术 / 142
  7.2.1 信息追踪与定位 / 142
  7.2.2 信息传输技术 / 145
  7.2.3 信息编码与识别 / 149
  7.2.4 信息集成与处理 / 158
7.3 电子商务与供应链管理 / 160
  7.3.1 电子商务概述 / 160
  7.3.2 电子商务下的供应链管理 / 161
  7.3.3 电子商务下的供应链物流 / 163
本章小结 / 165
讨论案例 / 166

第8章 供应链的风险管理 / 167

引导案例 / 167
8.1 供应链的风险 / 168
  8.1.1 风险的内涵 / 169
  8.1.2 供应链风险的特征 / 169
8.2 供应链风险的类别 / 170
  8.2.1 系统外部风险 / 170
  8.2.2 系统内部风险 / 171
8.3 供应链风险管理 / 177
  8.3.1 供应链风险识别 / 177
  8.3.2 供应链风险评估 / 180
  8.3.3 供应链风险处理 / 182
  8.3.4 供应链风险监控 / 184
本章小结 / 185
讨论案例 / 186

第9章 供应链绩效管理 / 189

引导案例 / 189
9.1 供应链绩效管理概述 / 190
  9.1.1 绩效 / 190
  9.1.2 绩效管理 / 190
  9.1.3 供应链绩效管理 / 191
9.2 供应链绩效评价体系 / 192
  9.2.1 供应链绩效评价内容 / 192
  9.2.2 供应链绩效评价体系 / 193

9.2.3 供应链绩效评价指标体系 / 195
9.2.4 供应链绩效评价计算过程 / 198
9.3 供应链绩效评价方法 / 201
9.3.1 SCOR 模型 / 201
9.3.2 平衡计分卡 / 204
9.3.3 标杆法 / 207
9.3.4 其他方法 / 210
9.4 供应链合作中的激励机制 / 211
9.4.1 供应链激励机制概述 / 211
9.4.2 供应链激励机制的内容 / 213
9.4.3 供应链激励机制的设计 / 216
本章小结 / 217
讨论案例 / 217

参考文献 / 219

第1章

供应链管理概述

学习目标

- 了解供应链管理的产生与发展
- 理解供应链管理及其内涵
- 掌握供应链管理原理

【引导案例】

供应链管理模式

裕元集团是全球最大的运动鞋生产商，专门为全球 30 多家著名品牌鞋类企业生产中档及高档鞋类产品。在各类名牌运动鞋及便鞋市场中，该公司的市场占有率达到 17%。它是耐克、阿迪达斯、锐步等主要国际名牌公司的制造商。为了降低成本，实现利润最大化，该公司建立了高效率、高水平的供应链管理模式，并实现了供应链整合。

一、供应链管理与整合的模式分析

由于裕元集团与阿迪达斯公司建立了长期稳定的战略伙伴关系，因此在供应链管理和整合的过程中，该集团不断借鉴和参考阿迪达斯的成功做法，通过自己的实践建立了高效率、高水平的供应链管理模式，并实现了供应链整合。

裕元集团的管理层很早就认识到了供应链整合的重要性，并及时进行这一领域的实践与探索。他们认识到，只有加强与供应链上游环节和下游环节——供应商和顾客的联系，提高产品周转速度，保证以合适的成本在合适的时间以合适的质量完成各阶段的工作，企业才能降低成本、提高利润，才能实现效益最大化。因此，他们在供应链管理与整合领域不惜投入，并加紧与阿迪达斯在该领域的合作，聘请阿迪达斯的专家到企业的设计开发中心工作。

该中心共有员工 1 272 名，另有 20~30 名是来自德国阿迪达斯公司总部的设计开发专家。该中心的规模相当于一个中国典型制鞋厂的 2 倍，可见其规模之大。开发中心的成立，使顾客提出的产品概念及时转化为具体的样鞋，然后经过顾客确认，再进行适时适量生产，制造出顾客满意的成品鞋。

仅广东东莞裕元高埗阿迪达斯厂在信息系统的总投资就高达 4 960 万元（以下元统一为人民币），年度运营费用达1 240万元。其信息系统的功能包括财务管理、供应商管理、产品开发与设计、生产进度计划等，具体涵盖了财务系统、生产能力计划、订单接受日志、物料清单、物资需求计划（MRP）、在制品跟踪、成品质量控制、成品运输等功能。同时，还实现了办公系统计算机化，并大力发展电子商务。目前，通过电子商务来操作的业务包括成品的订单、状态追踪、支付追踪、提前出货通知、运输报价、运输预订、运输追踪等。

管理团队（Standards of Engagement，SOE），在这里是指一个具有管理、协调、培训等功能，注重员工间和谐的人性化管理团队。它共有7个部门，包括咨询人员、消防安全人员、医疗健康人员、娱乐活动组织人员和培训人员在内。从管理层到普通员工都充分认识到改变和更新观念对企业长期稳定持续发展的重要性，因此他们不断改变观念，认清不断发展变化的趋势。其观念的改变，表现在不再仅仅着眼于自身的发展，而是力求供应链上各个环节的互惠互利，着眼于供应链上各个合作伙伴之间的联系与合作；不再将自己看成一个独立的企业，而是看成供应链上的一个成员。

裕元集团的供应链是一个"网链结构"，由围绕核心企业的供应商、供应商的供应商和用户、用户的用户组成。从采购原材料开始，制成中间产品以及最终产品，最后由销售网络把产品送到消费者手中的将供应商、制造商、分销商、零售商，直到最终用户，连成一个整体的功能网链结构模式。它是一个范围更广的企业结构模式，包含所有加盟的节点企业，从原材料的供应开始，经过链中不同企业的制造加工、组装、分销等过程直到最终用户。它不仅是一条联接供应商到用户的物料链、信息链、资金链，而且是一条增值链，物料在供应链上因加工、包装、运输等过程而增加其价值，给相关企业都带来收益。

二、完美供应链的运作模式

裕元集团供应链的整个运作过程中包括了四个层面的"流"，从下至上依次为物流、资金流、状态信息流、控制信息流。其中物流从上游向下游流动，资金流从下游向上游流动，而信息流的流动则是双向的。

物流是最基本的层次，物质从原材料原始革成为半成品可用革，到成品鞋，再到包装好的成品，最后成为废弃或者可利用物品。促成物质流动的是各种活动，如原材料购买、生产制造、批发、零售、消费，而贯穿物质流动过程的则是运输，包括海陆空等运输方式。

资金流贯穿于供应链管理的整个过程，从制造商流向原材料供应商，再流向半成品和成品生产过程，然后通过打包、装箱等方面的操作，经过批发或零售阶段，最后从最终用户流回到制造商。

状态信息流是指物质的状态和存储方式不断改变，从散装的原材料、半成品、成品到盒装的已包装好的成品鞋，再到销售阶段的展览形式，最后废弃或者重新利用。

控制信息流位于最上层，它通过抽象出来的实体即表述各阶段工作的说明单来控制整个供应链过程。控制信息的流动从设计开发说明和计划控制单到原材料采购单，再到半成品发货单、成品发货单、批发发货单、零售发货单，等等。

通过以上分析可以看出，裕元集团的供应链管理模式同它与阿迪达斯的合作分不开，二者的供应链管理有许多相似之处。其一，对供应链重要作用的认识和理解，以及观念上的统一。二者都及早地认识到了供应链在整个企业活动中的重要性，认识到利用供应链整合各个环节以提高效率的必要性。其二，在战略实施上，二者都采取了注重产品研发、实施"精益制造"原则、建立SOE管理团队、加强信息系统建设与前沿技术的研发等措施，从而实现自身的供应链整合目标。

（资料来源：http：//cBp.com/2011621.html）

1.1 供应链管理的演变

供应链管理的产生和发展,与市场外部环境和企业内在条件的发展变化有着紧密关系。

1.1.1 外部环境的变化

随着科学技术的进步和社会的发展,外部市场环境发生了巨大的改变,使得人们生产和生活方式也随之改变,于是出现了自动化、网络化、智能化、低碳环保化、复合化和微型化的产品和相应的服务。企业外部环境的变化主要表现形式如下:

(1) 社会分工越来越细。随着生产发展和竞争加剧,行业和社会分工以及企业专业化程度越来越高,各地产业集群的快速发展正是社会分工从低级向高级发展的一个具体反映。据统计,目前在国内到达一定规模的各类产业集群数量就有2万多个,这些产业集群不仅包括传统服装、玩具、家具等产业,而且还包括附加值较高的机电、汽车、激光等行业。比如,在东莞聚集了2800多家IT企业,集群密度达到平均每2平方公里就有3家外资企业,生产的电脑磁头、电脑机箱、敷铜板、电脑驱动器、电脑扫描仪、微型马达占世界总量相当比重,电脑整机所需零配件95%以上可在当地配齐,一片主机板零部件在东莞只需半个小时到1个小时就可以找到。

除了聚集了IT主要零部件的产生厂商外,东莞的电脑配套产品也是相当齐全,生产的扫描仪、键盘、鼠标、视讯卡、机壳和数据机等产品,在世界市场的平均占有率约为60%。仅石碣镇就有电源供应器、键盘、碎纸机、变压器等8种电子产品的产量保持世界第一。在这个产业集群中不仅有基本产业集群,还有着与之相关的辅助产业和附属产业集群围绕其周围,使得社会分工越来越细,如图1-1所示。

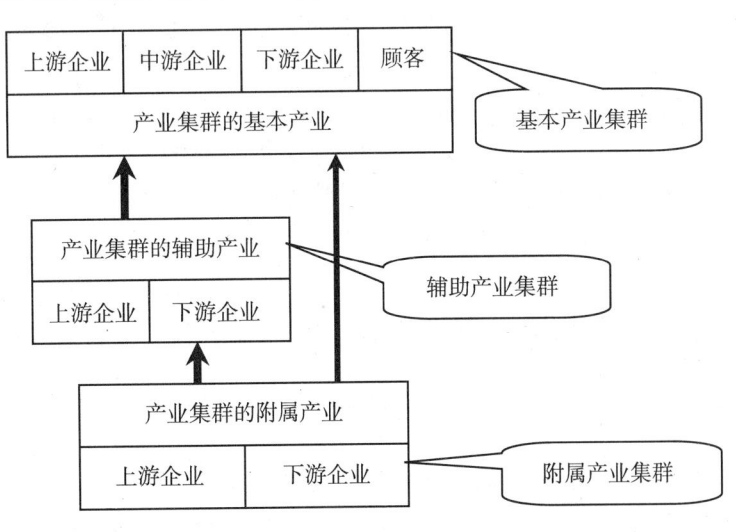

图1-1 产业集群关系结构

（2）全球经济一体化趋势越来越明显。全球经济一体化趋势已成为现实，在生产制造、服务贸易、金融等领域，形成了你中有我，我中有你的格局，各个国家经济相互依存的程度越来越高。比如对于福特汽车来说，它的生产涉及到包括 11 个国家的全球企业的协作：日本企业提供气动装置、交流发电机、锥形滚珠轴承、刮水器喷水泵；荷兰企业提供轮胎、油漆和操纵装置；瑞士企业提供箱内盖层；挪威企业提供排气管；美国企业提供水压推管、燃气排放循环阀门；德国企业提供活塞、方向开关和离合器；比利时企业提供排气管和凸轮轴；中国企业提供玻璃、曲轴；意大利企业提供灯、汽化器；西班牙企业提供空气过滤器；丹麦企业提供电子芯片等。甚至世界任何一个角落经济的微小波动，通过"蝴蝶效应"的涟漪会影响其他国家经济发展。比如 2011 年在日本由海啸引起的地震，不仅重创了日本制造业，同时也给其他国家产品的供应和制造造成了极大影响。

（3）低碳环保和企业社会责任意识的崛起使竞争模式发生了改变。全球气候变暖、资源衰竭，以及经济全球化，要求企业承担其相应的社会责任，要求企业在生产和经营中按照 3R（Reduce、Recycle 和 Reuse）的原则来设计、生产和销售，从源头减少废弃物对环境的污染：综合利用资源（原材料和能源等），开发二次资源（例如利用"废渣"、"废气"等）；在绿色生产过程中防止物料流失，对废物要进行综合利用；改进设备和工艺流程，开发更佳的生产流程；提升产品设计，对产品结构进行调整；改进和发展绿色技术，搞好污染防范及末端处理。同时，政府加强了科学管理，创建无废工业区，推广绿色生产。

（4）生产的产品复杂程度越来越大，产品更新的速度越来越快。企业生产的产品不论是消费品还是耐用品，小到手机、电脑，大到汽车和轮船，其产品复杂程度使得任何一个企业难以完整地设计、生产制造出该产品所需要的所有零部件。比如波音飞机有着 600 万个零部件，零部件供应商就有 150 多家；苹果手机的供应商也 40 多家。另外，特别是当今社会是一个快节奏的社会，快节奏社会催生出快产品，产品更新速度更快。在 20 世纪初，福特汽车制造的"T 型轿车"一生产就是 20 多年，就连颜色也没有改变。而现在很多产品特别是电子产品，几乎是每隔 16 个月就更新换代，新产品的功能比老产品功能提高了 1 倍，而老产品的价格将下降一半。这就是人们通常所说的"摩尔定理"。随着技术进步，产品更新的速度将越来越快。

（5）竞争方式发生了很大改变。以前区域竞争变为现在的全球竞争，以前垄断竞争变为完全竞争；以前资源的竞争变为信息竞争，以前产品的竞争变为价值的竞争，以前的成本竞争变为速度竞争；以前是大鱼吃小鱼，现在是快鱼吃慢鱼。

这些经营外部环境的变化，促成企业内部也随之变动。

1.1.2 企业内部的变化

企业内部的变化有三个特点：精细化、外包化、创新化。

1.1.2.1 精细化

企业精细化是源于发达国家（日本，20 世纪 50 年代）的一种企业管理理念，它是社会分工的精细化以及服务质量的精细化对现代管理的必然要求，是建立在常规管理的基础上，并将常规管理引向深入的基本思想和管理模式，是以最大限度地减少管理所占用的资源和降低管理成本为主要目标的管理方式。现代管理学认为，科学化管理有三个层次：第一个层次是规范化，第二层次是精细化，第三个层次是个性化。

企业精细化表现的是一种理念和文化。它不仅表现在精细的积累性竞争优势上，而且还表现在企业战略方向选择、战略执行的精细化、精确化上。例如，在市场营销战略上，市场细化、深化、个性化；在操作与运行战略上，精确化、低（无）废化、效率化；在技术开发战略上，范围化、弹性化、柔性化、微化、宏化、大（巨）规模化；在组织战略上，人性化、关怀化、过程化（扁平化）、精干化、网络化、万面化（动态调整化）；在人力资源战略上，知识化、团队化、流动化，如此等等。现代企业发展潮流与流行趋势都以精细为核心，都以更好、更准确、更有效、更适应为核心。

具体来说，企业对精细化的定义是"五精四细"，即精华（文化、技术、智慧）、精髓（管理的精髓、掌握管理精髓的管理者）、精品（质量、品牌）、精通（专家型管理者和员工）、精密（各种管理、生产关系链接有序、精准），以及细分对象、细分职能和岗位、细化分解每一项具体工作、细化管理制度的各个落实环节。"精"可以理解为更好、更优，精益求精；"细"可以解释为更加具体，更加缜密。精细化管理最基本的特征就是重细节、重过程、重基础、重具体、重落实、重质量、重效果，讲究专注地做好每一件事，在每一个细节上精益求精、力争最佳。

概括地说，精细化管理就是将复杂的事情简单化；简单的事情流程化；流程化事情定量化；定量的事情信息化。

1.1.2.2　外包化

外包是近几年发展起来的一种新的经营策略，即企业把内部业务的一部分承包给外部专门机构。其实质是企业重新定位，重新配置企业的各种资源，将资源集中于最能反映企业相对优势的领域，塑造和发挥企业自己独特的、难以被其他企业模仿或替代的核心业务，构筑自己的竞争优势，获得使企业持续发展的能力。

企业业务外包具有两大显著优势：第一，业务外包能够使企业专注核心业务。企业实施业务外包，可以将非核心业务转移出去，借助外部资源的优势来弥补和改善自己的弱势，从而把主要精力放在企业的核心业务上，根据自身特点，专门从事某一领域、某一专门业务，从而形成自己的核心竞争力。第二，业务外包使企业提高资源利用率。实施业务外包，企业将集中资源到核心业务上，而外包专业公司拥有比本企业更有效、更经济地完成某项业务的技术和知识。业务外包最大限度地发挥了企业有限资源的作用，加速了企业对外部环境的反应能力，强化了组织的柔性和敏捷性，有效增强了企业的竞争优势，提高了企业的竞争水平。

业务外包因能促进企业集中有限的资源和能力，专注于自身核心业务，创建和保持长期竞争优势，并能达到降低成本、保证质量的目的，所以在市场经济竞争中日益受到企业的重视。

业务外包也是虚拟企业经营采取的主要形式。它首先要确定企业的核心竞争优势，并把企业内部的智能和资源集中到那些具有核心优势的活动上，然后将剩余的其他企业活动外包给最好的专业公司。虚拟企业中的每一团队，都位于自己价值链的"战略环节"，追求自己核心功能的实现，而把自己的非核心功能虚拟出去，如波音——世界最大的飞机制造公司，却只生产座舱和翼尖；耐克——全球最大的运动鞋制造公司，却从未生产过一双鞋，等等。业务外包的虚拟化合作方式不仅使得企业产品生产效率提高、成本降低，而且还可以推动企业不断顺应市场需求嬗变的态势，降低风险，从而营造企业高度弹性化运行的竞争优势。

根据不同的标准，可以将业务外包划分为不同种类，如整体外包和部分外包，生产外包、销售外包、研发外包、人力资源外包，以及无中介的外包和利用中介服务的外包等。

首先，根据业务活动的完整性，可以将业务外包分为整体外包和部分外包。所谓部分外包，指企业根据需要将业务各组成部分分别外包给该领域的优秀的服务供应商。如企业的人力资源部分外包，企业根据需要将劳资关系、员工聘用、培训和解聘等分别外包给不同的外部供应商。一般来说，部分外包的主要是与核心业务无关的辅助性活动，如临时性服务等。当企业的业务量突然增大，现有流程和资源不能完全满足业务的快速扩张时，可以通过部分外包，利用外部资源，不仅获得规模经济优势，提高工作效率，而且可以尽快解决企业业务活动的弹性需求。而整体外包时企业将业务的所有流程从计划、安排、执行以及业务分析全部外包，由外部供应商管理整个业务流程，并根据企业的需要进行调整。在这种外包模式下，企业必须与承包商签订合同，合约内容应包括产品质量、交货期、技术变动，以及相关设备性能指标的要求。整体外包强调企业之间的长期合作，长期合作关系将在很大程度上抑制机会主义行为的产生，因为一次性的背叛和欺诈在长期合作中将导致针锋相对的报复和惩罚，外包伙伴可能会失去相关业务，因此，这种合作关系会使因机会主义而产生的交易费用降到最低限度。

其次，根据业务职能可以将业务外包划分为生产外包、销售外包、供应外包、人力资源外包、信息技术服务外包，以及研发外包。业务外包强调企业专注于自己的核心能力部分，如果某一业务职能不是市场上最有效率的，并且该业务职能又不是企业的核心能力，那么就应该把它外包给外部效率更高的专业化厂商去做。根据核心能力观点，企业应集中有限资源强化其核心业务，对于其他非核心职能部门则应该实行外购或外包。

再次，根据合作伙伴间的组织形式，可以将业务外包分为无中介的外包和利用中介服务的外包。在有中介的外包模式中，厂商和外包供应商并不直接接触，双方与中介服务组织签订契约，由中介服务机构去匹配交易信息，中介组织通过收取佣金获利。这种利用中介组织的外包模式可以大大降低厂商和外包供应商的搜索成本，提高交易的效率。如麦当劳在我国许多城市的员工雇佣就是采用这种模式。而在无中介的外包模式中，厂商和外包供应商可以借助于互联网络进行，如美国思科公司将80%的产品生产和陪送业务通过其"生产在线"网站实行外包，获得思科授权的供应商可以进入思科数据库，得到承包供货的信息。

1.1.2.3 创新化

在激烈的市场竞争中，企业面临着许多环境条件随机变化的情况。由于条件的改变，企业将面临新的挑战与机会，企业的竞争地位会受到巨大的威胁，也会因此使员工丧失使命感而使企业的凝聚力被削弱，迫使企业不得不进行创新。

企业创新涉及组织创新、技术创新、管理创新、战略创新等方面的问题，而且，各方面的问题并不是孤立地考虑某一方面的创新，而是要全盘考虑整个企业的发展，因为各方面创新是有较强的关联度的。

一般来说，创新过程包含四个阶段。

第一阶段：环境使然和对现状的不满。在几乎所有创新的动机都源于对公司现状的不满，或是公司遇到危机，或是商业环境变化以及新竞争者出现而形成战略型威胁，或是某些人对操作性问题产生抱怨。例如，Litton 互联产品公司是一家为计算机组装主板系统的工厂，位于苏格兰格林罗西斯。1991 年，布莱克受命负责这家工厂的战略转型。他说："我们曾是一家前途黯淡的公司，与竞争对手相比，我们的组装工作毫无特色。唯一的解决办法就是采取新的工作方式，为客户提供新的服务。这是一种刻意的颠覆，也许有些冒险，但我们别无选择。"很快，布莱克推行了新的业务单元架构方案，每个业务单元中的员工都致力于满足某一个客户的所有需要，他们学习制造、销售、服务等一系列技能。这次创新使得客户反响获得极大改善，员工流动率也大大降低。

第二阶段：从其他来源寻找灵感。管理创新者的灵感可能来自其他社会体系的成功经验，也可能来自那些未经证实却非常有吸引力的新观念。1987 年，华莱士出任了惠灵顿保险公司的 CEO。在惠灵顿危机四伏的关键时刻，华莱士读到了汤姆·彼得斯的新作《混沌中的繁荣》（Thriving on Chaos）。他将书中的高度分权原则转化为一个可操作的模式，这就是人们熟知的"惠灵顿革命"。华莱士的新模式令公司的利润率大幅增长。而有些灵感来自一些管理创新者，他们通常拥有丰富的工作经验。一个有趣的例子是 ADI 的经理沙伊德曼，平衡计分卡的原型就是出自他的手笔。在斯隆管理学院攻读 MBA 课程时，沙伊德曼深受福里斯特系统动态观念的影响。加入 ADI 前，他在贝恩咨询公司做了 6 年的战略咨询顾问，负责贝恩公司在日本的质量管理项目。沙伊德曼深刻地了解日本企业，并用系统的视角看待组织的各项职能。因此，当 ADI 的 CEO 斯塔特请他为公司开发一种生产质量改进流程的时候，他很快就设计出了一整套的矩阵，涵盖了各种财务和非财务指标。这些例子说明了一个简单的道理：管理创新的灵感很难从一个公司的内部产生。如果很多公司盲目跟从竞争者的行为，导致整个产业的竞争高度趋同。只有通过从其他来源获得灵感，公司的管理创新者们才能够开创出真正全新的东西。

第三阶段：创新。管理创新人员将各种不满的要素、灵感以及解决方案组合在一起，组合方式通常并非一蹴而就，而是重复、渐进的。

第四阶段：争取内部和外部的认可。与其他创新一样，管理创新也有风险巨大、回报不确定的问题。很多人无法理解创新的潜在收益，或者担心创新失败会对公司产生负面影响，因而会竭力抵制创新；而且，在实施之前，我们很难准确判断创新的收益是否高于成本。因此，对于管理创新人员来说，一个关键阶段就是争取他人对新创意的认可。

总之，企业外部环境的剧烈变化，促使企业内部不得不进行精细化、外包化和创新性的调整和变革。而企业在这样"弹性专精"背景下进行运作，就必然基于上下游企业的供应链作为平台进行整合和运作，否则难以形成合力，难以达成协同效益。

1.1.3 供应链管理模式产生与发展

供应链管理的产生与企业的大而全、小而全的瓦解是密切分不开的。各个企业为了竞争需要，通过上下游企业之间联合起来，形成战略联盟。这个过程主要经历了三个阶段。

第一，供应链管理的起始阶段：在 20 世纪 70 年代以前，供应链管理处于初级阶段，供应链上成员的管理主要还是处于对现场管理和内部管理的阶段，企业之间的协作和协调很松散,企业之间的竞争是产品在数量和质量上的竞争,无论是企业之间还是企业内部的信息都缺乏统一性、实时性和集成性。直到1989年史蒂文斯提出供应链管理的概念,企业的竞争转向了追求生产效率,企业的组织结构和内部职能划分也发生了转变,企业开始进行组织结构重组和扁平化管理,并认识到最好的策略是多赢策略。另外,信息技术在企业的大量运用,也促进了供应链管理的发展。这期间,物料需求计划(Material Requirement Planning,MRP)的推广和应用,使得企业内部逐渐实现了信息集成,为供应链上下游企业之间的业务提供了信息上的沟通,从而也使得企业之间信息更能够实时快捷共享,为上下游企业基于供应链合作提供了基础平台,供应链管理的基本理念得到了贯彻和深入。只是在这一时期中,还是属于传统的供应链管理,其运作多局限于企业内部,企业之间的联系往往被忽略。因此,在供应链上仍然存在着大量企业之间的目标冲突,无法从整个供应链的角度来实现供应链的整体竞争优势,供应链管理的效率比较低。

第二,供应链管理的发展阶段:20世纪90年代是供应链管理形成与发展阶段,无论是在理论上还是在实践应用上,供应链管理都有了突飞猛进的发展。在全球经济一体化的趋势下,企业将竞争重点转向市场和客户,注重在全球范围内利用一切能够利用的资源,从管理企业内部生产过程转向整个供应链系统。在实践过程中,企业发现在供应链的其他非生产制造环节存在着与生产制造同样多的机会,可以减少成本和提高效率。在这一时期,企业资源计划系统(Enterprises Resource Planning,ERP)的迅速传播和广泛应用,使企业的信息和业务都实现了高度集成。美国MIT学院哈默教授1990年在《哈佛商业评论》上首先提出了企业业务流程再造的概念。业务流程再造为适应新的竞争环境而对传统企业组织模式及业务流程进行改革,把企业的组织结构与相关业务目标和绩效结合起来,获得效益。这些技术进步,使得信息处理成本降低,加快了企业的业务处理,同时跨职能部门团队的协作推动着供应链管理向一体化的方向发展。

第三,供应链管理的成熟阶段:21世纪以来,客户关系管理系统(CRM)、仓储管理系统(WMS)、运输管理系统(TMS)以及数据仓库和数据挖掘等技术的出现,使得企业在内部更好地实现计划、执行和决策的优化。在企业外部,通过利用客户关系管理方法和技术,以市场和客户的满意度为企业经营管理的核心,挖掘和分享知识与价值,将企业资源和客户需求紧密相连,建立了合作伙伴的关系,协调了供应链的运作。特别是互联网和电子商务的迅速发展,企业业务信息的交流发生了根本性的变化,为供应链协调运作提供了有力支撑,越来越多的企业协作制订了运营计划,供应链的决策和规划也朝着一体化的方向发展。

随着信息技术的快速发展,基于互联网以及Web2.0技术的供应链系统在发达国家得到了进一步发展和应用,许多企业将供应链管理进一步集中在供应链成员之间的协同上,出现了新供应链管理模式,如供应商库存管理(VMI)、合作、计划预测和补给(CPFR),以及第三方和第四方物流(3PL、4PL)等,这些新的供应链管理模式使供应链上成员间的业务衔接更加紧密,整个供应链运作更加协同化,实现了供应链运作的实时化、柔性化和对市场的快速响应,为各个企业共赢提供了管理工具和平台。

1.2 供应链管理的内涵

1.2.1 供应链及其特点

1.2.1.1 供应链的概念

供应链首先是一个系统,是人类生产活动和社会经济活动中客观存在的事物。人类生产和生活的必需品都要经历从最初的原材料生产、零部件加工、产品装配、分销、零售到最终消费这一过程,并且近年来废弃物的回收和退货(简称逆向物流)也被包括进来。这里既有物质材料的生产和消费,也有非物质形态(如服务)产品的生产和消费,各个生产、流通、交易、消费环节形成了一个完整的供应链系统,如图1-2所示。

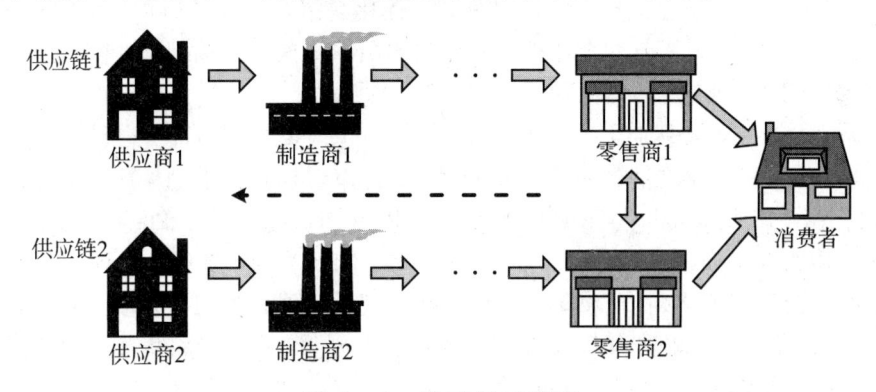

图1-2 供应链示意图

从生产角度出发,初始的供应链被认为是一个内部过程,它是指企业外部采购的原材料和零部件,通过生产转换和销售等活动,再传递到零售商和用户的一个过程。传统的供应链概念局限于企业的内部操作层面,注重企业自身的资源利用为目标。后来供应链管理的概念关注与其他企业的联系,注意供应链企业的外部环境,认为它应是一个"通过链中不同企业的制造、组装、分销、零售等过程将原材料转换成最终产品,再到最终用户的转换过程",这是更大范围、更为系统的概念。在此基础上很多学者给出了供应链的概念。

史蒂文斯认为:通过增值过程和分销渠道控制,从供应商的供应商到用户的用户的流程就是供应链,它开始于供应的源点,结束于消费的终点。伊文思认为:供应链管理是通过前馈的信息流和反馈的物料流和信息流,将供应商、制造商、分销商直到最终用户连成一个整体的模式。

后来,人们对供应链的概念更加注重围绕核心企业的战略联盟关系,核心企业与用户、与供应商,以及与用户的用户,与供应商的供应商的关系。此时对供应链的概念形成了一个网链的概念。如哈里森认为:供应链是执行采购原材料,将它们转换为中间产品和成品,并且将成品销售到用户的功能网链。

我国著名学者马士华教授认为,供应链(Supply Chain,SC)是围绕核心企业,通过对信息流、物流、资金流的控制,从采购原材料开始,制成中间产品以及最终产品,最后由销售网络把产品送到消费者手中的将供应商、制造商、分销商、零售商直到最终用户连成一个整体的功能网链结构模式。它是一个扩展的企业模式,包括了所有加盟的节点企业,从原材料的供应开始,经过链中不同企业的制造加工、组装、分销等过程,直至最终用户。不仅是一条连接供应商到用户的物流链、信息链、资金链,而且是一条增值链,物料在供应链上因加工、包装、运输等过程而增加其价值,给相关企业及整个社会都带来效益。

1.2.1.2 供应链的结构演化

一般意义上的供应链管理理论是在企业摒弃了以前"小而全"或"大而全"的内部垂直一体化的模式向着"做专、做精"的基础上产生的。由于每个企业专注自身的核心环节,在外界环境和市场需求复杂和多变情况下,为了能够快速响应市场,就迫使企业以供应链的形式进行合作。在供应链合作结构形式上,供应链管理的研究经历了从个体企业向单链式纵向一体化管理发展过渡,并在竞争和发展过程中朝着供应链的跨链间横向一体化发展。

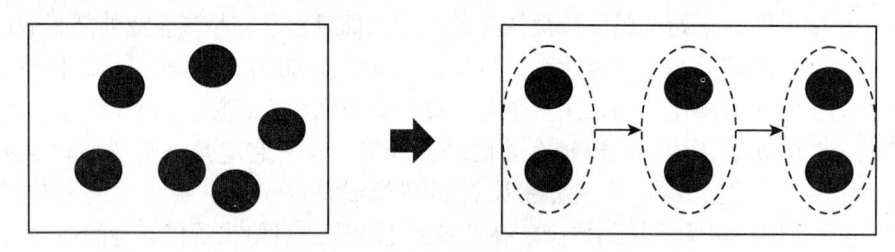

(1) 供应链纵向一体化结构。供应链纵向一体化是指企业在进行供应链管理的过程中,沿着单链的上下游对不同环节的企业进行一体化的组织结构,其基础是在同一个供应链链内进行,不涉及与其他供应链的任何联系,如图1-3所示。

在供应链纵向一体化中涉及不同环节的企业——供应商、制造商、分销商、客户和最终消费者,需要对这些企业之间的物流、信息流和资金流进行计划、协调、控制等,以实现"7R"的目标(Right Quality, Right Quantity, Right Time, Right Place, Right Condition, Right Price, Right Commodity)。所以,有人这种将不同环节的企业纵向一体化整合的管理称为是集成化供应链管理。多托里将集成化供应链管理的发展分为四个阶段:初始阶段、功能集成阶段、内部集成阶段和外部集成阶段。国内学者马士华和林勇将集成化供应链管理实现的步骤分成更为具体的五个步骤:基础建设、职能集成管理、内部集成化供应链管理、外部集成化供应链管理和集成化供应链动态联盟。

图1-3 供应链纵向一体化

另外,在纵向一体化供应链管理中,由于近年来对环境问题的意识加强,也影响供应链管理的纵向一体化运作内涵,供应链管理中的逆向物流(Reverse Logistics)得到重视,强调不应将顾客退回物品以及产品使用后废弃物排除在企业经营战略之外。因为有效逆向物流管理不仅能保护环境,也为企业带来明显的经济效益,而且还能提高企业公众形象,强化企业供应链的竞争优势,提高物流供应链的整体绩效,所以人们在研究纵向一体化正向物流(Forward Logistics)的同时,也将逆向物流也纳入到纵向一体化供应链管理的内容中,使得供应链纵向垂直一体化向更为复杂的"类网络式"供应链发展。

(2) 供应链跨链间横向一体化结构。具有正向物流和逆向物流的供应链纵向垂直一体化组织结构只是在一个供应链上进行运作,所以不能称之为真正意义上的"网络式供应链",而只能称为是"类网络式"供应链。而真正意义上的"网络式供应链"应该是供应链跨链间横向一体化组织结构,它涉及跨链间的不同单链式供应链企业的协调和协作,也就是涉及两个以上的供应链在不同或相同环节企业之间的协调管理,如图1-4所示。也就是两条或两条以上的供应链,除了自身在各自单链内部进行运作外,在紧急情况下,一单链缺货,而另一单链有富余时,可以通过互济余缺方式,使得多链间达到最优,这种链与链间的合作称为供应链间的横向合作。

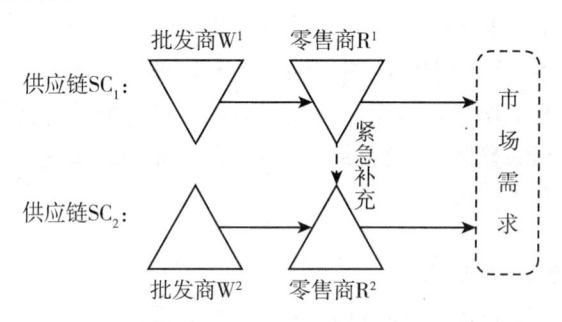

图1-4 供应链横向合作

集群式供应链(Cluster Supply Chain,CSC),是产业集群和供应链耦合的一种新型组织形式,就是典型供应链跨链间横向一体化结构。在产业集群地域中存在着多条单链,这些单链都经营着相似产业,生产着相近的产品,地域的邻近性,使得集群式供应链内多链横向跨链合作相当普遍。如在浙江宁波注塑机产业集群中,以海天和海太两家企业主导的两条供应链就存在着横向合作的行为和运作。

1.2.2 供应链管理及其内容

1.2.2.1 供应链管理

供应链管理(Supply Chain Management,SCM)是指对供应链涉及的全部活动进行计划、组织、协调与控制。供应链管理是一种新的管理策略,它把不同企业集成起来以增加整个供应链的效率,注重企业之间的合作。供应链管理就是使供应链运作达到最优化,以最少的成本,通过协调供应链成员的业务流程,让供应链从采购开始,到满足最终顾客的所有过程,包括工作流、物料流、资金流和信息流等均能高效地操作,把合适的产品以合理的价格及时、准确送到用户手上。

国外早期有许多不同的定义和名称,如有效客户反映(Efficiency Consumer Response,ECR)、快速响应(Quick Response,QR)、连续补充(Continuous Replenishment,CR)等等,这些称呼因考虑的层次和角度不同而不同,但都是通过计划和控制实现企业内部和外部之间合作,实质上它们在一定程度上都反映了对供应链各种活动进行人为干预和管理的特点,使得过去那种自发的供应链行为成为自觉的供应链行为,有目的地为企业服务。

供应链管理就是要对传统的、自发运作的供应链进行人为干预,使其能够按照企业(核心企业)的意愿,对相关合作企业的工作流程进行整合和协调运行,从而达到供应链整体运作绩效的最佳效果。但是，供应链管理不像单个企业的管理，不能通过行政手段调整企业之间的关系，只能通过共担风险、共享收益来提高供应链的竞争力。因此，供应链管理所反映的是一种集成的、协调管理的思想和方法，即通过所有成员企业的共同成长获得收益。

关于供应链管理的定义还有很多，比如门策等（2001）认为，供应链管理是对传统的企业内部各业务部门间及企业之间的职能从整个供应链进行系统的、战略性协调，目的是提高供应链及每个企业的长期绩效。库珀等（1997）认为，供应链管理是一种管理从供应商到最终客户的整个渠道的总体流程的集成哲学。而最早人们把供应链管理的重点放在管理库存上，作为平衡有限的生产能力和适应用户需求变化的缓冲手段，它通过各种协调手段，寻求把产品迅速可靠送到用户手中需要的费用和生产库管理的费用之间进行平衡，从而确定最佳库存水平，因此其主要工作任务是库存控制和运输。现在的供应链管理则把供应链上的各个企业作为一个不可分割的整体，使得供应链各个企业分担采购、生产、分销和销售的职能成为一个相互协调的有机整体。

1.2.2.2 供应链管理的内容

供应链管理主要涉及五个主要领域：需求（Demand）、供应（Supply）、生产计划（Schedule Plan）、物流（Logistics）和回流（Return）。供应链管理是以同步化、集成化协调运作为指导，以各种技术为支持，尤其以互联网为依托，围绕供应、生产计划、物流、需求和回流来实施的。供应链管理的目标在于提高用户服务水平和降低总的交易成本，并且寻求两个目标之间的平衡，如图1-5所示。

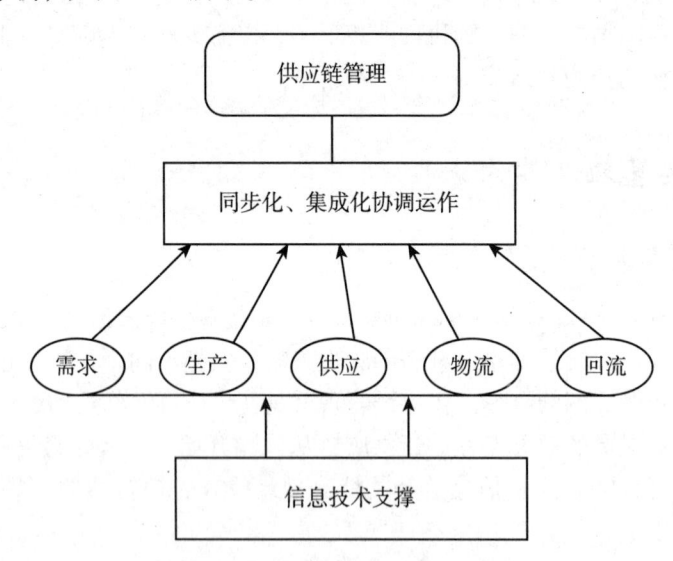

图1-5 供应链管理示意图

在以上五个领域的基础上，可以将供应链管理细分为职能领域和辅助领域。职能领域主要包括产品工程、产品技术保证、采购、生产控制、库存控制、仓促管理、分销管理；而辅助领域主要包括客户服务、制造、设计工程、会计核算、人力资源、市场营销。

由此可见，供应链管理关心的并不仅仅是物料实体在供应链中的流动。除了企业内部与企业之间的运输问题和实物分销外，供应链管理还应包括以下主要内容。

1）战略性供应商和用户合作伙伴关系管理。
2）供应链产品需求预测和计划。
3）供应链系统的设计。
4）企业内部与企业之间物料供应与需求管理。
5）基于供应链管理的产品设计和制造管理、生产集成化计划、跟踪和控制。
6）基于供应链的用户服务和物流管理。
7）企业间资金流管理。
8）基于互联网的供应链信息管理。
9）逆向物流的管理。

供应链管理注重总物流成本与用户服务水平之间的关系，为此要把供应链的各个职能部门有机地结合在一起，从而最大限度地发挥出供应链整体的能力，达到供应链企业群体获益的目的。

1.3 供应链管理原理

1.3.1 供应链管理原则

供应链管理就是要实现整个供应链核心价值的优越性、延展性、独特性、动态性等表征，这要求供应链管理必须从管理模式、组织结构、企业资源等因素进行创新和改进，具体来说表现在如下几个方面：

（1）品牌原则。供应链主导核心企业的品牌影响是企业的无形资产，它不仅反映出企业的综合实力和产品价值，并且也是对供应链其他配套环节企业合作的内在引力，主要原因是品牌效应具有传递效应，核心企业的最终产品的美誉度将延伸到该最终产品组成的各零部件生产的美誉度。进一步，如果供应链内大部分核心主导企业都有一定的品牌知名度，不仅仅使得各个核心主导企业能在同一平台具有对接的可能，即能促成进行横行合作的可能，广而推之，也对整个供应链的整体品牌的提升起到很大作用，促进供应链其他企业的合作可能和能力的提高。

（2）市场原则。供应链对市场领悟能力就在于能否是以客户为导向，而不是以产品为导向的观念和行为方式。在产品导向观念下，企业不会顾及客户或潜在客户的需求偏好，而是以自身已有产品来组织各项活动，采取4P营销策略（Place、Product、Price 和 Promotion）来推销自己能生产的产品，其实这是基于"推"方式的市场响应策略；相反在以顾客为导向的模式下，主导企业注重把握不断变化和个性化的需求并努力加以满足，与客户建立其牢固的伙伴关系，所以企业在此种情况下会应用4C营销策略（Consumer wants and needs（客户需求）、Cost to satisfy（客户满意）、Convenience to buy（方面顾客购买方便）和 Communication（经常与客户进行交流）），这种策略是基于市场的需求，是一种市场"拉"方式的生产策略，实施这种策略才可能真正对市场领悟能力不断增强。

（3）敏捷组织结构原则。供应链组织结构并不仅仅体现是一种扁平、易重组和易进行信息传递的物理组织结构，还要反映出在该组织系统后面与之相适应的生产专业化形式、管理方式、执行能力、信息挖掘处理能力等，即是一种敏捷性组织机构。供应链要求其企业对动态的竞争环境、动态的市场需求有着很好的适应性和灵活性，有能力迅速组织、调整和重新整合企业之间的业务流程，能衡量供应链的外部环境和内部条件的变化，并对供应链战略层、策略层和运作层进行调整和响应，才能使得供应链不因合作环节较多而影响其敏捷性。

(4) 整合原则。供应链整合能力是供应链核心企业有能力对其他环节的企业能组织好、领导好、协调好的能力，能将其他合作企业进行基于纵向一体化运作的能力。在供应链的环境中，就是具有基于纵向一体化单链式供应链的整合能力，以及不同单链式供应链跨链间的横向整合能力等。由于这些整合层次不同，涉及的企业数量较多、环节各异，整合内容繁杂，比如营销渠道整合、物流整合、文化整合、技术整合、业务流程整合等，这对核心主导企业整合能力而言将是一种挑战，也是体现其核心竞争力的一种体现。

1.3.2 供应链管理运作机制

供应链管理有着多个企业，为了使得这些企业纳入高效方式下运作，就需在供应链内建立一套"7C"原则运行机制，以形成基于信任网络、信息网络、物流网络和知识网络相融合的运行平台。

(1) 合作精神（Collaboration）。合作是供应链管理的基础，系统内的各个企业都是经营基于自己核心业务的专业化生产，摒弃了"大而全"和"小而全"的模式。在供应链中，企业之间共享资源、借用外力，共同发展。

(2) 承诺信用（Commitment）。供应链的各种层次的连接方式是依赖企业相互之间的彼此承诺和对对方的信任程度上建立起来的。供应链组织不仅要在合约中严守规范，而且还要创导这种信任精神；否则，供应链管理就难以实施，特别是对供应链环节多、跨区域广、非经常性合作的供应链管理，这就显得更加重要。

(3) 相互沟通（Communication）。供应链企业之间需要通过相互的和有效的沟通，才能知道各自的优势。只有沟通，企业才能消除争端；只有沟通，企业之间的学习能力才能得到增强。特别是对企业创新起到主要作用的隐性知识的学习，是需要通过面对面的、直接的、频繁的交流和学习，才能激发企业合作创新能力的提高，也为供应链各个企业沟通提供相应的支持和帮助。

(4) 妥协让步（Compromise）。供应链中的企业在进行合作时，会存在价值观和利益上的分歧，但是为了长远的利益能得以持续下去，各个合作成员企业之间必须学会让步和妥协，必须相互理解，不能寸步不让，应在各自可以接受的范围内、在均衡各方利益的条件下接受妥协条件，否则合作难以维持。

(5) 求同存异（Consensus）。各个企业作为单独的个体，或单链式供应链，有着各自的目标和利益。在形成合作共同体中，必然存在目标上和文化上的相互冲突，但是基于求同存异的基点来相处相容，求大同存小异，撇开各自分歧，才能防止供应链管理中所存在各自为政的"双边效应"（Double Margin Effect）问题。

(6) 持续改进（Continuous Improvement）。持续改进所强调的是渐进式的改革。这种改革是持续、协调和积累，是一种汇集集体智慧的方法。在供应链中意味着依靠各个企业之间的相互协作，不断改进和磨合，通过不断进步，从而最终达到和谐发展，避免大起大落。特别是对于供应链系统而言，涉及合作维度大而广，所以决定这种合作必须通过持续改进来完成。

（7）协调精神（Coordination）。供应链的合作环节和层次较多，协调较为复杂，而协调统的主要作用就是起到均衡各方利益，当然这种协调是指从企业的大方面上进行，而不是从很具体的事务来进行协调各种操作。

总之，供应链的成长过程体现在企业在市场竞争的成熟与发展之中，通过供应链管理的"7C"机制等来实现满足顾客需求、使顾客满意以及留住顾客等功能目标，并进而实现供应链管理的最终目标——社会目标（满足社会就业需求）、经济目标（创造最大利益）和环境目标（保持生态与环境平衡）的统一。

本章小结

本章首先简单介绍了供应链管理产生的背景和现实，即市场外部环境与企业内部条件的变化；并将供应链管理发展划分为三个阶段；其次，提出了供应链的基本概念，并分析了供应链发展的结构演化，从纵向一体化垂直结构演变为跨链间横向一体化结构，其中集群式供应链就是典型的跨链间横向一体化结构。

此外，本章还探讨了供应链管理的基本内容，管理原则，以及"7C"运作机制（合作精神、承诺信用、相互沟通、妥协让步、求同存异、持续改进和协调精神），这些从理论上分析了供应链管理的基本原理。

关键术语

供应链管理（Supply Chain Management，SCM）
业务外包（Business Outsourcing）
有效客户反映（Efficiency Consumer Response，ECR）
快速响应（Quick Response，QR）
连续补充（Continuous Replenishment，CR）
仓库管理系统（Warehouse Management System）

复习思考题

1. 什么是供应链管理？
2. 简述供应链管理的发展过程。
3. 供应链管理的主要内容是什么？

讨论案例

富士康供应链上零利润

富士康这家全球最大的代工企业，一家一直秉承韧性精神与效率文化的企业，为何会与"血汗工厂"这样的词汇联系在一起，在成本围追堵截中，我们看到的是这家左右为难的困境中的企业。

富士康利润除了来自于对人力成本的控制，还可以来自对原材料成本的谈判。然而，对于富士康这种主要承接来自苹果、戴尔、惠普、诺基亚等国际订单的大型代工企业来说，其利润源泉却更多地要仰仗来自人力资源战略上对成本的调控，因为上述国际大客户早就把供应链上的账目算得清清楚楚。

在一份有关国际客户向代工厂商发送的"代工询单"中可以清楚地看到，对于有关的原材料/部件在品牌、质量、数量上均已指定，不仅如此，与此后续相关的物流、维修、培训、用工也都有清晰明确的计算。富士康在与这些国际客户的订单关系中，是很难从供应链上创造利润空间的。比如，它为戴尔或惠普代工一台电脑，所有的物料都是对方指定的，电脑的机壳塑料用美国通用电气公司的，显示屏用三星或LG的，甚至耗材的比例都有明确规定，而物料价格往往是客户早与供货商谈好的，富士康只需按指定价格向指定供货商进行购买即可。事实上，这还远远没有结束，精明的客户早就把用工量也计算得清清楚楚，生产线上用多少工人，检修工有多少，都会在合同里做明确的标示，客户只是按照较高的人力成本的价格支付给代工企业。所以简单来看，富士康赚的就是人力成本的差值。

当然，国际客户是不会支付富士康厂房、机器的购买、维修等费用的，所以，这些成本也需要在富士康赚取的人力成本中进行摊销。由于厂房、机器的费用很难打折，所以富士康要想创造更多利润，就只能加强对人力成本的调控，最大限度地降低人力成本。然而，仅仅做到这些并不够，在残酷的国际竞争中，客户对于富士康的要求还远没有结束，交货期与交货质量是紧紧悬在代工企业头上的一把利剑。不少国际代工合同规定有类似这样的违约条款，"如迟交一只集成电路，那么就要赔偿一台电脑。"在如此的围追堵截中，代工企业只能在有限的空间中挣扎。

事实上，在国际客户的代工订单招标中，能够满足国际客户品质要求的外包厂商也就只有包括富士康在内的数家，招标过程更像是一场对成本与交货期的角逐，价格成为中标的决定因素。竞争到如今，甚至出现不少代工企业为了中标不惜报出亏损价格的情况。知情人士称，富士康就不乏"赤字接单"的案例。在一个拼成本、拼价格的商业模式中，对工人的"剥削"水平必将成为代工企业的核心竞争力。而最终，一个庞大的机体要保住它的生命力，所有压力会一层层向下传递，最终压在生产线的工人头上。

资料来源：http://cBp.com/20101131/tbs

思考题

1. 富士康的供应链管理有何特点？
2. 为什么说富士康的供应链是零利润？
3. 富士康类的代工企业该如何面对供应链零利润？

第 2 章

供应链战略管理

> **学习目标**
> - 了解供应链类型、供应链结构设计基本要求和基本内容,以及第四方物流
> - 熟悉三种供应链战略的特征
> - 掌握功能型与创新型供应链的区别及第三方物流

【引导案例】

通用福特和丰田的供应链战略

供应链管理的成功,首先必须认识到所有的参与者都有共同的利益。除了"零和博弈",完全可以通过变革以帮助所有公司都增加利润率。汽车业的丰田已经走在了前列。

丰田公司竖立了一个和通用和福特公司完全相反的供应链管理战略的典型。丰田公司不是努力地压榨供应商的利润空间,而是和所有合作伙伴协作,寻找成本削减机会,在整个生产流程中实施削减举措。它同时让供应商至少在一定时间内能够保留部分剩下的利润。通过这种方式,供应商的激励目标和丰田公司保持一致。所有供应链上的企业有机会从协作中获利。

但是,丰田模式的内涵远远不止激励目标的协调。丰田公司花费大量的时间在评估很多潜在供应商,考虑除了价格外的很多其他因素,目标是建立长期的相互信任的协作关系。评估后,丰田公司和关键部件的关键供应商建立长期的供货协议(至少持续该型号汽车的整个周期,大约 4 年)。这并不意味着供应商就此可以高枕无忧,恰恰相反,丰田公司从很多维度持续地评估每个供应商的绩效,包括质量、可靠性、创意的提出和其他供应商的协作等,当然,也包括成本;同时,设立了 30% 全供应链成本削减的目标要求。丰田公司的生产专家和生产商合作,寻找达到目标的方法。目标一旦达到后,就开始盈利共享供应商保留半数盈利,同时设立新的成本水平作为下一阶段的成本削减目标;如果绩效无法达到,丰田会在合同期末把更多的采购额分配给竞争供应商。最终,实现奖优罚劣的目标。

通用和丰田相比,供应商的数量相对较少,但偏重于建立交易型供应商关系和长期的供应商关系,以价格作为供应商首选指标,从多个方面来选择供应商。通用公司享有全部的成本削减收益,供应商达到预先设定的成本目标后可以参与收益分享。信息和供应商分享(预测和新产品设计等),并持续进行绩效评

估,奖惩反映在下一合同中。

因为丰田公司给绩效卓越的供应商提供长期的协议,因此他们也愿意投入大量资金满足丰田的特殊需要。丰田公司会提前把它的新产品计划和规格通知供应商,供应商也会为丰田的设计工作提供帮助。丰田公司没有为了寻求短期利益而把供应商的设计提供给其竞争对手以获取更低的采购价格,因为这种短期利益弥补不了对长期利益合作关系造成的损害,而且,其他的供应商也会知道丰田公司的行动,从而危害到这些重要的合作关系。

丰田公司所采取的供应链模式与通用和福特公司的供应链模式另外一个不同点,就是通过与供应商签订长期合同,保持所要监控和管理的供应商数量的稳定。把较大的订单下给有限的几个生产商可以让供应商获得规模经济,而由此获得的成本削减就由供应商和丰田共享。现在,福特公司也吸取了一些丰田的成功经验。2005年9月,福特公司宣布对其供应链的主要改革将减少一半的供应商,最初的措施涉及20个部件,包括座位、轮胎和缓冲器等;长期目标是把现有的2 500家供应商缩减到不超过1 000家。现有的供应商会接到更多订单,他们的产能利用可从70%增长到85%左右,这样会有利于整个供应链的成本节省,福特和供应商双方都能获得更高利润。福特公司要提供给供应商7年的产品计划和销售预测,供应商也要及时地向福特公司提供财务信息证明其财务上的稳定。福特公司将会在早期就资助供应商的发展、管理和测试。作为交换条件,供应商的技术改革必须最先提供给福特公司。福特公司估计,这项举措在保修成本和服务上节省的费用将会以十亿为单位。

比较丰田公司和美国的生产商的经验可以很清楚地发现,供应链的改革措施主要集中在三个关键领域:协作规划、协作设计和透明度。丰田公司的供应商在新产品规划的时候就参与进来,这样就能确保尽早解决工程问题,缩短更新和引入设备的时间;供应商也可以了解丰田的生产调度计划,从而使他们调整生产计划。减少整个供应链的过多库存也给双方带来回报。

这些沟通上的实践与通用和福特公司的企业文化形成鲜明对比。这些公司不对供应商公开一些信息是因为害怕独特设计和预测信息被竞争对手知道。而这些公司的供应商隐瞒核算数据唯恐通用和福特公司通过改变定价来获取利润。丰田公司还提供及时的全面的绩效反馈给供应商,每个月都会给主要供应商一份根据预先制定的质量和成本基准,以及期望的改进指标来评定他们绩效和进度的报告。这些绩效评定报告提供的数据决定了下一份合同奖罚标准。

丰田公司所采取的模式是一套整合了各种因素的系统,它包括了对有潜力的供应商的评估和建立信任等大量前端的工作。合同本身并不复杂,它仅仅提出了合同期的承诺,建立了一个相互协作的基础。然而建立一个长期的承诺就确保供应商针对丰田公司的投资能获得合理的回报。丰田公司的长期计划建立多年度成本降低的基准,使供应链能够持续改进效率。丰田公司与供应商合作,通过把生产专家送到供应商的厂里,帮助他们识别和执行新的工厂生产举措,实现改进目标。供应商从改进中获得确定时间内一半的利润。降低后的成本成为更进一步改进目标的基准。

效仿丰田模式每个部分都会对整个体系的成果产生影响,一部分未成功就会减少整个供应链的收益。因此,很难去仿效丰田公司的供应链组织,但是它却是丰田公司的竞争优势。

(资料来源:http://www.cbc.com.cn/company/2011_0909.html)

2.1 供应链的类型

根据不同的划分标准,可将供应链进行不同分类。依供应链运行的性质划分,我们可将供应链分为以下几类型：

2.1.1 根据供应链所生产的产品类型特点来进行分类

供应链的类型与它所生产产品的特点有很大关系，根据产品在市场上的表现，我们可以将其分为功能型产品和创新型产品，这两类产品的特点对比如表2-1所示。

表2-1　　　　　　　　　功能型和创新型供应链比较

特征比较	功能型产品	创新型产品
需求特征	可预测	难以预测
产品多样性	低	高
产品生命周期	较长	短
利润率	较低	高
风险概率	较低	较高
对手可复制性	容易复制	难以复制

在构建供应链时，应该根据不同的产品特点选择和设计不同类型的供应链系统。根据功能型产品还是创新型产品，人们提出了相对应两种类型的供应链：效率型供应链和响应型供应链。

（1）效率型供应链。效率型供应链主要体现供应链的物料转换功能，即以最低的成本将原材料转化为零部件、半成品、产品，并完成在供应链中的运输、配送等活动。一般来说，效率型供应链的需求是可以预测的，对供应链设计注重的重点在于成本的降低和质量的提高；在追求成本最低的同时，需维持有效的库存水平，以满足需求。

（2）响应型供应链。响应型供应链主要体现供应链对市场需求的响应功能，即把产品分配到满足用户需求的市场，对未知的需求做出快速反应。响应型供应链对需求一般来说是不可预测的，往往使用模块化设计方法，尽量延迟产品差异化；同时，响应型供应链设计重点是速度、柔性和质量，另外，采取主动措施减少生产提前期。

2.1.2 基于核心企业地位的分类

核心企业的差异性以及差异分化产生不同供应链类型。由于不同企业位于供应链不同的环节中，供应链上有技术研发型企业、生产制造型企业和销售型企业，这些企业随着环境变化和制度变革，其地位在供应链中发生改变。如在制造业发展到一定阶段，生产制造型企业的核心地位会被技术型和服务型主导企业所替代。核心企业以其核心竞争力来取得供应链的中心地位，根据这种中心地位，供应链可以分为三类：基于营销型企业为主导的供应链（Need模式）、基于技术研发型企业为主导的供应链（Seed模式）和基于服务型企业为主导的供应链（Feed模式），见图2-1。

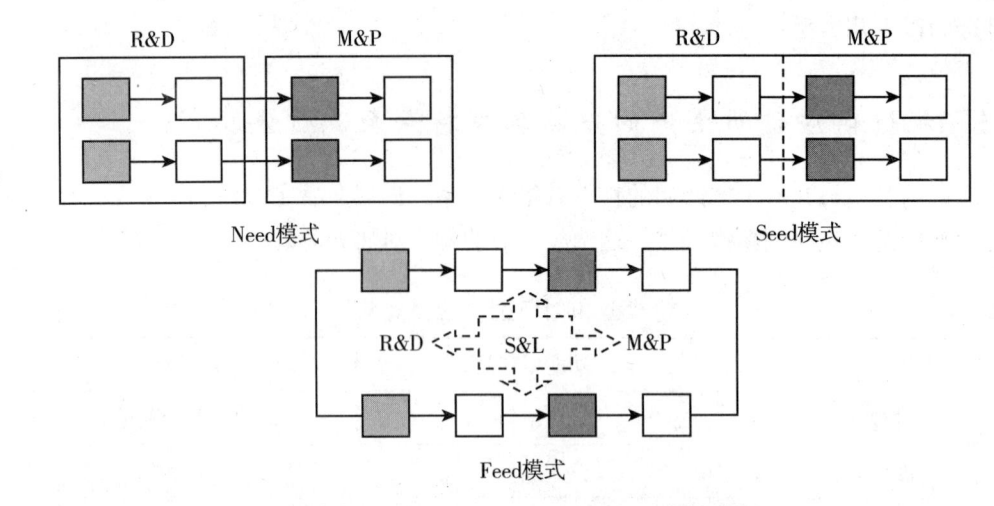

图 2-1 基于核心企业地位的三种供应链

（1）Need 模式供应链。Need 模式供应链是以营销型企业为核心企业的供应链，如沃尔玛、家乐福、麦德龙、B&Q 等企业控制着销售渠道，来组织基于供应链的生产。在这个模式中，整个供应链的驱动力来源于营销型企业所控制和掌握的市场信息和销售渠道，通常在这个模式下，由于需求时效性的存在，迫使 Need 模式供应链将产品的开发、设计、生产制造、分销和服务整个供应链系统集成于集散地或消费地中，实现即时销售、即时生产、即时设计以达到对市场快速反应，并按照市场变动而不断调整，故产品开发设计必须融入供应链系统之中。对于生产季节性和时尚性产品，往往是这种 Need 式供应链，如服装、鞋类产品具有款式、面料等方面流行性和需求多样性，只有将面料和服装设计研发纳入供应链体系中，才能使整个系统更加敏捷和快速。

（2）Seed 模式供应链。Seed 模式供应链中，技术研发企业或技术研发型生产企业在供应链中起核心主导作用。基于种子供应链系统中，相应的 R&D 部分按技术层次分，可分为位于金字塔尖的核心技术企业、中间技术层企业和底层技术企业，基于 Seed 的供应链系统是一个 R&D 部分与供应链系统其他部分 M&P（Manufacturing & Processing）相分离的供应链系统。该供应链系统是一种以 R&D 为驱动的引导消费模式，它是先有了某种技术（如同"种子"），然后把这种技术做成或渗透到某种产品中，最后再把这种产品推向市场。也就是说，R&D 不像 Need 供应链根据市场需求量身定做，所以市场与技术研发的联系对于 Seed 供应链相对较弱，技术研发趋向从生产中分离出来形成技术研发，设立于科技研发先进的地域集中，同时由于这种模式的技术研发具有前趋性、领导性和传递的便利性特点，对供应链系统快速反应不会产生时滞影响。相反，这种分离模式更有利于整个供应链系统竞争优势的提高，因为知识密集型的技术研发和技术劳动密集型的生产制造在同一地域中不能充分发挥各自的潜能。比如印度的班加罗尔软件，其软件核心技术设计在美国，而软件的外层设计生产在印度，既使是印度最大的软件公司诸如 TCS、Wipro、Infosys Technologies，也只是编写一些被称为"一袋土豆"的初级产品。

（3）Feed 模式供应链。Feed 模式供应链是指服务型机构和企业在供应链中占据了主导地位，这是由于产业分工高度发达，衍生出了大量不同环节的企业和机构，这些企和机构相互协作能力很强。在这些环节的组织机构中，低附加值环节的发展慢慢退出了主导地位，相反，相关的支持和服务型机构和组织则在供应链中占据主导地位，而供应链中的核心企业要保持竞争力也取决于它们。在 Feed 模式供应链中，大学、研究所、研发中心、信息金融机构、风险投资公司、培训机构、第三方物流企业、公共组织等在供应链中占据主导地位。例如在美国硅谷区内有着许多著名的大学研究机构，如斯坦福大学、加州大学伯克利分校、圣可拉拉大学等，世界上的诺贝尔奖获得者有近 1/4 在这里工作，该地区也有 6 000 多名博士，占加州博士总数的 1/6；并且，该区域在融资上也有着很大的优势，区内现有 300 多家风险投资公司，占到了美国风险投资企业的一半，1997 年美国风险投资总额的 29% 集中在硅谷。这些服务型组织机构使得硅谷的高科技型供应链发展具有强劲和持续的竞争力。

2.2 供应链战略管理决策

2.2.1 供应链战略的提出

供应链战略的提出不是自然生成的，而是根据公司和企业的发展远景来制定。一个企业的战略对该组织具有深远影响，如何制定供应链战略，首先要了解企业有关决策的层次，如图 2-2 所示。

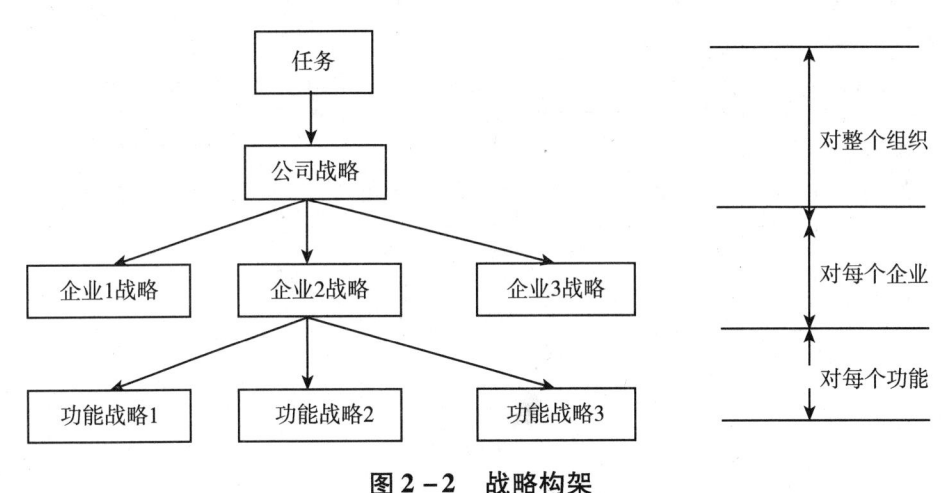

图 2-2 战略构架

2.2.1.1 任务

任务是指回答"企业是从事什么的"这样一个问题，为企业确立了方向和目标。特别是对于提供无形服务的组织来说，是十分重要的：模糊的定位，不正确的目标，不仅使自己的战略处于难以实施的境地，同时也很难体现区别于竞争对手的核心优势。有些企业能很好做到这一点，如美国一家运输公司 Roadway Express 给自己定界定的任务：我们将通过提供可靠、反应灵敏和有效率的服务来促使客户成功和满意，我们的主要产品通过北美的国际航线不到两天就能到。又如美国 UPS 的任务是：为客户提供杰出服务，提供几乎遍及世界各个角落的包裹快递服务。

2.2.1.2 企业战略与功能战略

企业的任务确定下来，也就描述了企业所从事的业务范围，但它没有具体说明企业如何去做。为了实现既定的任务，这就需要确定企业供应链战略和规划。

（1）企业战略。企业战略的重要性，可用未来学家托夫勒所说来描述："没有战略的企业，就像是在恶劣气候中飞行的飞机，始终在气流中颠簸、在暴风雨中沉浮，最后可能迷失方向。即使飞机不坠毁，也不无耗尽燃料之虞。"所以，企业战略就需要考虑新技术的出现、新需求的产生、新的竞争对手、多变环境对其所从事的事业和发展的影响，从而做出前瞻性思维，为企业适应环境、寻求长期生和发展而制定总体和长期性规划。企业战略和规划的制定是由企业最高层来谋划的，如美国通用电气公司董事长韦尔奇说："我每天没做几件事，但有一件永远做不完的事，那就是规划未来。"

（2）功能战略。它是在企业总战略下，为实现企业战略目标而具体落实到各个职能部门的具体行动计划，如营销战略、人力资源战略、物流战略、财务战略等。对于物流战略来说，它是对物流中心、运输、存储、包装、物流信息等多个方面进行决策，以最终服务于企业总供应链战略。

总之，供应链战略是高于功能战略和企业战略的公司战略，为了使供应链战略确实有效实施而不是相互冲突，就需高层管理者与各个部门有效进行沟通，一起制定供应链战略（见图 2-3）。

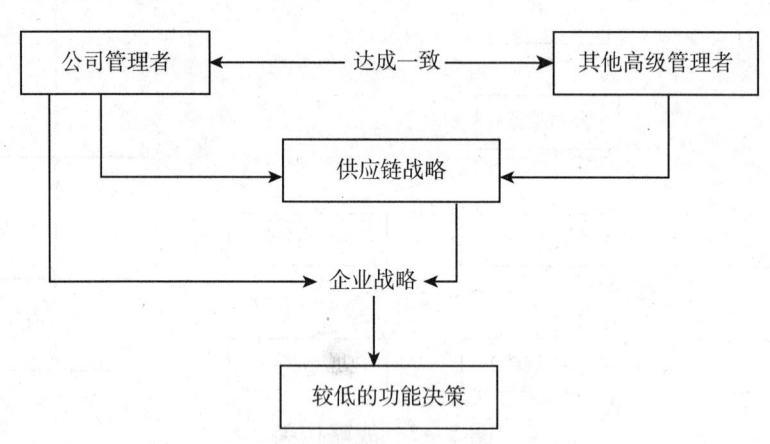

图 2-3 供应链战略决策沟通

2.2.2 供应链战略类型及选择

每个企业供应链战略可能千差万别，但是在这些千差万别的供应链战略中有着三个基本类型的供应链战略：精益供应链战略、敏捷供应链战略和精敏供应链战略。

2.2.2.1 精益供应链战略

（1）精益供应链及来源。精益供应链管理（Lean Supply Chain Management，LSCM）源于精益生产管理。它是指对整个供应链的环节包括上游和下游的链条进行优化和改造，消除不必要的步骤、耽搁、等待以及消耗，消除企业中的浪费，最大限度地减少成本、最大程度地满足客户需求的一系列对供应链计划、实施和控制的过程。

精益供应链管理要求上下游共同努力削减整个流程的成本和浪费情况。单个的企业能够在内部实施精益生产，但精益供应链要求上下游企业共同合作，并不是简简单单将诸如存货和成本推给供应商就万事大吉。实际上，这是所有供应链参与者协调一致的努力结果，只有合作才能建立精益供应链管理。企业的战略取向不同，企业衡量成功的标准也就不同。当企业采用"精益"理念时，"成本"是成功的标尺。成本的定义不仅仅指产品的生产成本，而是指供应链中产品交付过程的总成本：总成本＝实物处理的成本＋在市场中适销性成本。其中，公式中的实物处理成本包括所有生产、分销和存储的成本，这部分成本直接与企业的效率有关；而在市场中适销性成本则是指因过期或缺货而导致的损失和成本，在以前传统的成本计算中，企业并没有考虑这部分成本，但是在当今残酷的竞争环境下，消费者对品牌的忠诚度已大不如前，这部分由过期或缺货而产生的成本是无法弥补的，更应引起企业的充分重视。

精益生产管理改变了生产方式和供货方式，即使用小批量频繁的运输来减少库存，准时生产制（JIT）需要制造商和供应商紧密合作，利用简单的看板技术简化订购方式，减少供应链的复杂性，利用稳定循环的看板来减少供应链的变化性。但是，JIT也造成了供应链的脆弱，在供应链上的任何干扰都会使整条链停止运作。虽然JIT在某些方面也有它的局限性，但在合适的生产环境下，运用适当，JIT可以带来巨大的改善。精益的追求展示了减少供应链的复杂性和变化性的努力。这更加促使管理者从供应链角度来看速度、质量和成本。

实际上，打造精益供应链战略至少包含两点重要思想：起源于准时生产制（JIT）的精益思想和约束理论（Theory of Constraints）。

起源于丰田汽车生产系统的准时生产制在20世纪70年代直接导致了日本汽车业的崛起，后被应用到美国的汽车企业。90年代，美国学者沃麦克（Womack）和琼斯（Jones）发展了JIT的思想，他们认为精益思想的核心是消除流程中的各种浪费，包括库存、运输距离、等待时间等。这一思想也是企业实施业务流程再造（BPR）的重要指导原则。消除浪费的直接好处是企业组织得以精简、流程得以优化，从而压缩了提前期，提高了对市场的响应速度，释放出的资源可以用在别的业务，从而支撑了企业的长期成长。

约束理论认为，企业的目标就是要赚钱，而赚钱能力是由企业的"瓶颈"资源能力所决定的，"瓶颈"资源的闲置，意味着企业整个资源的浪费，因此，企业的所有活动都要围绕着"瓶颈"资源安排。其他理论大都集中在企业的每个环节、步骤，或每个程序的改善，认为只要所有环节各自做到最好，企业整体必然会有最大的改进。约束理论认为，企业各个环节相互关联，局部最优并不代表整体最优，单个环节的改善却可能影响企业的整体效益。例如，一家美国企业如果仅从生产成本考虑，可以将某些产品的生产外包给海外工厂，但这样却会影响企业对本地市场的响应速度。所以，约束理论的实质是强调系统思维，合理利用企业有限的资源创造最大的价值流。

（2）精益供应链战略的作用。

精益供应链战略对于上、下游供应链管理有着很大的好处，包括：减少由于不准确的需求预测而给供应链带来的不确定性、减少交货周期以保证对市场变化的快速响应、增加周转资金的利用率、增强生产能力。当成功地应用了精益战略，则企业可以通过提高而增加收益并提高成本优势。由于适当的精益理念、方针和政策的采取，从而提高了市场占有率，因此使企业销售额和利润得以增加。运用和坚持正确的精益理念、方针和政策，将使企业在激烈的竞争中立于不败之地。

2.2.2.2 敏捷供应链战略

（1）敏捷供应链及其来源。

敏捷供应链（Agile Supply Chain Management）是指在合作和竞争动态的市场环境中，由若干供方、需方等实体构成的、快速响应环境变化的动态供需网络。其中，"实体"是指参与供应链的企业或企业内部业务相对独立的部门或个人。具有自主决策权的实体称为自主实体。供方和需方可以是各类供应商、制造商、分销商和最终用户。"动态"则反映为适应市场变化而进行的供需关系的重构过程。"敏捷"用于强调供应链对市场变化及用户需求变化的快速响应能力。

敏捷供应链是美国学者于20世纪90年代初提出的一种新型战略思想，这种战略思想主要是针对制造技术领域，目标是提高制造系统对外部环境变化的应变能力。因为随着计算机与网络技术的日渐成熟，互联网以及以互联网为平台的各种网上应用如火如荼，在给传统产业带来无限商机的同时，也带来更多的挑战。首先，经过多年的激烈竞争，企业之间的竞争已达白热化状态，产品生命周期越来越短，产品更新换代速度越来越快，为企业盈利的新产品寿命比工业社会的产品明显缩短。其次，随着企业对企业（B2B）、企业对顾客（B2C）等各种模式电子商务的应用和全球物流配送系统的迅速发展，跨地区、跨国界网络交易行为的边际成本趋平，任何一家企业都将面临国际化、全球化的市场竞争。再次，消费个性需求复归，许多消费者不再满足于毫无个性的流水线产品，他们更希望能够影响、最好是亲自参与到产品的设计制造过程中来，而网上开办的个性订购使这种需求成为可能。竞争环境的剧烈变化，使单纯依靠企业内部资源孤军奋战的竞争形式显得力不从心，跨企业甚至跨行业的联盟竞争成为网络时代的主流。协作突破企业边界，促使供应链观念从线性向网络变革，并逐步形成今天的敏捷供应链思想。

（2）敏捷供应链管理战略的内涵。

在竞争日趋激烈、市场需求更为复杂多变的网络时代，有必要将敏捷化思想运用于整条供应链管理，其实质是在优化整合企业内外资源的思想上更多地强调供应链在响应多样化客户需求方面的速度目标。同原来的一体化供应链观念相比，敏捷供应链有着显著不同的内涵。

一是战略目标：传统管理往往导致高成本、低效率，而这一思想的理论假设是认为消费者偏好更多地倾向于价格和制造质量。一体化供应链管理没有摆脱传统企业管理思想的束缚，质量和价格依然是其主要战略目标；敏捷供应链观念则顺应时代潮流，将战略目标定位于对多样化客户需求的瞬时响应。

二是资源观念：一体化供应链管理也强调对资源的充分利用和挖掘，但是其资源观点局限于企业内部；敏捷供应链从扩大生产概念出发，将企业的生产活动进行前伸和后延，把上游的供应商和下游的客户纳入企业的战略规划之中,实现对企业内外资源的最佳配置。

三是供应链驱动方式:依赖传统生产组织方式是很难真正实现以需定产的,因为缺乏实时按订单生产的能力。一体化供应链管理只能按照从供应到生产再到销售的推动生产方式进行,结果造成各个环节大量库存的堆积;敏捷供应链在敏捷制造技术、信息技术(IT)及并行工程技术(CE)的支持下,成功地实现了客户需要什么就生产什么的订单驱动生产组织方式,降低了整条供应链的库存量。

四是组织机构构建:新战略依赖新型组织机构,敏捷供应链的成功实施依赖于扁平化组织的构建,即若干相互关联的厂商基于战略一致性而构成的动态联盟。

五是与节点企业的关系:一体化供应链观念没有超越企业的边界,依旧把供应商看成讨价还价的利益博弈对手,把客户看成服务对象;敏捷供应链突破了以往框架,重新定位与上下游节点企业的关系,与供应商结成利益一致的合作伙伴,客户则被看成是企业能够创造价值、使产品增值的重要资源。

2.2.2.3 精敏供应链战略

精敏供应链(Leagile Supply Chain)在精益与敏捷的异同点分析基础上,结合以上战略选择依据,认为两种战略可以成功地集成并运行于供应链系统中。集成精益与敏捷两种战略即产生了精敏(Leagile)供应链战略模式。三者之间的异同点如表2-2所示。

表2-2 三种供应链战略比较

比较项目	精益供应链战略	敏捷供应链战略	精敏供应链战略
市场需求	可预测	变动	变动而且不可预测
产品变化	小	大	中等
产品生命周期	长	短	短
客户驱动	成本	服务水平	服务水平和成本
边际利润	低	高	中等
主要成本	物质成本	销售成本	物质成本和销售成本
缺货成本	长期合约	即时和易变	没有缺货空间
采购策略	购买货物	分配仓容	供应商管理库存
信息丰富程度	高度依赖	必要	必须
预测机制	通过算法	通过商议	算法、商议两者或其一
代表性的产品	普通货物	时尚物品	顾客需要的商品
压缩提前期	必须	必须	需要
消除浪费	必须	需要	随意
快速重构	需要	必须	必须
坚固性	随意	必须	需要

续表

比较项目	精益供应链战略	敏捷供应链战略	精敏供应链战略
质量	市场资格要素	市场资格要素	市场资格要素
成本	市场赢得要素	市场资格要素	市场赢得要素
提前期	市场资格要素	市场资格要素	市场资格要素
服务水平	市场资格要素	市场赢得要素	市场赢得要素

2.3 第三方物流与第四方物流

2.3.1 第三方物流

2.3.1.1 第三方物流含义

2006年新修订的国家物流术语中指出，第三方物流（the Third Party Logistics，TPL）是接受客户委托为其提供专项或全面的物流系统设计以及系统运营的物流服务模式。较之2001年术语"由供方与需方以外的物流企业提供物流服务的业务模式"有明显不同，强调第三方物流运作形式、服务范围、内容和服务形式等。

有人称TPL为"第三方后勤"。其实质在于表明物流行业既非生产方，又非销售方，而是从生产到销售的整个流通中进行服务的第三方，它不拥有商品，而是为客户提供代理服务，具体内容包括：商品运输、储存配送以及附加值服务。物流业是独立于买方和卖方之外的第三方，故称第三方物流。第三方物流与第一方物流、第二方物流的关系如图2-4所示。

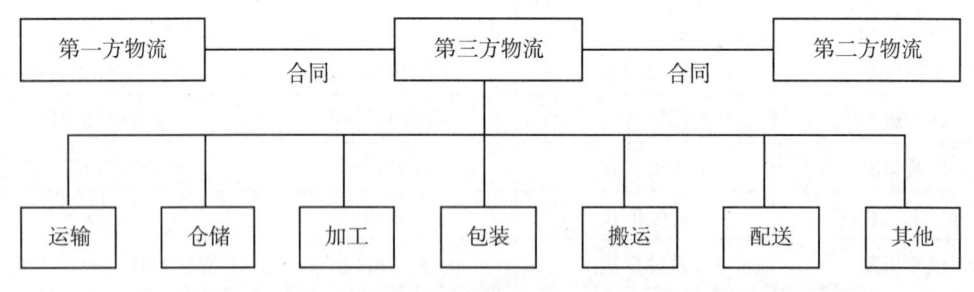

图 2-4 第三方物流与第一方、第二方物流的关系

因此，也有人将第三方物流定义为：第三方物流提供者是在特定的时间段内按照特定的价格向使用者提供个性化的系列物流服务，这种物流服务是建立在现代电子信息技术基础上的，企业之间是联盟关系。这个定义包含以下几方面的含义：

第一，第三方物流是合同导向的一系列服务。第三方物流有别于传统的外包，外包只限于一项或一系列分散的物流功能，如运输公司提供运输服务、仓储公司提供仓储服务。第三方物流则根据合同条款规定的要求而不是临时需要，提供多功能甚至全方位的物流服务。依照国际惯例，服务提供者在合同期内按提供的物流成本加上需求方毛利额的 20% 收费。

第二，第三方物流是个性化物流服务。第三方物流服务的对象一般都较少，只有一家或数家，服务时间却较长，往往长达几年，异于公共物流服务——"来往都是客"。这是因为需求方的业务流程各不一样，而物流、信息流是随价值流流动的，因而要求第三方物流服务应按照客户的业务流程来定制。这也表明物流服务理论从"产品推销"发展到了"市场营销"阶段。

第三，第三方物流是建立在现代电子信息技术基础上的。信息技术的发展，是第三方物流出现的必要条件。信息技术实现了数据的快速、准确传递，提高了仓库管理、装卸运输、采购、订货、配送发运、订单处理的自动化水平，使订货、包装、保管、运输、流通加工实现一体化。企业可以更方便地使用信息技术与物流企业进行交流和协作，企业间的协调和合作有可能在短时间内迅速完成；同时，应用软件的飞速发展，使混杂在其他业务中的物流活动的成本能被精确计算出来，还能有效管理物流渠道中的商流，这就使企业有可能把原来在内部完成的作业交由物流公司运作。常用于支撑第三方物流的信息技术有：实现信息快速交换的 EDI 技术、实现资金快速支付的 EFT 技术、实现信息快速输入的条形码技术和实现网上交易的电子商务技术等。

第四，企业之间是联盟关系。依靠现代电子信息技术的支撑，第三方物流的企业之间充分共享信息，这就要求双方能相互信任，才能达到比单独从事物流活动所能取得的更好效果；而且，从物流服务提供者的收费原则来看，它们之间是共担风险、共享收益；再者，企业之间所发生的关联既非仅一两次的市场交易，在交易维持了一定的时期之后，可以相互更换交易对象。在行为上，各自不完全采取导致自身利益最大化的行为，也不完全采取导致共同利益最大化的行为，只是在物流方面通过契约结成优势相当、风险共担、要素双向或多向流动的中间组织。因此，企业之间是物流联盟关系。

总之，第三方物流（TPL）系统是一种实现物流供应链集成的有效方法和策略，它通过协调企业之间的物流运输和提供后勤服务，把企业的物流业务外包给专门的物流管理部门来承担，特别是一些特殊的物流运输业务。通过外包给第三方物流承包者，企业能够把时间和精力放在自己的核心业务上，提高了供应链管理和运作的效率。因此，第三方物流具有合同制物流、提供专门化个性化服务、以网络为支撑、企业之间建立合作共赢联盟关系等特点。

第三方物流主要是区别于供应方和需求方而言的，它是第三方，不销售具体的产品，不生产具体的产品，也不去采购具体的原材料，它是一个服务型的行业，帮企业运输、仓储、控制库存、处理库存信息。

第三方物流是帮助供应方把货物从总供应地运输到需求点这样一种企业，所以严格来说，第三方物流可以称为物流企业，非第三方企业中进行的物流称为企业物流。如武汉中百集团下的"中百物流"，自 2003 年以来，武汉中百相继投入 6 000 多万元进行信息化建设，建起 5.8 万平方米的现代化物流配送中心，中百物流作为第三方物流已揽到数项业务，湖北京山国宝桥米、福建恒安纸业等均将武汉市内配送业务外包给中百物流，故企业开始从成本控制中心向利润中心转换。它正从企业物流向物流企业发展，成为一个独立的企业法人，成为中百集团新的利润增长点。表 2-3 为各方物流的比较：

表2-3　　　　　　　　　　　　各方物流的比较

名词	解释
第一方物流	需求方为采购而进行的物流，如赴产地采购、自行运回商品。
第二方物流	供应方为了提供商品而进行的物流，如供应商送货上门。
第三方物流	是接受客户委托为其提供专项或全面的物流系统设计，以及系统运营的物流服务模式，是供需之外的第三方提供物流服务。
第四方物流	提供各种物流信息咨询服务的企业，为客户提供综合供应链解决方案。
第五方物流	提供各层次物流人才培训服务的企业。

2.3.1.2 第三方物流的好处

采用第三方物流系统，企业可以获得如下的好处：
1) 提供企业所需的灵活性（涉及技术、地理、服务和资源规模的灵活性等）；
2) 使企业更加集中于核心业务的发展；
3) 改进服务质量；
4) 快速进入国际市场；
5) 获得信息咨询；
6) 获得物流经验；
7) 减少风险；
8) 降低成本；
9) 提升企业形象。

当然，第三方物流也存在一定的劣势：
(1) 外购特定职能使企业失去了内在的控制，因为物流公司与你的客户直接接触更多了。
(2) 有核心能力被蚕食的危险。

2.3.1.3 第三方物流使用与实施应考虑的因素

使用第三方物流的考虑以下因素：
1) 了解自己的成本，即物流运作时运营成本。
2) 第三方物流的客户化，TPL认同公司的需求和制定相应的服务。
3) 第三方物流的专业化，TPL技能和信任是基础。
4) 自拥有资产与非自拥有资产的TPL。自有者：规模大，客户基础雄厚，到位的服务，但不灵活，决策期长；非自有者：灵活，成本低，但资源有限，价格谈判力低。
5) 其他重要因素。还要考虑可靠性、灵活性及反应能力和成本。

第三方物流的实施考虑以下因素：
1) 对前6~12个月的磨合期有足够的认识。一般而言，战略合作需要了解自己，了解伙伴，困难最多出现在这个时期，容易打退堂鼓，为此，一定对困难有足够的认识。
2) 诚实并多沟通。交流沟通和信任合作是实施第三方物流的前提与基础。

3）从共同利益出发。双方要建立合作共赢理念，彼此站在对方角度考虑。
4）其他重要问题。如数据的保密性、绩效衡量的标准、附属合同的特定条款、解决争议的仲裁机制、合同中的风险保护条款、定期报告机制等。

2.3.2 第四方物流

2.3.2.1 第四方物流含义

所谓第四方物流（The 4th Party Logistics，4PL），又叫做4PL，是指集成商们利用分包商来控制与管理客户的点到点式供应链运作。也就是说，第四方物流是一个提供全面供应链解决方案的供应链集成商。通常讲，第四方物流的内涵一般包括以下几点：
1）整合物流服务供应商是第四方物流的一般思路；
2）信息系统是综合物流解决方案必不可少的组成部分；
3）低成本、高服务水平是综合物流解决方案的目标；
4）对方案执行过程实施指导和监督是第四方物流的重要职责。

因此，从概念上看，第四方物流是有领导力量的物流服务商通过整个供应链的影响力，提供综合的供应链解决方案，也为其客户带来更大的价值。显然，第四方物流是在解决企业物流的基础上整合社会资源，解决物流信息充分共享、社会物流资源充分利用等问题。

本质上，第四方物流提供商是一个供应链集成商，它调集、管理和组织本身以及具有互补性的服务提供商的资源、能力和技术，以提供一个综合的供应链解决方案。

同第三方物流相比，第四方物流的成功之处在于它能向客户提供一个前所未有的、并使客户价值最大化的服务。第四方物流方案的崛起，在一定程度上影响到了第三方物流提供商的服务能力。4PL充分利用了一批服务提供商的能力，包括第三方物流（TPL）、信息技术服务商、呼叫中心、电信增值服务商，等等，当然也包括客户的能力和4PL自身的能力。客户因此也能得到更多的交叉性、多功能的资源整合和经营扩展等服务。

两个关键性的差别使第四方物流的概念独一无二，也使它与目前市场上可以获得的其他供应链外包方案区别开来：第一，4PL能够提供一个全面的供应链解决方案；第二，4PL通过对整个供应链产生影响力来增加客户服务的价值。

第四方概念是安德森咨询公司提出并注册的，许多服务商都对第四方物流心驰神往，希望与客户建立长期稳固的伙伴关系。正宗的第四方不仅控制和管理特定的物流服务，而且对整个过程策划方案，并通过电子商务将这个过程集成起来。

随着制造商和零售商日益趋向外包其物流业务，第四方物流服务已开始广为流传。预测表明，作为能与客户的制造、市场及分销数据进行全面、在线连接的一个战略伙伴，第四方物流与第三方物流一样，它是可以在可预见的将来得到广泛应用的。

2.3.2.2 第四方物流的特点与基本功能

第四方物流具有以下特点：
1）它提供一个完整的综合性供应链解决方案（更高更广泛的集成）；
2）它通过影响整个供应链来获得价值，为整条供应链上的客户企业带来利益。

第四方物流的基本功能：

1) 供应链管理功能，即管理从货主/托运人到用户/顾客的供应全过程；

2) 运输一体化功能，即负责管理运输公司、物流公司之间在业务操作上的衔接与协调问题。

3) 供应链再造功能，即根据货主/托运人在供应链战略上的要求，及时改变或调整战略战术，使其能高效率地运作。

2.3.2.3 第四物流的模式

第四方物流具有以下模式：

1) 协助提高者：第四方物流为第三方物流工作，并提供第三方物流缺少的技术和战略技能。

2) 方案集成商：第四方物流为货主服务，是和所有第三方物流提供商及其他提供商联系的中心。

3) 产业革新者：第四方物流通过对同步与协作的关注，为众多的产业成员运作供应链。

第四方物流无论采取哪一种模式，都突破了单纯发展第三方物流的局限性，能真正低成本运作，实现最大范围的资源整合。

2.3.2.4 第三方物流和第四方物流比较

第三方物流和第四方物流可以从以下几个方面进行比较：

1) 从决策的类型看，第三方物流提供商所做的是策略性决策和操作性决策；第四方物流提供商所做的是战略性决策。

2) 从职能的执行看，第三方物流侧重于实际的物流运作以及面对客户企业需求的一系列服务；第四方物流侧重于从宏观上对供应链进行优化管理。

3) 从客户企业角度看，第三方物流与客户企业的合作是一对多的合作；而客户企业与第四方物流提供商的合作是一对一的合作。

4) 第四方物流是在第三方物流的基础上发展产生的，第四方物流不能独立于第三方物流而存在。第三方物流与第四方物流是一种协同服务的关系，第三方物流需要第四方物流提供供应链整合、再造等方案的指导；而第四方物流的战略决策思想必须依靠第三方物流的实际运作来实现并得到验证。

本章小结

供应链战略管理是供应链管理的重要内容之一，它是立足全局，从战略高度分析供应链管理中涉及的战略决策问题。本章首先介绍了供应链分类，然后分析供应链三种管理战略、第三方物流和第四方物流方案。这些战略和方案体现了供应链管理的新思维和新思想，对于运营供应链具有实用性和可操作性。

关键术语

精益供应链（Lean Supply Chain）

敏捷供应链（Agile Supply Chain）
精敏供应链（Leagile Supply Chain）
第三方物流（Third Party Logistics，TPL 或 3PL）
第四方物流（Forth Party Logistics，FPL 或 4PL）

复习思考题

1. 比较精益供应链、敏捷供应链和精敏供应链三者之间的异同。
2. 第三方物流的特点有哪些？使用和实施第三方物流应考虑的因素有哪些？
3. 第四方物流与第三方物流的区别与联系如何？

讨论案例

中外运——摩托罗拉物流的第三方

中外运空运公司是中国外运集团所属的全资子公司，华北空运天津公司是华北地区具有较高声誉的大型国际、国内航空货运代理企业之一。中外运空运公司为摩托罗拉公司提供其在中国的第三方物流服务。

摩托罗拉公司对物流服务是：一提供24小时的全天候准时服务。主要包括：保证摩托罗拉公司中外业务人员、天津机场、北京机场两个办事处及双方的负责人通信联络24小时畅通；保证运输车国内24小时运转；保证天津与北京机场办事处24小时提货、交货。二服务速度快。摩托罗拉公司对提货、操作、航班、派送都有明确的规定，时间以小时计算。三服务的安全系数高。要求对运输的全过程负全责，要保证航空公司及派送代理处理货物的各个环节都不出问题；一旦某个环节出了问题，将由服务商承担责任，赔偿损失，而且当过失到一定程度时，将被取消做业务的资格。四信息反馈快。要求公司的电脑与摩托罗拉公司联网，做到对货物的随时跟踪、查询，掌握货物运输的全过程。五服务项目多。根据摩托罗拉公司货物流转的需要，通过发挥中外运系统的网络综合服务优势，提供包括出口运输、进口运输、国内空运、国内陆运、国际快递、国际海运和国内提货的派送等全方位的物流服务。

为了选择合适的物流服务商，摩托罗拉公司设立了如下制度：通过多种方式对备选的运输代理企业的资信、网络、业务能力等进行周密的调查，并给初选的企业少量业务试运行，以实际考察这些企业服务的能力与质量，对不合格者，取消代理资格。摩托罗拉公司对获得运输代理资格的企业进行严格的月度作业考评，主要考核内容包括运输周期、信息反馈、单证资料、财务结算、货物安全、客户投诉。在被选中作为摩托罗拉公司的物流服务公司之后，中外运根据要求和自身状况采取了相应措施：

一是制定科学规范的操作流程。为满足摩托罗拉公司的服务要求，中外运空运公司从开始设计并不断完善业务操作规范，并纳入了公司的程序化管理。对所有业务操作，都按照服务标准设定工作和管理程序进行，先后制定了出口、进口、国内空运、陆运、仓储、运输、信息查询、反馈等工作程序，每位员工、每个工作环节都按照设定的工作程序进行，使整个操作过程井然有序，提高了服务质量，减少了差错。

二是提供24小时的全天候服务。针对客户24小时服务的需求，中外运实行全年365天的全天候工作制度，厂家随时出发，中外运随时有专人、专车提货和操作。在通信方面，相关人员从总经理到业务员实行24小时的通信畅通，保证了对各种突发性情况的迅速处理。

三是提供门到门的延伸服务。中外运对摩托罗拉公司的普通货物虽然是按普货标准收费的，但提供的却是门到门、库到库的快件的服务，这样既提高了摩托罗拉的货物的运输及时，又保证了安全。

四是提供创新服务。从货主的角度出发，推出新的更周到的服务项目，最大程度地减少货损，维护货主的信誉。为保证摩托罗拉公司的货物在运输中损失减少，中外运在运输中增加了打包、加固的环节。为防止货物被雨淋，中外运又增加了一项塑料袋包装。为保证急货按时送到货主手中，中外运还增加了紧急运输方式，解决了客户的急、难问题，让客户感到在最需要的时候，中外运公司都能及时快速地提供帮助。

五是充分发挥中外运网络优势。中外运在全国拥有了比较齐全的海、陆、空运输与仓储、码头设施，形成了遍布国内外的货运营销网络，这是中外运发展物流服务的最大优势。通过中外运网络，在国内为摩托罗拉公司提供服务的网点已达近百座城市，实现了提货、发运、对方派送全过程的定点定人信息跟踪反馈，满足了客户的要求。

在中外运为摩托罗拉公司长达多年的服务中，从开始的几票货发展到面向全国，双方在共同的合作与发展中建立了相互的信任和紧密的业务联系。

资料来源：http://www.logistic.com.cn/case/201307.html

思考题
1. 中外运空运公司为摩托罗拉公司提供的是哪种物流外包关系？
2. 至少说出三个中外运为摩托罗拉公司提供的第三方物流服务的成功因素。
3. 摩托罗拉公司在物流供应商的筛选上有哪些做法是值得中国企业学习的？

第3章

供应链的设计构建

学习目标

- 了解供应链设计原则
- 理解供应链设计构建和优化
- 掌握供应链设计方法

【引导案例】

戴尔公司供应链管理

戴尔（DELL）公司于1984年由迈克尔·戴尔（Michael Dell）创立，总部位于美国得克萨斯州奥斯汀市，戴尔公司在厦门、槟城等七个地点生产计算机。戴尔在全球的产品销量高于任何一家计算机厂商，并因此在2011年财富500强中名列第124位。戴尔公司惊人的发展速度创造了IT行业的一个奇迹；调查数字显示，戴尔的成长速度是电脑行业平均值的10倍；从2000年开始保持30%~38%的市场占有率，这个奇迹主要来源于其堪称典范的供应链管理。

一、戴尔公司直销模式

戴尔公司成功的秘诀是其著名的"直销模式"，戴尔公司建立了一套与客户联系的渠道，由客户直接向戴尔公司发订单。订单中可以详细列出所需的配置，然后公司"按单生产"。戴尔公司的直销模式之所以取得如此骄人的成绩，是和其背后的供应链虚拟整合密不可分的。戴尔公司的高层将公司的成功归功于独特的直接运营模式及其背后支撑的基于现代化的高效供应链，认为这个供应链管理平台使戴尔公司在供应商、客户之间构筑了一个"虚拟整合的平台"，保证整个供应链的无缝集成。

戴尔公司通过虚拟整合的方式将供应链中的采购管理、供应商管理、生产管理、库存管理、物流运输管理和客户关系管理等通过一个完整的信息系统整合到一起，通过需求和供应的动态平衡，实现供应链同步计划和控制，从而提高了竞争优势。

二、采购管理

戴尔公司的采购是由订单驱动的准时采购，这种采购方式减少库存，加快库存周转，缩短提前期，提高产品的质量，获得满意的交货，提高最终顾客的满意度。

销售部与客户沟通确认订单后,系统就根据既定的物料清单自动产生详细的实际物料需求计划,各相关部门就可以看到所要求的零部件数量。戴尔公司的采购通过网站传送采购订单,并可随时修正订货计划。供应商和供应商仓储中心通过该网站与戴尔公司实时交换信息,供应商可以通过该网站进行价格谈判,了解自己所提供物料的质量信息以便进行质量管理,还可以实时掌握供应商仓储中心的库存,查询戴尔公司的联系人资料,上传或下载戴尔公司相关的文件。供应商也可通过网络共享制造部门的信息,随时调整生产计划和供货。通过互联网的电子采购方式,戴尔公司减少了与供应商的中间环节,减少采购中间代理,降低了管理费用,从而控制了成本。这种方式也有利于库存的控制,改善和缩短产品周期。

三、供应商管理

(一)严格挑选供应商

戴尔公司对供应商的选择是非常慎重的,它有一整套的供应商遴选与认证制度,考核的标准主要是看供应商能否源源不断地提供没有瑕疵的产品,考核的对象不仅包括产品,而且涵盖了产品生产的过程。要想成为戴尔公司的供应商,企业必须证明其在成本、技术、服务和持续供应能力四个方面具有综合的优势,特别是供应能力必须长期稳定。戴尔公司也希望同其合作的供应商能够注重环保并且很好地对待自己的员工。戴尔公司会将供应商与同类型的供应商进行比较,看其是否在成本上具有优势、技术产业化速度优势和持续供应能力等。

(二)密切配合供应商

戴尔公司管理供应商有一个重要原则,就是"少数及密切配合供应商"。戴尔公司把整体供应商的数量控制在一定范围内,许多部门会参与到供应商的选择。戴尔公司在商品管理、质量和工艺管理等方面为供应商提供培训,帮他们改善内部流程。戴尔公司还把品质管理和计划物流等工具分享给供应商,使得供应商的水平也得以提高。

每个季度戴尔公司都会对供应商进行考核,考核的要素包括上面提到的成本领先、技术产业化的速度、服务、持续供应、质量等。戴尔公司会根据这个结果来调整每家供应商的订单。

戴尔公司对每增加一名供应商是非常严肃、小心的事情。对于新供应商,戴尔公司会先用比较小的量来检验其生产流程,各方面没有问题了,再逐步扩大业务量。戴尔公司这种与供应商协调合作的双赢关系,对于实施准时化采购是非常重要的。通过长期的、有信任保证的订货合同保证了采购的需求,能有效地控制产品的质量,降低成本,增加制造的敏捷性和柔性。

四、库存管理

(一)成品零库存

戴尔公司采用按订单生产(Build To Order, BTO),实现了成品的零库存。戴尔公司的"快速反应系统",在接到订单后能够做到按客户要求36小时内完成生产装配,从接受订单到产品送达客户手中的时间不超过5天。

(二)原材料库存管理

戴尔公司奉行有需才取的原则,采用供应商管理库存(VMI)的方法,将供应商视为公司体系的一环。它把信息共享给其供应商的同时,要求供应商也能很好地控制它们的库存,要求供应商依据这些信息均衡产量,缩短前置期,提高对市场需求的弹性,满足戴尔公司不断变化的需求。戴尔公司将每天的生产计划透明提供给各供应商,供应商每天按连续补给方式安排补货,交由第三方物流公司送货至戴尔公司的生产线。戴尔公司会告诉供应商自己13周的预测值,并要求供应商必须在供应商物流中心按预测的需求中保持10天的库存量以保证工厂的运转。但是,戴尔公司并不是简单地将自己的库存压力转嫁给供应商,当供应商所保有的库存量一旦超过10天,戴尔公司就会和它们共同协作以降低供应商库存。

五、客户关系管理

戴尔公司在产品细分之外还加上顾客细分。公司认为分得越细,就越能准确预测顾客日后的需求与其需求的时间。戴尔公司直接面对客户,有利于双方加深理解,客户得到了自己最想要的电脑,而公司对客户的要求也有了深入的了解,从而便于今后提供更好的售后服务。细分化的做法解决了戴尔公司自创立以来的困扰:如何在逐渐扩大的同时还能维持稳定而持续的成长。1997 年,戴尔公司又进一步把大型公司细分为全球性企业客户和大型公司两块市场,政府与教育机构市场则分为联邦政府、州政府和地方政府、教育机构三块不同的市场,小型顾客则进一步分解为小型公司和一般消费者两块业务。

戴尔公司记录了产品的每一个环节,服务和质量很容易控制。公司设立了呼叫中心来处理客户的售后服务与支持请求。客户的售后服务要求通过热线电话直接到戴尔公司,戴尔公司聘请了数以千计的技术支持人员 24 小时接听电话,以保证 90% 的问题可以即时通过电话解决,从而极大缩短了售后服务所需要的时间和费用,提高了客户的满意度和忠诚度。

(资料来源:http://www.c58.com/managment/2001_2113.html)

3.1 供应链体系结构模型

3.1.1 供应链的成员构成

供应链上的企业主要有供应商、制造商、分销商和零售商,但这些企业在不同类型的供应链中重要性有所不同。在传统的模式中,通常由制造商充当推动产品在整条链上移动的主体,如今更为接近消费者的零售商逐渐成了供应链上拉动产品的一方,并占有着越来越重要的位置。随着不断变化的市场,不断进步的科技,同样的一条由供应商、制造商、分销商和零售商组成的供应链,究竟谁会是核心企业和非核心企业,这些对设计和构建供应链非常重要。

3.1.1.1 核心企业

(1) 核心企业的含义。

核心企业是指供应链中占据了独特的不可替代的资源、具有先进的供应链全局理念以及出色的供应链管理能力、以供应链整体效益最优为目标、利用自身优势带动整条供应链使其具备不能被轻易模仿的核心竞争力的企业。这里提到的"资源"指代很广,可以是自然资源、信息资源工艺技术、管理能力、市场、产品、文化、服务等。

虽然在谈到供应链时人们通常都会承认核心企业的存在,但对于究竟什么是核心企业或者说如何界定核心企业,在这里我们采用一个很综合的观点,该观点利用"瓶颈"约束理论,认为供应链核心企业一般具备如下条件:一是掌握供应链的"瓶颈"约束资源(技术、市场、原始资源、信息其中若干项);二是决定供应链的运行节拍与效率;三是能够实现供应链核心竞争优势并能够为供应链成员带来更多利益;四是能够有效胜任供应链的物流、信息流、资金流、生产服务流的组织协调工作。

供应链核心企业可以是制造业,也可以是零售业。以格力集团公司供应链为例,供应链的关键核心资源是格力等制造商所掌握的产品工艺技术,格力等制造商的生产率决定着供应链的产销率和节拍,是供应链的"瓶颈",是供应链的核心企业。供应链以格力等制造商为核心企业协调其他节点企业按照"瓶颈"资源所决定的节拍运作。

在供应链竞争中，核心企业掌握着供应链的核心"瓶颈"资源，以自身"瓶颈"的产销率决定供应链的节拍，承担供应链组织者与协调者的功能，协调供应链网络中各个节点企业的运作，挖掘供应链潜力并实现优势集成，是供应链的物流集散中心、运作调度中心和信息处理中心。

（2）核心企业的分类。

根据组成供应链的基本元素，将其核心企业大致分为四大类：以制造商为核心企业、以零售商为核心企业、以供应商为核心企业和以分销商为核心企业。

以制造企业为核心的供应链毫无疑问是最为常见的。比如汽车行业的丰田、日化行业的宝洁、电脑行业的联想等公司的供应链管理都是经典的案例。以制造商为核心的供应链中核心企业制造商具有先进的供应链理念，拥有产品相关的核心技术，注重对客户需求的快速反应，因此能赢得市场。核心企业有一套自身标准来选择、管理供应商，通过合同、计划等组织并调度供应链上其他企业的运作，因此使得上下游的合作方拥有一个稳定的需求环境。制造商主体地位十分明显的供应链中，分销和零售的地位都不高。

以零售商为核心的供应链比较典型的是世界最大的零售巨头沃尔玛为代表的各种超市、日本的7-11为代表的各种便利店，还有国内的国美、苏宁一类的家电连锁卖场。这类供应链中，零售商由于接近最终消费者，所以对市场的需求有准确的把握，通过订单参与到供应商、制造商的产品开发、生产过程中；通过先进的信息技术和高效的物流配送体系实现整个供应链的高效运作。

严格意义上的以供应商为核心的供应链的概念是再无上游企业供应商，作为供应链核心的供应商就只有单纯供应自然资源的企业，如煤矿、稀有金属企业，石油开采等企业。可见，以供应商为核心的供应链主要出现在自然资源行业，比如：铁矿石供应行业中的淡水河谷公司、必和必拓公司等。这类供应链结构比较简单，核心企业供应商多为自然资源开采企业。由于掌握了稀缺性资源，并且有较高的进入壁垒，因此决定了整体链的产出，成为链上的核心企业。

以分销商为核心的供应链并不常见，目前主要是以IT行业为主，其中最为著名的就是神州数码的供应链管理。以分销商为核心的供应链的特点是分销商具有强大的整合能力，已经不仅仅是单纯被动的分销企业，而是既能与上游积极合作，又能了解最终客户需求及时反馈，并完美衔接上下游的中间商。尽管上游具有产品的技术资源，但是由于上游产品处于数量多、同质化且成熟度高的市场内，变化度较高，所以最为稳定的分销商整合能力逐渐成为了链上的核心资源。

3.1.1.2 非核心企业

相对于供应链中的核心企业，非核心企业在供应链中处于从属地位，接受核心主导企业的业务，执行核心企业制定的规则，按照契约完成核心企业的质量、交货、成本等方面要求。非核心企业一般有自己的特长，在某方面做得极其出色，才成为了供应链中的重要一分子。

由于核心企业与非核心合作伙伴存在着明显的不平等地位，处于弱势的合作伙伴对供应链的依赖性较大，因此，非核心企业主要从利润、企业发展的机遇等角度进行核心企业选择。

3.1.2 供应链网络拓扑结构

3.1.2.1 直链模式

链式供应链：由原材料加工、制造、组装、配送等组成的串行系统，它是最简单的一种供应链结构。这种供应链主要表明了供应链的基本成员组成，供应链的起始来源于从自然界采集与挖掘，终止于最终的使用客户。这种供应链的模型对实际构建设计中供应链的框架有指示作用，如图3-1所示。

图3-1 供应链的直链模型

3.1.2.2 网链模式

网状供应链是由多条链式结构供应链组成的网络系统，实际上已经超出了"链"的范围。按供应链交叉的程度可分为以下三种：平行供应链网络、完全交叉供应链网络和部分交叉供应链网络，如图3-2所示。

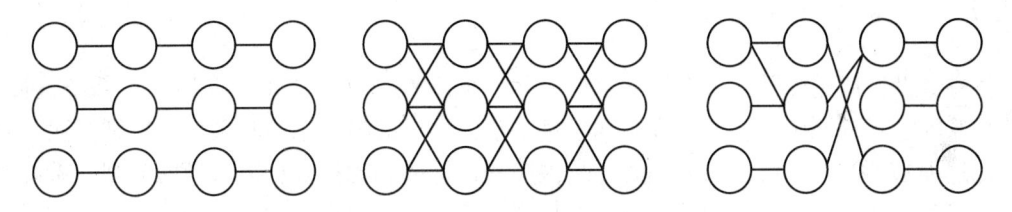

图3-2 网状供应链的分类

我们可以从易拉罐的生产例子中看出该供应链的拓扑结构，如图3-3所示。

一瓶可口可乐易拉罐是简单得不能再简单的商品，但如果将其供应链画出来将是非常复杂的过程。从可乐的产品结构分析，饮用成分主要是用纯净水稀释的可口可乐原浆，包装是经过印刷的铝箔制造成的易拉罐，而铝箔是在铝箔压延厂用高纯度的铝锭制造而成，铝锭是冶炼厂从氧化铝粉提炼出来，氧化铝粉是从自然界的铝土矿挖掘、提纯而成。

再分析包装材料，主要由纸板盒聚乙烯塑料进行成组的易拉罐包装，这种包装是运输包装。纸板是由木材制成木浆，木浆制成包装纸，包装纸制成瓦楞纸板。聚乙烯塑料是由石油中提炼的乙烯经过聚合之后形成聚乙烯材料，聚乙烯材料再制成聚乙烯薄膜，聚乙烯薄膜受热之后收缩形成运输包装。在销售端，主要是由配送中心送至超市、百货商场、便利店等销售场所，最后由消费者购买。该产品属于忽略各环节的辅助材料及设备提供商形成的供应链结构。

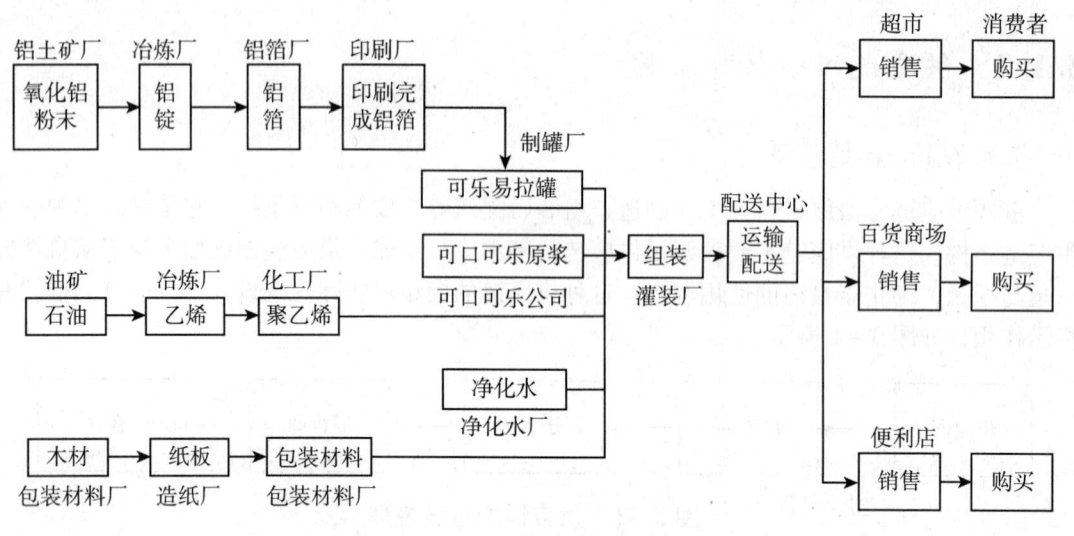

图 3-3 可口可乐易拉罐的供应链

3.2 供应链的构建

3.2.1 供应链构建的原则

供应链设计原则归纳起来有：战略性原则、创新性原则、需求导向原则、系统性原则、柔性化原则、互补原则、协调性原则和信息共享原则。战略性原则和创新性原则指明了供应链设计过程必须贯穿始终的重要理念，是供应链设计的思想指导；需求导向原则、系统性原则和柔性化原则属于宏观方向性的原则，指明供应链设计应努力达到的目标；互补性原则、协调性原则和信息共享原则指明了供应链设计中应采取的途径和方法手段，是供应链设计的重要实践指导，如图3-4所示。

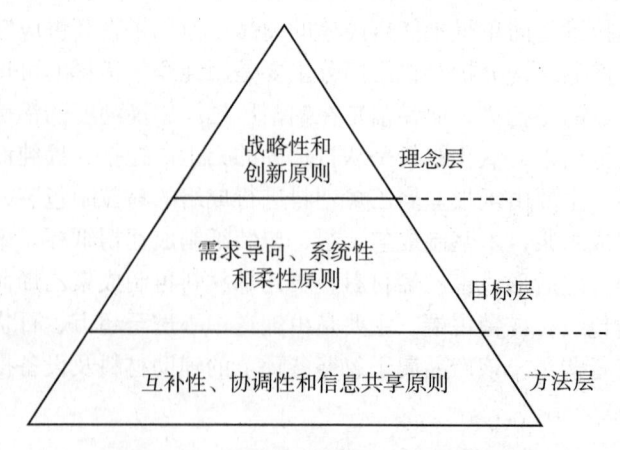

图 3-4 供应链构建的原则及层次

（1）战略性原则。

企业竞争战略是对企业竞争的谋略，是对企业竞争整体性、长期性、基本性问题的规划。确定的企业竞争战略是选择合适的供应链战略的前提，所以供应链战略服从于企业竞争战略，并与之实现战略匹配。

企业竞争战略是由其提供的产品或服务能够满足的目标客户所需求的类型及自身产品的特点来决定的。对任何一家渴望成功的公司来说，应该在考虑需求的不确定性和供应链的反应能力的前提下，解决其供应链战略与竞争战略的相互匹配问题。竞争战略中满足顾客的优先目标应与供应链战略旨在建立的供应链能力目标之间相互协调一致，以构成统一的战略。同时，公司应建立相应流程，调配相应资源，以利于这些战略的实施。

（2）创新性原则。

在供应链的设计过程中，创新性是很重要的一个原则。要产生一个创新的系统，就要用新的角度、新的视野审视原有的管理模式和体系，进行大胆的创新设计。进行创新设计要注意以下几点：一是创新必须在企业总体目标和战略的指导下进行，并与战略目标保持一致；二是要从市场需求的角度出发，综合运用企业的能力和优势；三是发挥企业各类人员的创造性，集思广益，并与其他企业共同协作，发挥供应链整体优势；四是建立科学的供应链和项目评价体系和组织管理系统，进行技术经济分析和可行性论证。

（3）需求导向原则。

供应链是解决"供应—需求"矛盾的功能网链，客户需求的强弱影响了供应链"拉力"的大小；客户的满意程度不仅仅是与客户接触零售商的责任，而且是供应链整体的责任。供应链的构建过程就是以客户需求为中心、不断调整内部结构、优化业务流程、提升服务质量、提升核心竞争力、最终提高客户满意度过程。企业进行供应链构建时，应从分析其产品所面临需求的性质入手。产品的需求性质不同，决定了不同类型的供应链与之匹配；产品的需求性质发生变化，供应链的类型也要随之及时调整，否则就会产生供需不匹配的状况，对企业和客户都产生不利影响。

（4）系统性原则。

系统性原则是供应链强调整体最优、资源融合思想的体现。供应链要达到整体最优，就要系统全面地统筹现有资源，打破立足单个企业的局限性思维，站在供应链全局进行规划，优化资源配置，使企业各种资源得到充分利用，提升供应链运作效率，降低运作成本。

按照系统性原则的指导，供应链的目标不能片面追求单一方面，要在成本、时间、质量、风险、稳定性等方面整体统筹，达到系统最优；企业的发展战略要与供应链的发展战略一致，企业要为供应链的整体竞争力提升而努力，从而才能带来自身的实力提升。

（5）柔性化原则。

柔性主要是指产量的柔性和品种的柔性。柔性化原则要求供应链具有一定的快速反应能力，以最大限度地满足市场变动。柔性化原则不仅要求供应链的组成尽可能简洁，比如供应商的选择就应以少而精的原则，同时要求供应链能随着产品周期、市场需求的变动而做出调整与适应。

（6）互补原则。

供应链的各个节点的选择应遵循强强联合的原则，达到实现外部资源高效整合的目的。每个企业集中精力致力于各自核心的业务过程，就像一个独立的制造单元。这些所谓单元化企业具有自我组织、自我优化、面向目标、动态运行和充满活力的特点，能够实现供应链业务的快速重组。

(7) 协调性原则。

在对供应链进行设计时，要考虑到供应链上的节点企业之间的协调性。供应链业绩的好坏取决于供应链合作伙伴关系是否和谐，因此建立战略伙伴关系的合作企业关系模型是供应链构建的基础。供应链的各节点企业的选择应遵循强强联合的原则，选择具有比较优势的企业作为合作伙伴。每个企业只致力于各自具有核心竞争力的业务过程，这样有利于以较低的成本实现有效的创新。同时，也要注意应该选择与本企业具有相容的企业文化的企业，供应链成员之间应该具有相当的技术与管理水平，只有这样，才能真正建立战略伙伴的合作关系，才能发挥各个企业最佳的效能，发挥供应链的作用。

(8) 信息共享原则。

信息共享原则体现了供应链管理的核心内容。供应链节点企业之间建立合作关系最基本、最关键的步骤是形成信息共享机制，信息共享的程度往往直接决定了其合作的深入程度。信息共享也是实现供应链整体最优、资源优化配置等目标的重要影响因素。虚拟库存等现代供应链管理理念中，信息共享是其顺利实施的基础；终端用户的需求信息能否顺利反馈到供应链的上游环节，信息共享的状况是最根本的决定因素。因此，信息共享原则是供应链有效运作的基础和保证，供应链的设计必须高度重视信息共享原则，才能保证供应链信息的畅通，才能保证供应链发挥出独特优势。

3.2.2 供应链构建的内容

3.2.2.1 供应链合作伙伴的选择

国内外较常用的选择供应链合作伙伴的方法有以下几种：

(1) 直观判断法。

直观判断法是根据现场审核和调查所得的资料并结合人的分析判断，对合作伙伴进行分析、评价的一种方法。这种方法主要是倾听和采纳有经验的采购人员意见，或者直接由采购人员凭经验做出判断。该方法常用于选择企业非主要原材料的合作伙伴。

(2) 招标法。

当订购数量大、合作伙伴竞争激烈时，可采用招标法来选择适当的合作伙伴。它是由企业提出招标条件，各招标合作伙伴进行竞标，然后由企业评标，与提出最有利条件的合作伙伴签订合同或协议。

招标法可以是公开招标，也可以是指定竞级招标。公开招标对投标者的资格不予限制；指定竞标则由企业预先选择若干个可能的合作伙伴，再进行竞标和决标。招标方法竞争性强，企业能在更广泛的范围内选择适当的合作伙伴，以获得供应条件有利的、便宜而适用的物资。但招标法手续较繁杂，时间长，不能适应紧急订购的需要；订购机动性差，有时订购者对投标者了解不够，双方未能充分协商，有可能造成货不对路或不能按时到货。

(3) 协商选择法。

在供货方较多、企业难以抉择时，也可以采用协商选择的方法，即由企业先选出供应条件较为有利的几个合作伙伴，同他们分别进行协商，再确定适当的合作伙伴。与招标法相比，协商方法由于供需双方能充分协商，在物资质量、交货日期和售后服务等方面较有保证。

但由于选择范围有限，不一定能得到价格最合理、供应条件最有利的供应来源。当采购时间紧迫、投标单位少、竞争程度小、订购物资规格和技术条件复杂时，协商选择方法比招标法更为合适。

（4）采购成本比较法。

对质量和交货期都能满足要求的合作伙伴，则需要通过计算采购成本来进行比较分析。采购成本一般包括售价、采购费用、运输费用等。目前总成本比较法把交货期不同导致的库存费用、最小采购量不同导致的库存费用以及处理不良产品导致的质量成本，与以上直接采购成本综合进行计算得到采购总成本，通过计算各个不同合作伙伴的采购总成本，选择采购总成本较低的合作伙伴的一种方法。

（5）层次分析法。

该方法是 20 世纪 70 年代由著名运筹学家赛惕（T. L. Satty）提出的，韦伯（Weber）等提出利用层次分析法分别用于合作伙伴的选择。它的基本原理是根据具有递阶结构的目标、子目标（准则）、约束条件等来评价方案，采用两两比较的方法确定判断矩阵，然后把判断矩阵的最大特征相对应的特征向量的分量作为相应的系数，最后综合给出各方案的权重（优先程度）。

该方法让评价者对照相对重要性函数表，给出因素两两比较的重要性等级，因而可靠性高、误差小；不足之处是遇到因素众多、规模较大的问题时，该方法容易出现问题，如判断矩阵难以满足一致性要求，往往难于进一步对其分组。它作为一种定性和定量相结合的工具，目前已在许多领域得到了广泛的应用。

3.2.2.2 网络结构设计

供应链的网络结构向前可以一直延伸到自然界，向后可以一直延伸到最终客户。理论上供应链可以管理到供应商的供应商、客户的客户，但实际设计当中不是每一个零部件都需要如此，也不是每一个销售渠道管理到客户的客户。核心企业必须根据需要进行网络结构的设计，否则将导致供应链太长，降低管理的效率。

企业的规模不同、所在行业不同，其供应链网络设计也就有所不同。如沃尔玛就必须关注供应商的供应商，以防因供应商的供应商是"血汗工厂"而导致公众抗议，而普通的便利店不用考虑这个问题。

3.2.2.3 组织接口机制

供应链是不同组织之间的合作，要顺畅运行必须明确组织之间的接口，主要包括：采购接口、供应商管理接口、财务接口、质量接口、信息接口、技术接口、工艺接口和销售接口等。对于有权代表企业与对方签署各种合同、下达各种指令要求的接口负责人，在其职位变更、人员变动情况下，应及时通知合作伙伴，以免对联系沟通产生影响，甚至发生不法事件。

固定的联络接口有利于企业之间进行信息共享、技术交流和协调运作，提高整个供应链的资源利用率，降低生产经营成本，提高市场反应速度，增强供应链的竞争力。

3.2.2.4 管理流程设计

供应链上业务与管理的流程化是大势所趋。国际供应链协会为供应链伙伴之间有效沟通而设计开发的 SCOR（Supply Chain Operations Reference Model）供应链运作参考模型可作为供应链管理流程开发的参考。但由于企业之间合作的具体情况不同，所以经常不能照搬 SCOR 的流程，必须根据企业之间的实际情况制定双方之间合作的流程。具体的流程一般有：产品退货流程、质量问题认定和处理流程、信息发布流程、货物接收流程、产品质量检验流程、订单发放流程、绩效考核流程等。

3.2.2.5 运行规则设计

供应链管理的核心问题是如何设计一种机制或合约，使供应链各节点企业在达到自己利益最大化的同时，也使得整个利益也达到最大、成本降低、库存成本减少、货物周转加快、周期缩短、物流质量最优。而要实现这些目标并不是一件简单的事情。要达到这个目的，在建立供应链企业之间网络结构的基础上，还需要建立完善的供应链运作规则，以确保供应链企业合作时各项运作有章可循、利益共享和关系协调。

采购方面的主要规则有：价格协商及变动的规则、超期交货的接收准则及处罚标准、质量问题的处罚规则、停产产品备件供应的规则、订单分配的原则、供应商备货的接收或赔偿规则（主要是特殊件）、订单撤销的处理规则、委外加工的数量质量异常处理规则、账目及付款的规则、停止合作的规则、信息保密方面的规则（如不让其他企业参观相应生产区域等）和原材料库存的备货协议等。

销售端的主要规则有：临近过期产品的回收处理规则、促销及广告支持的规则（政策）、对分销商（销售商）的奖励规则、分销商（销售商）滞销品的处理规则和汇率调整机制等。

以上只是简单对可能出现的规则、政策做了一些列举，实际当中不同行业、不同企业之间会将这些规则整理成《供应商手册》、《经销商手册》等形式综合呈现，其中涵盖的部分规则往往在运作中会发现问题，对不明确的规则协商处理之后，再以合同或者附加协议的形式确定下来。

3.2.3 供应链构建的影响因素

设计和选择供应链是一项系统工程，正确设计和选择适合的供应链并不是一件容易的事，它往往需要进行大量调查研究。供应链设计将对供应链上各主要企业产生长期而深远的影响，可以说供应链的运营质量是设计出来的。良好的供应链设计往往预示着出色的供应链绩效，良好的供应链设计为供应链日后的转变和扩张预留有充分的组织空间和技术空间。

供应链的设计受多方面因素的影响，其中主要的因素有以下几个。

（1）产品因素。

产品通常是影响供应链设计的首要因素，其中主要有产品的数量、体积、重量、技术含量、保鲜要求、产品生命周期、产品供需特性和种类等。只有当产品和供应链匹配时，供应链上的企业才能恰当地付出努力并且获得相应的绩效成果。设想，如果创新化产品采用效率型供应链，也许表面上成本降低了，但是却可能因为供应链缺乏快速响应能力而失去及时迎合市场的先机，从而造成潜在的巨大损失。

(2) 核心企业因素。

供应链核心企业的生产规模、生产方式、生产基地位置、品牌知名度、行业中的地位、公司产权形式、企业财务状况、企业的信誉记录、企业文化理念等都不同程度影响着供应链的设计。供应链构建的过程不仅是核心企业选择供应商的过程，更是供应商选择合作企业的过程。往往核心企业以上各方面的情况越好，越容易赢得供应商的青睐；如果那方面有所不足，就可能难以获得优质供应商的信任与合作。例如，当核心企业的产品需求是与多品种而数量很少时，它就往往得不到大批量生产的供应商的合作。对于规模不大的核心企业，研究与开发所用的单件或小批量的订单时，往往不会有大企业感兴趣。

(3) 战略目标因素。

通常供应链成员所共同协商制定出的战略目标，也从总体上深刻地影响着供应链的设计和选择，如低成本战略需要整个供应链的企业在成本控制方面非常优秀，差异化战略要求整个供应链敏捷反应，这些战略的核心要求决定了企业供应链的类型。

(4) 技术因素。

技术因素是供应链设计的一个重要因素，技术可以多大程度上适应并且达到设计预想的结果，同时又能否为供应链上的企业所接受和欢迎，这些都会直接影响供应链设计和运行的最终效果。

(5) 关系方向性因素。

该因素主要是指供应链核心企业的关系取向，如果核心企业更依赖于供应商，那它的供应链设计就会与供应商紧耦合，与客户松耦合；如果核心企业更依赖于分销商、零售商，那它的供应链设计就会与分销商、零售商紧耦合，与供应商松耦合；当核心企业处于供应链统一调度的地位时，一个宽松的网络结构就更为合适。

从整体上看，产品因素对供应链设计和运营的影响最大、最深远，且长期来看，两者处于一种动态影响的状态。当供应链远不能满足产品发展周期的需要时，供应链就需要重新构建；反之，若产品需要革新而供应链设计又相对科学时，产品就需要根据供应链模式进行改进革新。因此产品是影响供应链设计的首要因素，同时二者又是相互影响的。

3.2.4 供应链构建的方法

3.2.4.1 经验寻优法

一般在一个行业中，有经验的采购人员、销售人员和管理人员基于对行业的深刻了解和广泛的信息来源，有能力在不借助模型与算法的情况下迅速建立起适合企业及产品的供应链。在众多的学术研究中，建立模型、使用优化方法和启发式算法似乎成了供应链构建和优化的必然途径。但这种观念是不完全正确的，一方面，模型与优化方法比大规模工业化的发展要晚得多；另一方面，从工业化早期甚至直到现代，很多企业的供应链构建仍然只凭借几条简单规则和管理者、专业人员的经验进行构建，并不需要复杂的模型与算法。当然，我们不能因此就否定模型与算法对供应链构建与优化的重要作用，毕竟模型与算法追求的是最优，而利用经验与规则寻优简单易行，追求的是满意结果和快速的过程。

一个有经验的优秀采购人员会明确知道某个产品哪个品牌的企业质量稳定性最好、哪个企业性价比最高、哪个企业价格便宜而质量尚可接受、哪个企业反应最迅速、哪个企业交货可靠性高、哪个企业专门承接小批量的需求和其他特殊的需求、哪个企业只接受批量的订单，这些信息往往有助于其迅速找到适合本企业产品与规模的供应商。同样，一个优秀的销售人员也可以将某产品的分销渠道的优劣分析得头头是道，并对其擅长领域、不足方面、费用和成本做出合理的评估。

以电脑的供应链构建为例：假如某小型科技企业要生产以裸眼3D为卖点的高端娱乐笔记本电脑，由于产品处在研发阶段，估计未来的需求量不会很大，另外，由于产品的客户定位为高端客户，所以产品的各个配件要求质量最好、性能最高为选择的标准，尽可能选择行业内规模最大的行业领袖或者专精于某个产品的行业专家作为供应商；考虑到产品的客户等待周期很短，要求供应商尽可能能够快速反应；考虑到产品个性化需求，要求外协制作厂家能接受小批量的、多品种的订单。根据以上的原则，规划出来的主要部件的供应商如表3-1所示：

表3-1　　　　　　　　裸眼3D笔记本供应商选择示例

主要部件	重要性	拟选厂商	选择结果	理由
电源	重要	台达、长城	台达	电源霸主
主板	重要	华硕、技嘉	华硕	高端产品性能出色
CPU	核心	Intel、AMD	Intel	高端性能突出
显卡	重要	NVIDIA、ATI	NVIDIA	技术优势明显
内存	重要	金士顿、海盗船	海盗船	高端表现非凡
硬盘	重要	希捷、西部数据	西部数据	性能非常稳定
声卡	重要	创新、华硕	华硕	高端表现非凡
网卡	重要	Intel、华硕	Intel	性能更出色
CPU风扇	重要	鲨鱼高手、华硕	鲨鱼高手	静音，可靠性
显示屏	核心	京东方	京东方	目前唯一厂家
键盘鼠标	重要	罗技、微软	微软	贵但物有所值

3.2.4.2　数学规划法

线性规划和整数规划已被应用于供应链设计中。但是，线性规划和整数规划自身所固有的一些特点限制了其在供应链设计问题中的应用，利用线性规划和整数规划设计供应链会涉及很多的变量和约束，对所建模型进行仿真计算将会很困难。在实践中还有大量的问题，其目标函数和约束条件很难用线性函数来表达，这种规划问题属于非线性规划范畴。非线性规划模型的求解往往需要很大计算工作量，且可能收敛于非优化解。大多数非线性规划算法认为变量是连续型的,所以不适用于离散变量普遍存在的供应链设计问题。

以供应商选择为例,利用整数规划构建模型进行供应链的设计构建:

(1) 简单的工厂选址模型在供应商选择应用。

引入一个 0-1 变量 y_j:

$$y_j = \begin{cases} 1 & \text{供应商 } j \text{ 被选中} \\ 0 & \text{未选中} \end{cases}$$

x_{kj}:从供应商 j 处购买产品 k 的比率;

C_{kj}:从供应商 j 处购买单位产品 k 的全部费用;

d_j:与供应商 j 相关的固定费用。

则简单的供应商选择模型为:

$$\min z = \sum_k \sum_j c_{kj} x_{kj} + \sum_j d_j y_j \qquad (3-1)$$

$$\text{st.} \sum_j x_{kj} = 1 \qquad \forall k \qquad (3-2)$$

$$x_{kj} \leq y_j \qquad \forall k \qquad (3-3)$$

$$y_j \in \{0,1\} \qquad \forall k \qquad (3-4)$$

$$x_{kj} \geq 0 \qquad \forall k \qquad (3-5)$$

上述模型的目标函数(3-1)式表示的是使包括购买成本和固定成本在内的总成本最小(固定成本包括订单处理费用、签订合同费用以及订单执行费用)。约束条件(3-2)式表示保证所有产品的需求;(3-3)式表示只要选择了一个供应商就和它有一项订单产生;(3-4)式和(3-5)式分别表示决策变量的 0-1 约束以及非负约束。下面考虑该模型的两种演变形式。

考虑供应商供应能力的供应商选择模型:为了使模型更切合实际,我们进一步考虑供应商供应能力的限制,设:

x_{kj}:从供应商 j 处购买产品 k 的数量;

C_{kj}:从供应商 j 处购买单位产品 k 的费用;

D_k:产品 k 的需求量;

S_{kj}:供应商 j 对产品 k 的可供应量;

其他符号同前。则形成考虑供应商供应能力的供应商选择模型为:

$$\min z = \sum_k \sum_j c_{kj} x_{kj} y_j + \sum_j d_j y_j \qquad (3-6)$$

$$\text{st.} \sum_j x_{kj} = D_k \qquad \forall k \qquad (3-7)$$

$$x_{kj} \leq s_{kj} \qquad \forall k,j \qquad (3-8)$$

$$y_j \in \{0,1\} \qquad \forall j \qquad (3-9)$$

$$x_{kj} \geq 0 \qquad \forall k,j \qquad (3-10)$$

考虑供应商供应能力的供应商及交付延迟的选择模型:我们的目标是考虑在准时生产制度下使交付延迟费用最小,设:

P_{jk}——供应商 j 交付产品 k 的订单延迟的比率,其他符号的含义同前。

考虑供应商供应能力的供应商及交付延迟的选择模型为:

$$\min z = \sum_k \sum_j c_{kj} x_{kj} p_{kj} + \sum_j d_j y_j \quad (3-11)$$

$$\text{s.t.} \sum_j x_{kj} = D_k \qquad \forall k \quad (3-12)$$

$$x_{kj} \leq s_{kj} \qquad \forall k,j \quad (3-13)$$

$$y_j \in \{0,1\} \qquad \forall j \quad (3-14)$$

$$x_{kj} \geq 0 \qquad \forall k,j \quad (3-15)$$

(2) 集合覆盖选址模型在供应商选择上的应用。考虑到并不是所有供应商对所有产品都有供应能力,为此定义:

N_k:供应产品 k 的供应商集合;

$$a_{kj} = \begin{cases} 1 & \text{若供应商 } j \text{ 能够供应产品 } k \\ 0 & \text{未选中} \end{cases}$$

则简集合覆盖选址模型就演变为以下的供应商选择模型:

$$\min Z = \sum_j y_j \quad (3-16)$$

$$\text{s.t.} \sum_j y_j \geq 1 \quad (3-17)$$

$$\sum_{j \in N_k} a_{jk} y_j \geq 1 \qquad \forall k \quad (3-18)$$

$$y_j \in \{0,1\} \qquad \forall j \quad (3-19)$$

该模型的目标函数(3-16)式表示的是使供应商数目最少,约束条件(3-17)式表示至少要选择一个供应商;约束条件(3-18)式表示每种产品至少有一个供应商供货;约束条件(3-19)式表示决策变量为 0-1 变量。

上述模型存在一些不足:没有考虑供应商的供货能力的限制,也没考虑供应商提供的产品的质量要求,并假设所有供应商的采购费用相同。下面的模型将供应商所供应的物资质量列入了考虑范畴。

(3) 质量成本模型。选择供应商时,所供应的物资质量是一个需要考虑的重要因素。供货质量差就需要买方终端增加额外费用,因为它需要增加产品检查、次品零件的修复、待料停工或导致质量不合格的产成品等成本支出。

假设如果输入或采购的零部件和原材料有问题、买方生产过程有问题或两者都有问题,则买方的输出或产成品就有问题。同时,假设输入产生问题和生产过程产生问题是相互独立的事件。下面给出符号说明以及相应的数学模型:

P_j:供应商 j 处出现次品的概率;

q:买方生产过程造成次品的概率;

$p_j(1-q)$:由于供应商输入的原因(买方生产过程正常)而造成产成品为次品的概率;

$q(1-p_j)$:由于生产过程的原因(供应商输入正常)而造成产成品为次品的概率;

C_d:由于输入(供应商)提供的产品有问题造成产成品为次品的单位费用(生产过程正常);

C_m:由于生产过程造成产成品为次品的单位费用(输入正常);

G_{dm}：既有输入问题又有生产过程不正常而造成产成品为次品的单位费用；

C_J：从供应商 J 采购单位物资的费用；

c_j：供应商 j 处产生的单位期望费用（等于单位采购费用加上产成品为次品的生产费用）；

c_o：在供应商输入是正常的情况下产成品为次品的期望费用；

Δc_j 由于供应商输入次品而造成的单位增加费用。

则显然有以下式子成立：

$$c_j = c_J + p_j(1-q)c_d + q(1-p_j)c_m + qp_jc_{dm} \qquad (3-20)$$

$$c_o = qc_m \qquad (3-21)$$

$$\Delta c_j = c_j - c_o = c_J + p_j[c_d + q(c_{dm} - c_d - c_m)] \qquad (3-22)$$

式（3-20）用来评价每个供应商，然后由此选择费用小的供应商。由式（3-22）可以看出总费用随着供应商所供应的产品的质量下降而升高。

3.2.5 供应链构建的步骤

供应链的构建是供应链运作的前提条件。因此，供应链的构建状况如何，对供应链运作成功与否有着至关重要的影响。供应链的构建主要包括市场环境分析、企业现状分析、企业战略与供应链战略匹配度审核、确定供应链的目标及影响因素、供应链的系统设计、供应链方案的评价与优化、供应链的实施、企业供应链的绩效评价与优化几个步骤，如图3-5所示。

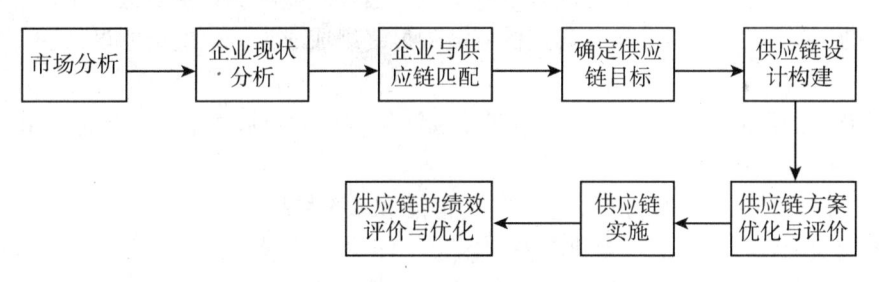

图3-5 供应链构建的一般步骤

（1）市场环境分析。

主要包括市场需求、产品提供与服务方面目前存在的问题以及市场竞争状况的分析。分析市场特征的过程要向供应商、用户和竞争者进行调查，如果企业已经进入某产品的生产，可以根据客户与相关合作者的调查为依据。分析的内容主要包括以下两个方面：一是分析顾客的特征与需求状态、顾客对某类产品的需求倾向，了解市场的需求总量，用户对价格、质量、功能、服务等方面的需求以及满足程度，用户需求的差异化程度及用户各种差异化需求的比例，划分顾客群体，确定目标顾客群体，重点分析顾客对某类产品的认知与接受程度，从而根据市场需求确定企业所要生产的产品，随后根据产品的特点及功能迅速进行产品设计。二是对于市场的不确定性要进行充分的分析和评价，主要分析市场竞争的激烈程度，包括现有市场的竞争状态、潜在市场进入者、替代行业等的分析，判断目标产品市场的市场竞争力。如果是想进入某行业，则需要分析行业内相关情况，以及行业内现有供应链的模式，从而找到在位者的问题与弱点，有针对性地选择与确定目标产品供应链，找到更有效的供应链模式。

(2) 企业现状分析。

在构建供应链时要对企业现状进行分析，主要分析企业供需的现状，根据产品的特点，分析企业现有的供需关系中存在的问题、竞争者的实力与定位，以及影响供应链设计的阻力等因素，着重于研究供应链设计的方向。

(3) 企业战略与供应链战略匹配度审核。

这一阶段是企业进行供应链管理的决策步骤，在总结、分析企业现状和分析市场竞争环境，尤其对于市场的不确定性分析和评价的基础上确定企业的整体战略和竞争战略，然后根据产品及服务对供应链的核心要求出发，形成企业的供应链战略。

(4) 确定供应链的目标及影响因素。

企业供应链设计的战略目标，是在满足客户需求的前提下使供应链在整体上获得较高的利润。在该战略目标下具体目标还包括以下几个方面：如何进入和拓展新市场；如何开发满足市场需求的新产品；如何提高用户的满意程度；如何降低成本，提高生产率，缩短订货和生产周期；如何通过降低库存提高工作效率，等等。从战略上定义供应链的类型和内容，确定供应链的任务、功能、目标、投资要求、发展柔性；宏观研究供应链设计的方向，论证供应链的可行性，还要通过评价现有供应链的竞争能力，分析、寻找、总结企业存在的问题及影响供应链设计的阻力等因素，来确定供应链的目标和总体规划。

(5) 供应链的系统设计。

供应链的构建过程在某种程度上就是一个决策过程，它的决策主要是关于供应链整体规划决策，主要包括确定网络结构、确定供应链的最终组成成员。供应链的设计主要解决以下的问题：

1) 供应链的组成。供应链的成员组成是设计供应链的核心内容，主要包括供应商、制造商、分销商、代理商的选择及其定位。

2) 供应链的结构。主要分析企业供应链静态和动态结构。

3) 供应商的选择。着重考察供应商的区位、能力、质量、价格、交付、信誉等，这些指标直接影响商品的品质、价格、交货期和商品的服务等，主要解决物料的来源问题。

4) 生产设计，包括需求预测、生产能力、上游供应能力、生产模式、生产作业计划和跟踪控制、库存管理等问题。

5) 企业内外部供应链信息管理系统设计，包括采购流程、供应、运输、库存、分销和协调等流程与运行规则设计。

6) 企业内部供应链管理系统设计，包括流程、接口、供应商、销售商管理设计。

(6) 供应链功能分析。

企业供应链的功能分析是指对供应链结构系统中的各组成企业或部门之间如何进行协调，强调成员间的协调性、互补性，同时具备简洁性、动态性，从而发挥供应链系统的整体功能。

(7) 供应链方案的评价与优化。

这一阶段主要评价供应链的稳定性、风险因素、类型与产品特征和生命周期的匹配。系统优化可以根据供应链构建决策中所确定的总体目标、性能度量指标及网络结构来建立系统的优化模型，优化模型包括定量的和定性的模型，它是企业在构建过程中进行决策的一个重要依据。

(8) 供应链的实施。

规划和设计的最终目标是付诸实施。具体实施阶段与日常业务活动有关，如库存管理、生产活动、设备管理、作业调度，等等。实施阶段要进行供应链的软、硬件系统实施配置，包括办公环境、资金、人员、技术、信息系统的配置等，并实际运行供应链。再根据运行情况及环境对整个供应链进行协调、改进与完善。

(9) 供应链的绩效评价与优化。

供应链设计完成之后，在实际运行过程中，通过一定的方法和技术对供应链进行测试，检验其合理性。如果合理，则根据方案实施供应链管理；否则，返回重新设计供应链，使供应链能不断地适应经常变化的业务环境。根据供应链实施之后绩效考核的结果与同行业比较，从而发现问题进行供应链的优化。

通过以上步骤，我们就可以设计和构建企业的供应链，这一供应链满足了整体性、简洁性、动态性和协调性的原则，在此基础上强调了设计中的过程管理，有利于提高对顾客的服务水平与提高供应链的适应性和匹配度。

3.3 供应链体系的构建策略

3.3.1 基于约束理论的供应链构建

3.3.1.1 约束理论概述

约束理论（Theory of Constraint，TOC）是以色列物理学家高德拉特等人在最优生产技术（Optimized Production Technology，OPT）基础上创立的一种管理理念和思维工具。约束理论关注系统行为和系统效益，它采用一种逻辑化、系统化解决问题的思维流程（Thinking Process，TP），帮助组织识别并消除运营中影响目标实现的各种"瓶颈"，实现改进并达到平稳的物流，以尽量少的投入更有效地实现组织目标。

3.3.1.2 约束理论的基本原理

约束理论的核心思想是，企业必须把有限的资源和精力投入到最紧要的环节，投入到效率最低的"瓶颈"环节上去，强调决策沟通与团体协作。该思想体现了"抓住重点，以点带面"的管理思想。它把企业在实现其目标的过程中现存的或者潜伏的制约因素称为"约束"或"瓶颈"，通过逐个识别和消除这些"约束"，使企业的改进方向与策略明确化，从而达到帮助企业更有效地实现其目标。

高德拉特对约束理论的基本原理做了总结如下：

1）用系统的观点来解决问题。

2）随着时间的推移，当系统环境发生改变，最优化的系统解决方案也会失效，需要持续改善来更新和保持解决方案的有效性。

3）系统的最优并不是局部最优的总和。

4）系统被比喻成一条链条，每个系统都有最薄弱的一环（约束），这个环节从根本上限制了整体的改善。

5）如果不加强最薄弱一环的强度，那么对于整个链条强度的改善是没有任何作用的。

6）要知道改变什么，就需要了解系统的现状、它的目标，以及现实和目标之间的差距和达到目标的路线。

7）系统中大多数的不良效应是由少数核心问题引起的。

8）核心问题几乎从不浮出水面，它们通过一系列不良效应反映出来，这些不良效应由一些因果关系联系在一起。

9）当人们忽视隐藏的核心问题时，个别不良效应的消失会给人以虚假的安全感，相应的解决方案寿命很短，核心问题解决方案可以同时消除所有引起的不良效应。

10）核心问题通常由于背后隐藏的冲突而长期存在。核心问题的解决方案需要挑战至少一个冲突背后的假设。

11）系统约束可以是实物的，也可以是政策性的。实物约束相对容易确定和消除。而政策性的约束通常更难确定和消除。但是，如果去除它们，通常可以导致系统比消除实物约束更大幅度的改善。

12）惯性是持续改善流程最大的敌人。

13）最初想法不等于解决方案。

3.3.1.3 约束理论的核心步骤

TOC 提出了识别并解决系统约束的五大核心步骤，并辅以相应的（Thinking Process，TP）工具来实现系统的持续改进，将企业系统纳入持续改善的良性循环轨道，五大步骤如下：

1）识别系统中存在的制约因素，即找到"瓶颈"。
2）确定如何充分利用约束环节的潜力。
3）使系统所有其余的环节都服从上述决定。
4）提升"瓶颈"的能力。
5）若现有"瓶颈"已经解除，则回到第一步；否则，回到第二步。但在重新回到第一步时，要当心别让管理惯性成为新的主要约束因素。

这五大步骤对应着的三个思维过程，具体如表 3-2 所示。

表 3-2　　　　思维过程、TOC 工作步骤及 TP 工具的对应关系

思维过程	TOC 工作步骤	TP 工具
改变什么	识别	核心冲突图和现实树
改变成什么	充分利用	消云法和未来树
如何改变	服从	转换树和条件树
	提升	
	循环提升	

3.3.1.4 TOC 的三个核心观念

(1) 有效产出。

有效产出要求必须把产成品与卖出品区别开来。在制品和未销售出去的产成品只能是库存，不能带来有效产出的增加，只有那些销售出去的产品才能真正给企业带来利润。产销率衡量了企业在单位时间内能够生产、销售产品而最终获利多少的能力。

产销率（Throughput，T）是指一个系统通过实现产品或劳务的销售来盈利的速度。T 不是一般的通过率或产出率，而是单位时间内从产品的销售收入（S）中扣除原材料、零部件的采购、分包费用之后的企业所得到的利润额，既通过实现产品销售来获取盈余的速率。从销售收入中扣除的那部分费用总称为纯变动费用（Truly Variable Expenses，TVE），所以单位时间内 T 与销售收入间的关系为 $T = S - TVE$。

(2) 库存（Inventory，I）。

库存指一切暂时不用的资源如原材料、在制品、未折旧的固定资产和未销售出去的产成品等。

(3) 运作费用（Operating Expenses，OE）。

生产系统将库存转化为产销率过程中的一切花费，包括所有的直接费用和间接费用，如人工费、销售费用和管理费用等。

从货币的角度，T 是要进入系统中的钱，I 是存放在系统中的钱，而 OE 则是将 I 转变成 T 而付出的钱。

净利润（Net Profit，NP），$NP = T - OE$；

投资收益率（Return on Investment，ROI），$ROI = (T - OE)/I$。

从公式 $NP = T - OE$ 就可看出，实现 NP 增长至少有这么几种路径：

1) T 增长，且 OE 不动；
2) T 增长，且 OE 下去；
3) T 不动，且 OE 下去；
4) T 下去，且 OE 下去，但 OE 下去的速度比 T 下去的速度更快；
5) T 增长，且 OE 增长，但 T 增长的速度远大于 OE 增长的速度。

如果我们回顾一下 OE 的定义——OE 是企业为实现 T 而必须支付的成本，那么就发现，1)、2)、3) 种路径都不通，只有 4)、5) 两条路径有可行性。但 OE 降低有限，而 T 的增长无限，用发展的眼光看，TOC 只有选择路径 5)，即 "T 增长，且 OE 增长，但 T 增长的速度远大于 OE 增长的速度" 作为企业实现 "现在和将来都赚钱" 的目标的路径。

通过减少库存和运作费用来实现多赚钱的目的是有限度的，因为极限情形也只能是把 I 和 OE 减少到 0，而通过增加产销率来增加利润却有着无限的可能。

3.3.1.5 依据 TOC 构建供应链

供应链可以被看做是一个系统，基于以上 T、I、OE 之间关系的描述，最终客户是供应链唯一的利润来源；也就是说，当销售从最终的客户处得到支付之后，下游的合作伙伴必须按照各自的有效产出和占总产出的比例来获得分配的收入。基于 TOC 的供应链管理方法使得供应链上的成员都会自觉地关注有效的产出和运营费用，因为他们自己的利益是依赖于他们对于增加有效产出和减少的运营费用。

只有那些聚焦约束的行动才能导致绩效的改善，从而对供应链的绩效产生极为重要的影响。对于一个以营利为目的的供应链来说，无论在什么情况下，约束都是供应链获得更多收益的障碍。因此，如果供应链成员能够确定并将它们的决策聚焦在管理这些少数的约束上，那么供应链协作的问题也就得到了解决。供应链的管理者们必须了解，正是这少数的约束妨碍了供应链在现在以及未来获得更多收益。

既然供应链收益率是由"约束"决定的，那么只有"约束"被永远地去除，收益率才能够得到改善。当"约束"消失了，供应链的收益率将提高到一个新的水平，并且会立即碰到另外一个新的"约束"，供应链会继续寻找和管理一个新的"约束"。

我们将TOC应用于构建供应链，核心就是找到制约供应链的"约束"，去除供应链的"约束"。具体地将TOC应用于构建供应链可以概括为以下几步：

第一步：确定供应链中限制供应链有效产出的约束环节。

关于约束类型和位置的确定，对于供应链改善来说是至关重要的。约束属性可以是实物的或者非实物的。实物约束可能是原材料短缺、有限产能资源、有限分销能力以及客户需求的缺乏。非实物约束包括错误的规则、流程、衡量、培训以及引导决策的运营政策。约束的位置可以在外部或者内部。内部约束例如原材料约束、能力约束以及分销约束，都在供应链的内部；外部约束可以是市场约束。

这里的约束可以是本企业现有供应链的约束，也可以是竞争对手供应链的约束。比如准时生产约束时，是准时生产制（JIT）来自对日本汽车市场需求的研究。战后日本国情有以下特点：

1）自然资源约束：资源短缺，原材料价格远远高于欧美。
2）市场约束：日本国内汽车市场很小，但需要的汽车种类复杂。
3）规则约束：日本本土的劳动力。

在三个约束中，最关键的约束是市场约束，使丰田不能按照大批量的生产模式运作，只能按照多品种小批量模式生产。而要实施多品种小批量模式生产，必须实现产品品种的快速切换。由于资金约束，必须实现在同一台冲压设备上加工不同零件，于是，模具快速切换成为主要约束环节。

第二步：如果约束难以去除，要挖尽约束环节的能力。

这就意味着要最优化现有的约束环节的能力，供应链成员必须确定约束环节，以最大化供应链总收益。例如，目前大部分企业的约束环节是市场销售，一方面，要充分利用现有销售渠道争取销售机会；另一方面，供应链成员要提高反应速度以满足客户个性化需求，不断降低成本，满足客户对价格的期望。

第三步：其他一切资源充分配合约束环节之所需。

这意味着改变传统的规则和标准，鼓励所有的其他活动支持约束环节。例如，供应链中分销环节为约束环节，就不能再以局部绩效为衡量，要减小生产批量和转移批量，使约束环节的补货提前期变短，保证分销环节运作不中断，充分发挥分销环节的能力。

第四步：消除约束环节。

这意味着将约束环节的能力增加到一个更高的水平。例如，中国钢铁行业受制于铁矿石的供应环节和价格的不断上涨，那么兼并或参股上游的铁矿石就是去除约束的办法。

第五步：持续解决新出现的约束。

如果在第四步约束被打破，一个新的约束会出现在供应链的某个地方，这就意味着供应链成员需要聚焦新的约束，回到第一步，重复整个过程。

3.3.2 基于产品生命周期的供应链构建

产品生命周期理论起始于20世纪50年代。1957年，美国波兹管理咨询公司出版的《新产品管理》一书中提出，依产品进入市场后不同时期销售额的变化，可将新产品从进入市场到退出市场的整个过程划分为引进期、成长期、成熟期和衰退期。[①]英国的戈拍兹等人把研究产品生命周期与研究生物老化现象的规律（成长曲线）结合起来，逐步形成了描述产品市场销售规律与竞争力的产品生命周期理论及其相应的理论曲线（见图3-6）。目前，完整的产品生命周期包括开发期、引进期、成长期、成熟期、衰退期五个阶段，每个阶段通常以销售增长率或下降率的显著变化作为区分点。

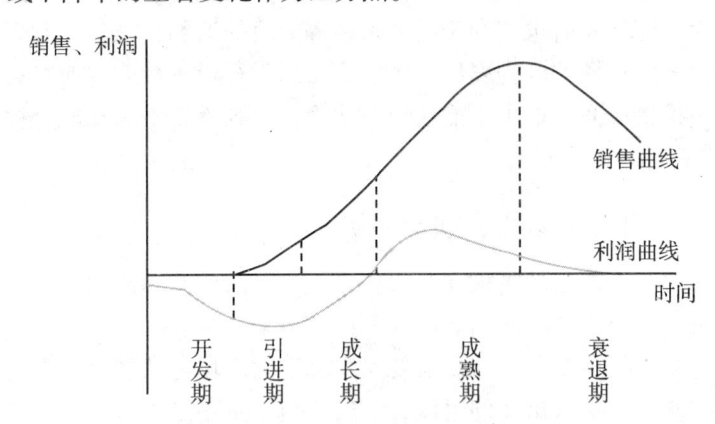

图3-6 产品生命周期的典型曲线

在产品生命周期的不同阶段，产品需求的数量、需求变化的程度、产品的品种数、产品的利润率等方面都有显著不同，因而造成各个时期的供应链类型及供应链管理的侧重点都不相同，所以企业需要根据产品生命周期设计供应链的类型，调整供应链的运作。

依据产品生命周期的不同阶段供应链构建，具体见表3-3。

表3-3　　　　　　　　基于产品类型和产品生命周期的供应链分类

产品生命周期 \ 产品类型	标准化产品	时尚化产品	混合化产品
导入期	精益型供应链	敏捷型供应链	混合型供应链
成长期	精益型供应链	敏捷型供应链	混合型供应链
成熟期	精益型供应链	精敏型供应链	混合型供应链
衰退期	精益型供应链	精敏型供应链	混合型供应链

3.3.2.1 产品开发期的供应链构建策略

产品设计开发是核心企业与几个关键零部件供应商合作进行的,在核心企业面临竞争压力越来越大、研发周期正变得越来越短的今天,更多的企业引入了集成产品开发的产品模式。通过与供应商、制造商、核心企业内部多部门人员以及客户的共同参与,就可以缩短产品的设计周期和开发时间,节约资源和费用,取得在整个供应链中的竞争优势。

产品开发阶段不仅决定了产品70%的成本,而且这个阶段确定了绝大多数供应商,因此,这个阶段供应链的构建极端重要。由于开发时间紧,开发方案不确定性大,企业产品开发所需各种物料供货周期要求很短,对各种需求信息要求准确把握,因而需要供应商、制造商、销售商的快速反应与积极配合。这个阶段供应链为需求非常小、品种非常多的敏捷型供应链。

在供应商选择方面,有以下几点需要注意:第一,对于无差别标准件,可通过性价比或总成本进行供应商选择;第二,对于专用标准件,尤其是核心部件,最好同时选择几家供应商以便多方案同时验证,同时也有利于后期价格等方面的谈判;第三,对于需要订制的各种结构件、注塑件,最好选择配合程度好、规模大、属于行业领袖或行业专家的供应商,以免在其他阶段必须更换供应商,如果不能达成上述目标,则不得不选择配合程度极好的中小型供应商。

3.3.2.2 产品引入期的供应构建策略

在产品的引入阶段,产品的需求非常不稳定,由于需要及时占领市场,产品的供给能力非常重要,但也可能会面临产品滞销、库存积压的风险。在这一阶段供应链应该根据风险程度采取一种以响应为主的战略,也就是需要对不稳定的市场需求做出快速反应,在一定的前提下考虑成本。在新产品引入市场的时候,一般的营销策略是进行大量的广告宣传,但是产能一般很小,所以大部分消费者都是通过订单来购买产品的。这个时期,生产商能够根据订单的量来控制产量,供应商应该具有较快的订单反应能力,尽可能快地反映不可预测的需求,以短的提前期提供客户订制产品。所以,引入期如是时尚产品,供应链应该采用反应灵敏但是采购量不是很大的敏捷供应链;如果是标准化产品,应该转成精益供应链以快速降低成本;如果是混合产品,则适用混合供应链。

这个阶段,销售端主要考虑的是如何建立起长期稳定的分销渠道,制定出最佳的销售策略,并实时关注市场变化,制订出科学合理的订货计划及订货提前期。采购端在充分考察原材料市场的基础上,要对各主要供应商进行科学全面的评估,一方面保留合作状况好的供应商,更换合作状况差的供应商;另一方面,做好更换明显不适合大批量生产的供应商,并对单一来源的物料开始寻找其他供应商。

3.3.2.3 产品成长期的供应链构建策略

在产品得到市场的认可、销售渠道和售后服务都成熟以后,产品进入了成熟期。这时市场的需求量逐渐变大,甚至出现供不应求,消费者有时不得不通过加价来购买产品。这个时期,企业应该配置多余的缓冲库存,以保证有足够的原材料和配件来制造满足市场需求的产品。所以,在产品进入这个时期后,生产企业应该大量囤积原材料,部署重要零部件的库存，以防不可预测的市场需求，增强与上游供应商和下游销售商的合作，增大库存，从而减少供应链的管理成本。这个阶段时尚产品应该采用敏捷供应链；标准化产品适用精益供应链；混合产品适用混合供应链。

3.3.2.4 产品成熟期的供应链构建策略

在产品成长到一定阶段，需求变得更加确定，产品销售经过一段快速增长后开始放慢，与此同时新的竞争者陆续加入，这个时期价格成为左右顾客选择的重要因素，企业所面临的一个主要问题就是需要最大限度地占有市场份额，供应链战略需要逐步从以反应型为主转变成为盈利型为主，也就是需要开始降低产品成本，消除浪费和供应链中的非增值活动，以最低的成本供应可预测的需求，最大化绩效，最小化成本。这个阶段时尚产品应该转成精益供应链或混合供应链；标准化产品适用精益供应链；混合产品适用混合供应链。

3.3.2.5 产品衰退期的供应链构建策略

在衰退期，销售额下降，需求变得不再稳定，产品利润也会降低。这时期企业需要对产品进行评估以确定是退出市场还是继续经营，相应对供应链进行调整或重构以适应市场变化。企业需要对供应商、分销商和零售商进行评估并调整，终止与那些不能为供应链增加价值或者增加价值很少的供应商和零售商的合作，将合作伙伴的数量减少到合适的数量，通过调整或重构供应链，在保证一定服务水平的前提下不断降低供应链总成本。这个阶段，时尚产品应该转成精益供应链或混合供应链；标准化产品适用精益供应链；混合产品适用混合供应链。在产品的衰退期，一般更新的产品会继续替代即将衰退的产品，产品的销售量会越来越小，所以应该对销售商的数量进行调整，取消部分供应商对该产品的代理权。此时应采用停止或减少供应商的原材料供应。

由表3-3和以上分析可以看出，标准化产品在产品生命周期的各个阶段都适宜采用精益型供应链；混合化产品在产品生命周期的各个阶段都适宜采用混合型供应链；而时尚化产品在导入期和成长期适于采用敏捷型供应链，在成熟期和衰退期则适于采用混合型供应链或者精益型供应链。

3.3.3 基于集成思想的供应链构建

3.3.3.1 集成的含义

根据《韦伯斯特大辞典》的定义，集成（Integration）是指"把部分组合称一个整体"。集成是将一些孤立的事物或元素通过某种方式集中在一起，产生联系，从而构成一个有机整体的过程。它既是构成系统的一种方法，又是解决系统问题的一种思想和管理技术。简单地说，集成是把一些事物集中在一起构成一个有机整体，使各个部分单独发挥不出的整体功效。

从系统的观点看，集成是将两个或两个以上的集成单元（要素或系统）集合成一个有机整体系统的过程。集成的有机整体（集成体）不是集成要素之间的简单叠加，而是按一定的集成方法和模式进行的构造和组合，其目的在于更大程度地提高集成的整体功能，适应环境的要求，以更加有效地实现集成体（系统）的目标。

3.3.3.2 供应链集成的概念与模型

(1) 供应链集成的概念。供应链集成就是通过对供应链的集成,将市场、分销网络、制造流程和采购等活动连接起来,以更低的成本为消费者提供更好的服务。

从系统的角度来研究集成供应链,主要为要素集成、集成结构、集成模式、集成界面。

1) 要素集成:集成要素是形成集成体的物质基础。集成单元如同系统的要素一样,是相对于具体的集成体(系统)而言的。从要素上来看,供应链的要素主要是供应商、生产商、销售商的集成。

2) 集成结构:供应链可以由相同的集成单元通过不同的结构方式进行整合,可以产生不同的集成结果,所以集成单元的结构是集成研究的重要内容。

3) 集成模式:集成模式是指集成单元之间的相互联系的方式,它既反映集成单元之间的物质、信息交流关系,也反映集成单元之间能量互换关系,最后还包含着集成体中集成单元间的集成度的内容。

从集成的行为方式来看,集成体中存在着:互惠型集成、互补型集成和聚合重组集成三种关系。互惠型集成关系是指集成单元为更好地实现其自身功能,以某种物质为介质,以供给和需求为主要方式建立起来的集成关系。

互补型集成关系是集成单元之间以功能的优劣互补为基础形成的集成关系,当某一集成单元的优势恰恰是另一集成单元的劣势时,互补就成为集成单元形成集成体的条件。

聚合重组型集成关系是集成单元为改善各自的功能,经过聚合重组而形成的相互交融、浑然一体的集成关系,在此基础上形成集成功能的涌现,且集成单元所表现出来的特征与集成体的特征相一致。

从集成的组织方式来看,集成体中存在着单元集成、过程集成和系统集成三种组织形式。单元集成组织是使处于同一层面的同类或异类集成单元在一定的时空范围内为实现特定功能而集合成的集成组织。过程集成组织是指集成单元按照某一有序过程集合而成的集成组织。系统集成组织是将各种同类、异类集成单元在相同层面或不同层面上集合而成的整体系统组织。

4) 集成界面:集成界面是集成单元之间接触方式和机制的总和,或者说是集成单元之间、集成体和环境之间物质、信息和能量传导的媒介、通道或载体,集成界面是集成关系形成和发展的基础。

(2) 供应链集成模型。

供应链模型包括理论模型和数学模型。供应链模型的集成可以按三个维度进行归类,如图 3-7 所示。

供应链模型的集成按不同职能可分为以下几类:

1) 按供应链管理决策层次维可分为战略集成、战术集成及运作集成。

a. 战略层集成:体现为集成双方在成本战略、成本目标、成本文化和成本体系方面的一致性和相容性。战略层集成要求双方在这些方面达成共识。

b. 战术层集成:战术层集成主要是指组织、项目和计划等方面的集成。建立跨企业的职能小组或项目合作小组是典型的组织集成方式。供应商早期参与产品开发和制订联合成本计划则是项目和计划集成的例子。

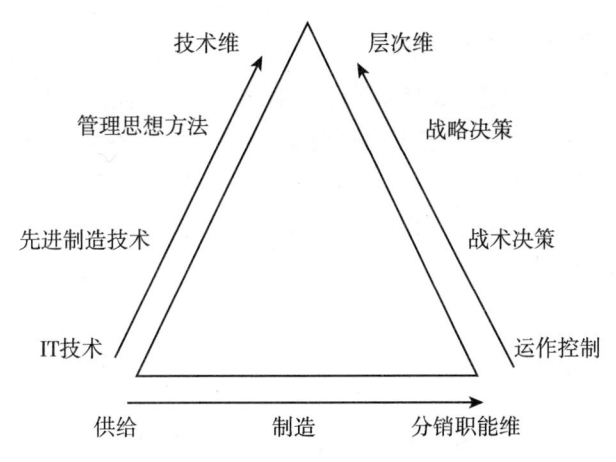

图 3-7 供应链三维集成模型

c. 运作层集成：运作层集成涉及制造商与其上下游伙伴的业务活动的交互，包括成本信息系统的集成。例如成本信息共享，成本信息系统的实时访问。

2）按供应链的主要过程或职能，可以将供应链划分为三大传统职能：供给、制造和分销。相应的模型归类为各个职能内的集成及两两之间（生产—库存系统的集成，库存—配送系统的集成和生产—分销系统的集成）以及三大职能的综合集成模型。

3）技术维供应链集成模型使用到的技术工具和管理方法。按制造行业的管理思想方法和制造技术可以有基于企业业务重组、基于计算机集成制造、敏捷制造、精益生产、虚拟企业、同步生产等供应链集成模型；基于IT技术的发展的有数据驱动、数据挖掘的供应链集成模型。

（3）供应链集成的级别。

从供应链集成的深度和广度来看，集成可分成四个级别：信息集成、同步计划、协同工作流和全面的供应链集成。表 3-4 是这四个集成级别的简单比较。

表 3-4 供应链集成的级别

集成级别	目 的	效 益
信息集成	信息共享和透明，供应链成员能直接实时地获取数据	快速反应 问题的及时发现 减少信息的"牛鞭效应"
同步计划	同步进行供应链的预测和计划	降低成本 优化能力使用 提高服务水平
协同工作流	协同的生产计划、制造、采购、订单处理，协同的产品工程设计和改造	更快速的市场反应和服务水平 高效、准确、自动化的业务流程
全面的供应链集成	建立虚拟的企业组织，以实现全新的商业模式	更快速高效地应对商业环境的变化，创造更多的市场机会

3.3.3.3 集成供应链构造的流程

供应链作为一个人造的系统，显然是集成的结果。可以运用集成的方法来构造供应链，对供应链管理集成不是单纯管理集成，而是要结合供应链整体的资源和技术进行的管理集成。供应链集成流程是建立在管理单元集成基础上的管理单元与技术单元、资源单元、技术单元的集成，是对企业搜寻、企业分析、企业选择、供应链结构设计、供应链管理界面集成和最后的供应链整合，见图 3-8。

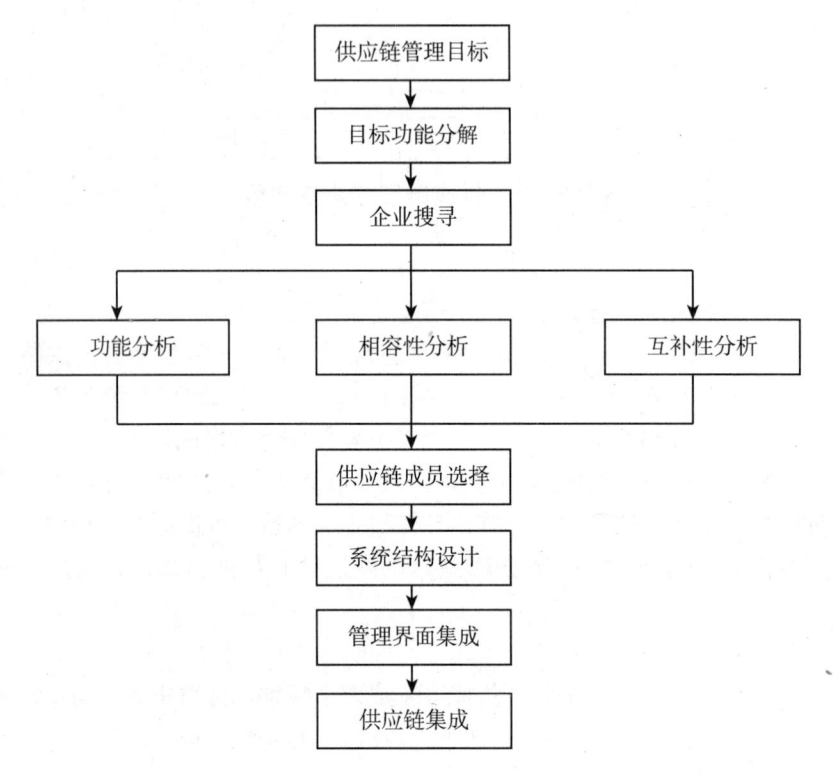

图 3-8 供应链集成的流程分析

（1）供应链管理目标及目标功能分解。

盈利是企业获得生存的前提条件，是企业发展的内在动力。供应链模式使企业与企业的竞争转向为供应链与供应链的竞争，则企业也从追求企业利益最大化转向为追求供应链整体利益的最大化，以此来增加企业自身的利益。这是企业组建供应链的本质目的。

供应链利益最大化在实质上是供应链中各种功能目标的综合反映，可以把供应链的利益最大化目标按供应链成本控制、满足客户需求和供应链体系运作高效性三个方面进行分解，从而为供应链的构造和分析提供一个完整的功能目标体系，见图 3-9。

最大化满足客户需求，包括满足客户的质量需求，包括按客户对产品质量的要求向其提供性价比最高的产品，在售前、售中和售后服务中最大化服务质量等；最大化客户的可靠性需求，包括最大化供应链和企业履行承诺的能力、最大化准时交货比率、最小化失去老客户的比率以及最小化客户抱怨的比率等；最大化满足客户沟通的需求，包括提供客户沟通的平台，最大化客户的柔性需求主要指最大化满足客户的变化需求，包括时间的变化、数量的变

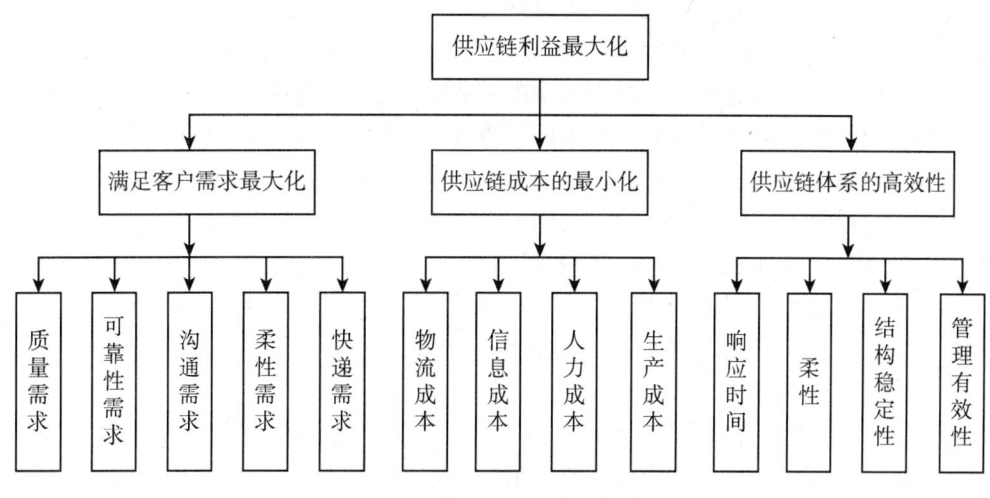

```
                        供应链利益最大化
          ┌─────────────────┼─────────────────┐
    满足客户需求最大化      供应链成本的最小化    供应链体系的高效性
  ┌──┬──┬──┬──┐      ┌──┬──┬──┐       ┌──┬──┬──┐
  质 可 沟 柔 快       物 信 人 生        响 柔 结 管
  量 靠 通 性 递       流 息 力 产        应 性 构 理
  需 性 需 需 需       成 成 成 成        时    稳 有
  求 需 求 求 求       本 本 本 本        间    定 效
     求                                         性 性
```

图 3-9 供应链功能目标体系

化、产品的变化等；最后是快速响应客户的需求，包括最快提供售前、售中和售后服务，以最短的提前期来满足客户对时间需求等。

供应链成本控制可以降低供应链整体的库存水平，物流的合理布局可以降低整个供应链的物流运输和搬运成本，通过外包可以降低产品的生产成本，从而降低供应链的成本，等等。

供应链体系运作的高效性，其目标可以归纳为供应链结构的稳定性（系统结构最优和稳定）、供应链响应时间、供应链的柔性等目标。

(2) 合作伙伴的搜寻。

针对供应链的功能目标体系，可以在市场中搜寻适合供应链运作的候选企业。候选企业可以来源于已经发生过供需关系的企业，也可以来源于具有供需关系但未发生过供求关系的企业，同样，候选企业还可以来源于水平竞争的、具有优势互补的企业，主要依据是针对于企业内部分工外部化的外包加工企业等。

搜寻到的候选企业必须具有加入供应链的主观愿望，否则选择就没有任何意义。而企业加入供应链的动机表现在两方面：一是通过加入供应链企业可获得的利润将大于不加入供应链时所获得的利润，这个利润的差额称为超额利润；二是加入供应链的企业可以获得持续的超额利润。所以，供应链的整体利益最大化必须让所有被选企业能够直接感觉到。

(3) 被选企业的分析。

1) 被选企业的功能分析。作为构造供应链的候选企业，本身应是具有获利能力的企业，其获利能力是通过生产市场所需的产品，以一定的渠道配送到用户手中来实现的，因而企业具有完整的业务的流程：供应—转换（生产）—发运。这是供应链候选企业所具备的基本功能。

在供应、转换和发运过程中，许多企业可能更专长于某一业务，从而在整个业务流程中可能出现能力富余，因而不利于企业资源的最大化利用，从而限制了企业的利益获取。在供应链中企业可以通过把能力不足工序的零件加工外包给能够满足产品质量、交货期的企业，从而可以最大化本企业资源的利用。同样，接受外包的企业也可以通过接受其他企业的外包来最大化企业富余的加工能力，从而也可以最大化该企业的资源利用。

企业除了通过供应、转化和发送来满足客户的需求外，还可以通过研发新的产品来满足客户的需求。而对新产品的研发与推广，是由一些联系非常紧凑的流程构成，包括新产品研发、新产品推出、新产品商品化和市场推广等流程。根据核心能力理论，企业可能只具备完成整个流程的部分优势。要想增加企业的利益，可以通过的能力重组来实现。

2）被选企业间的相容性分析。作为供应链的被选企业，被选企业间必须具有相容性，表现为企业功能的不排斥、企业属性的相容。相容性一般通过企业内各部门间的管理界面具体表现为介质的相容性、通道的相容性、方式的相容性和机制的相容性等。企业内各部门之间相互联系的介质主要是信息介质、物质介质和能量介质，其中信息介质和物质介质是主要介质。

3）被选企业间的互补性分析。构建供应链的目标就是最大化供应链整体的效益，而供应链整体效益最大化可以通过供应链的成本最小化、满足客户需求最大化和供应链体系高效性来表示，各目标的具体细分见图 3-9。因而在构建供应链时，可通过分析各候选企业对供应链目标贡献率作为互补性评价的重要指标。被选企业对供应链目标的贡献率是建立在功能互补基础上的。

(4) 集成供应链的结构设计。

1）集成供应链系统结构设计。集成供应链的系统结构设计实质上就是供应链的价值流设计。价值流一般由实体价值活动（如物流、加工等）和非实体价值活动（如管理、信息等）组成，作为集成供应链的结构设计也主要涉及物流、信息流等价值流活动和管理环境设计。

2）集成供应链的经济稳定性分析。设计出的集成供应链在经济上首先应该表现出对企业具有较强的吸引力；其次还要涉及集成供应链的稳定性问题，也就是在供应链整体效益最大化的基础上，如何设计一个分配机制来维系供应链的稳定性。

(5) 供应链的管理界面集成。

供应链中节点企业之间的联系除了物质（流）界面、技术界面和信息界面等外，还存在着管理上的联系——管理界面。通过管理界面的集成，能够实现供应链中企业之间的同步运作。管理界面的集成是一种非线性的集成，其集成的结果能够产生功能的涌现。

(6) 供应链的管理集成。

供应链的结构设计和供应链节点企业的管理界面集成之后，可以对供应链中的企业进行管理整合，真正履行供应链管理的整体哲学观，实现供应链中物流、信息流和价值流的同步运作，从而实现供应链整体利益最大化的目标。

3.4 供应链构建的评价与优化

3.4.1 供应链构建的评价

供应链本身是在共同利益基础上一系列独立的、在业务上相互关联的企业结成的网络，供应链管理的突出特点是系统性，它体现了现代企业集成的管理思想和管理方法，具体表现在组织机制、管理方法和系统信息技术支撑，因此，要实现这些企业和部门间的协作，设计供应链必须从系统性角度考虑问题，在开放的条件下，从结构上合理安排核心企业和非核心企业、主体企业和非主体企业、供应商、制造商和销售商等，明确相互之间的层级关系，保证成员企业在供应链系统能够有序运营，使物流、资金流、信息流在各企业和部门之间有序、顺畅地流动。在此基础上，企业必须明确自己在供应链中的位置和角色，并据此制定相关的供应链战略，培养自己的核心业务，确保发挥企业的专业优势，从而在供应链上与其他成员企业达到优势互补，共同为供应链创造价值增值。对于供应链主要从以下两个方面进行分析：

(1) 对供应链外部的评价分析。

对供应链外部评价分析包含对市场和竞争对手的分析两部分。供应链构建的评价分析首先应对市场需求和市场变动有着良好表现，主要体现在：一是对市场需求的数量能满足；二是对市场需求的质量有保证；三是对市场需求的交货时间能及时；四是对市场变动能适应。

另外，在对供应链构建外部评价分析中，往往可能忽视对竞争对手的分析。供应链构建是否成功，不仅对自身起到作用，同时也对竞争对手起到压制作用，在分析竞争对手时，可从如下几个方面分析：一是竞争对手对我供应链系统构建作出了反应没有？反应程度如何？二是竞争对手市场份额变化没有？三是竞争对手是否为此也对自己的供应链系统进行调整？是积极调整还是被动调整？如果上述问题都被验证竞争对手对供应链构建起到压制而进行积极改变，说明供应链构建是成功的。

(2) 对供应链内部的评价分析。

对供应链内部评价分析包含了对供应商、制造商和销售商的分析。对于供应商的分析，主要分析在供应链构建中，供应商是否能在这个系统中获得不在这系统中的多额的利润，制造商和销售商同样也是面对这样一个问题。换一句话说，对供应链构建内部评价分析，就是构建一个供应链系统后，能使系统上下游各链节企业获得比没有形成供应链系统时还多的利润，这也就是帕累托最优。所以，对供应链内部的评价分析，不仅从整体的供应链利润分析，还要从各链节企业的利润分析。因为，有时供应链总利润大时，也可能导致有的链节企业利润增加很多，而有的链节企业利润减少，这样的供应链系统就不是好的供应链系统，这时就需要对供应链系统进行契约设计了，以保证供应链的帕累托最优。

3.4.2 供应链设计的评价指标与方法

(1) 柔性。

供应链的柔性就是要使供应链能够更好地适应激烈竞争的市场，提高对用户的服务水平，及时满足用户的要求。

(2) 稳定。

供应链是一种相对稳定的组织结构形式，影响供应链稳定的因素一个是供应链中的企业，另一个就是供应链的组织结构。

(3) 协调。

供应链的协调包括利益协调和管理协调。利益协调必须在供应链组织结构构建时将链中各企业之间的利益分配加以明确。管理协调则要求适应供应链组织结构要求的计划和控制管理，以及信息技术的支持。

（4）简洁。

供应链中每一个环节都必须是价值增值的过程，非价值增值过程不仅增加了供应链管理的难度，增加了产品、服务的成本，而且降低了供应链的柔性，影响供应链中企业的竞争实力。

（5）集成。

供应链集成包括信息集成、物资集成、管理集成等。集成度的高低或者说整体优势发挥的大小关键在于信息集成和管理集成，即需要形成信息中心和管理中心。

3.4.3 供应链构建的优化

供应链优化是指人们在认识和掌握了供应链上各环节内在规律和相互联系的基础上利用管理的计划、组织、指挥、协调、控制和激励职能，对产品生产和流通过程中各个环节所涉及的物流、信息流、资金流、价值流以及业务流进行的合理调控，以期达到最佳组合，发挥最大的效率，以最小的成本为客户提供最大的附加值。它是一种在现代科技和产品极其丰富的条件下发展起来的管理理念。

（1）供应链优化的目标。

1）连接原则。连接涉及核心企业、供应商、第三方服务提供商之间的战略、策略和操作连接。连接性包括了供应链合作伙伴间IT、互联网和其他形式通信的重要作用。该原则实际上是其他原则的基础。连接性原则在实施中具有战略性，在每日运作水平上，它是策略性的，处理供应链合作伙伴之间的策略性决策制定过程。

2）协同原则。该原则使供应链伙伴通过整合组织间的规划和决策制定，建立了它们之间的更紧密的合作和连接。好的协同需要所有的参与者更好地理解每个供应链合作伙伴的角色、业务过程和期望，并在实施过程中，按同一节奏进行运作。

3）同步原则。在供应链中，供应、制造以及销售和营销、财务、客户都在供应链中扮演重要的角色。在内部和外部的供应链合作伙伴间，界面必须是无缝的、无摩擦的和透明的。通过连接性原则和协同，同步性在战略、策略和运作层次发生。同步性原则提供了将供应链作为水平流动模型而不是传统的"命令—控制"结构进行思考的方法。这一模型的完全实现将允许公司和供应链伙伴减轻系统中的"瓶颈"，消除缓冲库存，在供应链中更有效地应用非存货资产。这一原则需要尽早抓住原始需求数据，尽可能获得需求时间，同时在供应链网络中分配这些信息。

4）杠杆原则。该原则需要关注核心客户、核心供应商和核心服务提供商。这并不意味着其他有资格的供应商或者客户不需要仔细关注。该原则实际上建议，增加的资源应该投入批量更大的和更关键物件的供应商。对核心客户和第三方物流的关注可以提供同步的战略、策略和运作机会。该原则表明，公司应该聚集并且将其资产集中于高杠杆性和高回报的机会，即投资于核心供应商、客户和第三方物流。

5）可测原则。可测性在此处指企业开发供应链业务过程集合的能力，这种业务过程可以被添加的供应商、客户和第三方物流提供商复制。该原则需要在定制性和可测性之间平衡。成功实施该原则的企业可以建立核心供应链过程，这些过程在添加供应链合作伙伴时可以以最小的变动被复制。这些过程也可以移植到更大的客户或者供应商基础上，而只需要很少的改动。

(2) 供应链优化内容及要求。

供应链优化管理是对从供应商到客户之间的商业流程的集成管理，以提供给客户更具价值的产品、服务和信息。产品（实物）是从最初的供应商流向最终客户的，资金反方向流动，信息则双向流动。因此，供应链管理实质上是对实物流、信息流和资金流的集成管理。供应链管理围绕"以客户为中心"的现代市场理念，有效整合供应商、分销商、零售商网络，实现资源的合理配置，进而提高整个运作过程的效益。而供应链优化的目的通俗地说，就是要用最短的时间、最少的支出换取最大的收益。因此把供应链最优化要从采购开始，包括工作流程（workflow）、实物流程（physical flow）、资金流程（funds flow）和信息流程（information flow），均高效率地进行，才能把产品以合理的价格及时送到消费者手上，从而实现企业的经营管理目标。

1）供应链优化管理强调价值的整体创造与分享。对于最终客户而言，为其提供价值的不是某一个单独的企业，而是由众多企业有机组成的一个价值链。供应链的整体效率和价值创造能力才是决定最终客户所获价值大小的根本因素。供应链优化管理以整个供应链作为管理对象，其根本目的是通过协调优化供应链上的各个环节，为最终客户创造价值，并享受客户的价值回报。

2）供应链优化管理以最终客户需求为管理起点。供应链优化管理以最终客户价值最大化为管理目标，以有效满足客户需求为实现手段，即在合适的时间和地点，以合适的方式和价格，将合适的产品提供给合适的客户。这就要求对最终客户需求的准确了解和预测。

3）供应链优化管理以商业流程优化为实现策略。商业流程是供应链中的企业群以实现最终客户价值最大化为目标，对企业之间的资源处理、资源应用的程序和活动的一种安排。供应链优化管理关注的是企业之间的协同效率，而供应链的效率主要取决于商业流程的优化程度。供应链优化管理侧重于动态优化，它是一个渐进的、系统的演进过程，着眼于短期、具体的商业流程优化，旨在解决企业之间根据最终客户需求实时调整和优化各自的供需计划和运作，主要措施包括信息共享、协同计划、协同执行等。

4）供应链优化管理以渠道为核心管理范围。供应链优化管理基于最终客户需求，重点关注以核心企业为中心的渠道商业流程优化，也就是以渠道为核心管理范围，条件成熟时适当扩展到金融服务提供商、物流服务提供商、制造外包商和研发服务提供商等。以制造导向转化销售导向是现代经济条件下企业发展的必然趋势，这就要求企业必须对最终客户需求做出快速、高效的反应。所以渠道对于核心企业尤其是现代大型制造企业而言极为重要。渠道管理成为现代企业供应链优化管理的重点区域，尤其是销售渠道，在整个供应链优化管理中的地位非常突出，是目前企业供应链优化管理的核心。

5）供应链优化管理以信息资源处理为管理内容。供应链优化管理的作用机理在于通过获取最终客户的需求信息，与企业自身的产品提供能力和商业伙伴的产品提供能力进行匹配，对外确定自己的供需计划并传递给自己的相关商业伙伴，对内确定自己的产品提供计划。供需计划和产品提供计划的制定过程就是对最终客户需求的应用和反馈过程。企业在将自己的供需计划传递给商业伙伴后，将进一步通过监控相关商业伙伴的反应，实时调整和优化自己的产品提供计划和供需计划，形成一个以应急处理为核心内容的动态优化过程，减少供应链中相关企业的等待、重复、投机和错误行为，借助优化的信息处理结果指挥物流和资金流的运动，实现物流、资金流的更优化配置。

（3）供应链优化考虑的内容。

供应链优化是一个系统工程，因此我们要解决以下问题：制造什么样的产品？生产这些产品需要什么？需要什么原料，什么时候需要？还需要什么资源和具备什么生产能力，何时需要它们？

但供应链优化管理的意义并不是仅仅这些问题所能涵盖的。可以说，企业从原材料和零部件采购、运输、加工制造、分销直至最终送到顾客手中的这一过程被看成是一个环环相扣的链条，供应链优化管理是从原始供应商到终端用户之间的流程进行集成，从而为客户和其他所有流程参与者增值。

在整个供应链中，良好的供应链系统必须能快速准确地回答这些问题：

1）什么时候发货？
2）哪些订单可能被延误？
3）为什么造成这种延误？
4）安全库存要补充至多少？
5）进度安排下一步还存在什么问题？
6）现在能够执行的最佳的进度计划是什么？

按生产过程的分类来看，供应链的优化应考虑以下内容。

1）营销管理过程。从市场营销的角度看，供应链优化管理运作是一种有效对营销渠道的管理。在供应链中，原材料经生产、销售到顾客使用产品，这个复杂的过程包含增值（组装、加工等活动）和非增值（普通的货物运输等活动）过程两方面。据统计，价值增加过程占时间的5%，其余95%的时间处于非增值过程。当产品在技术上的差别较小时，围绕产品的竞争将从产品本身转向产品的服务上。以顾客为中心的营销战略要求准确地理解顾客价值，而持续地满足顾客价值则需要供应链上所有成员的共同努力。

2）计划管理过程。供应链管理重点在两部分：供应链的计划和执行。计划包括仓储计划、需求计划、物流的配置计划、生产计划、销售计划等；供应链执行是以订单执行和物流执行来支撑的。供应链是一个跨越多厂家、多部门的网络化组织，一个有效的供应链企业计划系统必须保证企业能快速响应市场需求。有效的供应链计划系统集成企业所有的计划和决策业务，包括需求预测、库存计划、资源配置、设备管理、渠道优化、生产作业计划、物料需求与采购计划等。供应链是由不同的企业组成的企业网络，有紧密型的联合体成员，有协作型的伙伴企业，有动态联盟型的战略伙伴。作为供应链的整体，以核心企业为龙头，把各个参与供应链的企业有效地组织起来，优化整个供应链的资源，以最低的成本和最快的速度生产最好的产品，最快地满足用户需求，以达到快速响应市场和用户需求的目的，这是供应链企业计划的最根本的目的和要求。

3）采购管理过程。采购的重要性之所以日趋明显，最为重要的一个因素就是因为企业采购支出很大，从战略方法到管理活动的过程中有很大节约资金的潜力。虽然不同的生产厂家、不同行业的实际购买开支差异很大，但是通过对采购进行战略性的管理获得的节省相当可观。采购成本是商品的成本与采购过程中所耗各项费用之和。采购成本直接影响到企业的利润和资产回报率，影响企业流动资金的回笼速度。因此，原材料及零部件购入的采购成本在生产成本中占有重要的地位，一般达到销售额的30%左右。在供应链管理的环境下，采购将由库存采购向以订单驱动方式进行，以适应新的市场经济。供应链管理模式下制定采购策略应考虑以下问题：关键因素分析、供应商合作关系、精益化库存管理等。这些相关分析可以为企业制定采购策略提供理论基础。

4）优化企业内外部物流管理。企业内部物流贯穿企业生产和经营的全过程，对企业内部物流环节的任何改善都会对企业管理水平的提高起促进作用。外部物流部门或选择专业物流公司，对订单、库存、运输、配送、仓储、加工等物流各环节或全过程实施高效的管理计划和控制，促进企业可持续发展，增强企业核心竞争力。

（4）供应链优化的分类。供应链有三种优化层次：战略层即高层规划，周期通常为长期；战术层即中层规划，周期通常为一季或一月；经营层即底层规划（规划、再次规划和实施），周期通常为1周、1天。同理，优化问题也分为如下几类：

1）战略层优化。用来分析资源获取决策以及企业面临的其他战略层决策，如新生产设施建设，车间、配送中心和供应商的地点、规模和数目、资源获取的盈亏平衡点价格，或为新产品设计一个新的供应链、供应链中的物流等。

2）战术层优化。战术优化是给定供应链结构的供应计划和物流设施优化，供应链网络已经有如下实体：供应商、车间、配送中心和运输路线。为企业的整个供应链确定以后12个月内的供给/生产/配送/库存一体化规划，它的目标可能是在满足一个固定需求的基础上最小化整个供应链成本，也可能是追求净利润最大化。

3）物流优化：整个供应链确定主物流计划，主物流计划分析的是在下一季度里所有市场对所有产品的需求如何才能得到满足。它的重点在于对配送中心以及支持配送中心的其他设施的市场分配、运输路线和规划等，它的目标是在满足客户服务要求的同时使贯穿企业整个物流网络的不必要的运输成本、处理成本、仓储成本和存货成本达到最小。

4）生产调度优化：供应链上的每个工厂之中，负责制定日常运营决策，如某个机器上的订单排序、设备的大型调整和小型调整时间，以及在制品库存管理等。

本章小结

本章介绍了供应链的结构、类型、构成元素；详细介绍了供应链构建的内容、原则、步骤、方法以及构建的影响因素。供应链构建的策略重点讲述了基于约束理论的供应链构建、基于产品生命周期的供应链构建、基于集成思想的供应链构建；供应链的评价与优化主要讲述了供应链评价的方法与目标。

关键术语

约束理论（Theory of Constraint，TOC）
产品生命周期（Product Life Cycle，PLC）
集成（Integration）

复习思考题

1. 供应链设计的原则和内容有哪些？
2. 供应链设计构建有哪些策略？

讨论案例

肯宝公司供应链的构建

最近，肯宝公司和它的最先进的几家零售商发起了"连续补充"计划。该计划的运行方式如下：肯宝公司和零售商建立电子数据交换（EDI）链接。每天早晨，零售商把对公司产品的需求和分销中心的存货水平利用电子方式通知肯宝公司，肯宝公司利用这些信息预测未来的需求，并根据它和零售商事先商定的存货上下限来决定哪些产品需要补充。当天下午，满载着需要补充的产品的卡车离开肯宝公司的工厂，并于同一天到达零售商的分销中心。这个计划使四个参与计划的零售商的存货从四个星期的水平减少到两个星期的水平。该结果的产生有两个原因：一个是公司减少了产品的市场导入期；另一个是公司知道各零售商的存货水平。因而肯宝公司能把每种产品供应到需求最迫切的地方。

对"连续补充"的追求使肯宝公司意识到价格促销的过度使用对物质效率有负面的影响。例如，每年1月份，公司会对鸡汤面打折，因而会出现需求高峰，零售商会增加存货数量，甚至有的零售商将一年的供给量都买下来（这称为"前向购买"）。在这种价格促销活动中，谁都没有得到好处。一方面，零售商不得不为全年供货而一次性支付费用；另一方面，肯宝汤料公司运输货物到零售商处的成本也增加了。例如，负责剔除鸡骨头的分厂不得不在10月份开始做准备以满足订货的增加。意识到这一问题后，公司要求参与"连续补充"计划的零售商放弃以折扣价进行"前向购买"的权利。以折扣价销售肯宝汤料公司产品的零售商有两种选择：它可以每天以低价从肯宝公司处进货，其价格与促销的平均价格相当；它也可以根据销售量的实际增加从肯宝公司订货并享受折扣。

肯宝公司的例子提供了一些有价值的结论。鸡汤面是一种对价格很敏感的功能性产品，因此，肯宝公司追求物质效率是正确的。服务水平确实提高了，从98.55%增加到99.2%。但是，供应链运转的效率的增加使零售商的存货减少并取得了更大的收益。大部分零售商计算得出，某种产品一年的存货储存成本最少为存货价值的25%，存货减少两个星期的水平所节省的成本等于销售额的1%。由于零售商的平均利润为销售额的2%左右，所以，这种节约可以使利润增加50%。

零售商通过"连续补充"计划来销售肯宝公司的产品可以获得更多的利润，这激励它们销售更多类型的产品，提供更多的货架。正是由于这一原因，肯宝公司发现，在实施"连续补充"计划之后，参与计划的零售商的销售额增长率是未参与计划的零售商的2倍。自然，市场欢迎类似肯宝公司这样的计划。韦格曼斯食品市场在纽约的商店甚至还增加会计系统，以便能够衡量哪些供应商的产品的存货和销售成本最小，并对它们予以奖励。

肯宝公司的计划具有"每日低价"的特征，这隐含了关于功能性产品供给的一条重要原则。功能性产品的消费者给公司提供了可预见的需求，同时，要求有好的产品和合理价格。现在的问题是，要避免任何有损这种关系的行动。许多公司过度使用价格促销而误入歧途。它们为了实现季度收益目标，不惜采用价格刺激来拉动前向需求。然而拉动前向需求只能有一次，下一个季度公司不得不再次拉动需求以填补第一次刺激导致的销售额的减少。结果是，公司热衷于不断地进行价格刺激，而可预测的需求变成了一系列混乱的需求"高峰"，这只能增加成本而没有任何好处。

最后，肯宝公司的例子还提供了供应链各部分为获得更多利润相互合作的一种不同的方式。像日用杂货这样的功能性产品，通常是对价格高度敏感的，供应链各部分之间协商价格很困难。如果某一公司能成功地使供应商降价1美分，让顾客接受1美分的加价，那么这将对公司的利润产生巨大的影响。在供应链关系的竞争模型中，假定成本是不变的，制造商和零售商通过价格竞争只是为了在固定的利润总额中争取更大的份额。相反，肯宝公司的"连续补充"计划体现的是另一种模式，在这种模式里，制造商和零售商相互合作以降低整条供应链的成本，从而增加利润总额。

资料来源：http://www.douding.com.cn/model14/cp21011.html

思考题
1. 肯宝公司如何构建供应链？
2. 肯宝公司"连续补充"计划的特点是什么？
3. 肯宝公司设计与构建供应链后取得哪些成效？

第4章

供应链的采购管理

学习目标

- 了解传统的采购模式及特点
- 理解供应链背景下的采购特点
- 掌握采购策略和方法

【引导案例】

慧聪网改变采买关系

"外人都以为采购工作既轻松又有油水,其实,保质保量地完成采购常常是一件很令人头疼的事。"A物资有限公司采购经理蓝先生表示,"采购环节是公司运营最重要的环节之一,采购的产品质量差会对客户造成直接伤害,采购价格过高又会直接减少公司利润,采购环节因此被看成公司发展的基石,相当困难,也相当重要。"

据蓝先生介绍,在进入慧聪网采购之前,公司采购手段比较传统,一般是通过资源黄页找到供应商联系方式,然后逐个联系、洽谈,建立合作关系,再进行采购。"耗时长不说,合作关系常常受人情关系的困扰,尤其是采购新品的时候。我决定和慧聪网合作试一把,看看电子商务是否能够帮我解决一些问题。"

蓝先生很快就成了慧聪网采购通的正式会员。第一次采购,蓝先生需要一批空压机,在采购通平台上发布了求购意向。不到3天时间,就接到了4家供应商的电话,其中有2家资质相当好,产品质量和价格都相当令人满意。"就几天,真让我喜出望外。最终我们选择和B公司合作,22万元的采购价格也优于我们的预期。"

和线下采购相比,为什么更愿意通过互联网进行采购呢?蓝先生表示,这种选择主要基于两点:其一,互联网提供了更快捷的方式供采购商进行选择比价;其二,慧聪网买卖通的很多用户都会使用会员的资质去银行办理贷款,银行审核又把了一道关。"这次采购成功,节省了不少心力,结果也超出预期,产品质量不错,售后条件也好。慧聪网上有大量的供应商支撑,采购真的成了一件省心省力的事。"

同样的感受来自C装饰建材有限公司采购部的吴经理,似乎是很意外的一次经历,公司在慧聪网上完成了一次23万元铝塑板的采购。

"当时，公司承接了一个很大的项目，需要采购大量的铝塑板和铝单板，于是我在慧聪网上发布了求购信息。不久，就有个人加我QQ，因为一直忙工程的事，我没在意。一连两天，那个人一直问我在不在，还用邮箱发过来一份报价单。我看了价格和图片，居然比之前联系的供应商的性价比更高。样品寄过来后，工程师给了质量合格的鉴定，两天后我们就签了正式合同，23万元的合同就这么轻松搞定了。"

这次采购给了吴经理意外的惊喜，"在使用网络进行采购之前，我都是通过合作公司或者朋友介绍供应商，价格、品种总是不能让人满意。主动去网上发布求购信息又会受到大量的骚扰，很扰头。慧聪网改变了采买沟通的方式，既带来了优质供应商，又减少了不必要的骚扰，采购效率提高得不止一点半点。"

在慧聪网上做采购，惊喜随处可见。D科技发展有限公司的采购经理贾小姐也是受益者之一，50万元的成交任务只用了10天时间。"这次采购项目中，PE管最急，需要一周内定下合适的厂家，有些不知所措，不知从何处下手。这时，我想起了慧聪网，因为之前就在慧聪网有过多次成功采购经历，让我多少有了一些信心。"

采购信息很快就被放在了慧聪网采购洽谈会页面上的醒目位置上，不到两天时间，慧聪工作人员就传过来一批PE管供应商名单，都是认证后的买卖通会员，质量非常高。选择出来的三家供应商带着产品图册和企业资质证明前来，和技术工程师进行沟通，经过价格对比，最终选择和北京的一个厂家进行合作，合同签订，预付20%订金。一周后，厂家就把PE管全部送到项目工地，验收合格，余款付清，50万元采购额任务完成。

"10天时间，50万元采购额，用传统方式简直是天大的难题。慧聪网却帮我搞定了，实在是让我惊喜。"

（资料来源：http://www.techweb.com.cn/421864.html）

4.1 传统的采购模式

4.1.1 采购与采购流程

采购在供应链运作中扮演着相当重要的角色。采购处于企业与供应商的连接界面，它在供应链上的企业之间为原材料、半成品和产成品的生产合作交流架起一座桥梁，沟通生产需求和物资供应的联系，是实现供应链系统的无缝连接、提高供应链上企业同步化运作效率的关键环节。采购管理不仅仅是为了满足需求，保证正常的生产运营，许多企业都在积极地挖掘采购潜力给企业带来的利益，比如：降低采购成本，为客户提供更多的价值让渡，提高销售量，从而提高企业利润；提高产品的质量，采购而来的物品质量是企业产品质量的源头；缩短交货期，从而提高客户服务水平。

（1）采购。

采购是一个复杂的过程，目前还很难对其进行统一的定义，根据环境的不同，它可以有不同的定义。狭义地说，采购是企业购买货物和服务的行为；广义地说，采购是一个企业取得货物和服务的过程。然而，采购的过程并不仅仅是各种活动的机械叠加，它是对一系列跨越组织边界活动的成功实施。因此，对采购的定义可以是：用户为取得与自身需求相吻合的货物和服务而必须进行的所有活动。

而采购管理则是指为了达成生产或销售计划，从适当的供应商那里在确保质量的前提下，在适当的时间以适当的价格购入适当数量的商品所采取的一系列管理活动。传统的采购模式中，采购的目的是为了补充库存，即为库存采购。随着经济全球化的形成，市场竞争更加激烈，竞争模式由原来的企业与企业之间的竞争，转变为供应链与供应链之间的竞争。在供应链环境下，采购将由库存采购向订单驱动采购转变，以适应新的市场环境。

（2）采购的流程。

采购管理科学化，首先需要规范采购作业的行为模式。按采购员个人的工作习惯随意操作，采购质量难以保证，所以任何企业都需要规范采购的一般流程，消除采购中的"三不"现象（即不管是否为企业所需、不做市场调查和咨询、不问价格高低质量好坏），以保证工作质量，堵住资金流失的漏洞。通常采用以下7个步骤的采购流程：

1）采购申请。必须严格按生产或客户的需要，以及现有库存量，对品种、数量、安全库存量等因素做科学的计算后才能提出，并且要有审核制度，防止随意和盲目采购。

2）选择供应商。在买方市场中，选好供应商是企业降低采购成本的关键。应该尽可能地列出所有的供应商清单，采用科学的方法挑选合适的供应商。

3）价格谈判。价格一直是采购中的敏感问题，价格谈判成为采购员的一项重要任务，谈判也发展成一项技能。从长远角度看，需要指出，价格由市场供需矛盾决定，任何一方都不可能随意要价；采购不仅仅是单一的价格问题，还有质量问题、交货时间与批量问题、包装与运输方式、售后服务问题等，需要综合权衡利弊，绝不能在价格上占点小便宜，而在其他方面损失很大。

4）签发采购订单。采购订单相当于合同文本，具有法律效力。签发采购订单必须十分仔细，对于采购的每项物品的规格、数量、价格、质量标准、交货时间与地点、包装标准、运输方式、检验形式、索赔条件与标准等都应该一一审定。

5）跟踪订单。采购订单签发后必须对订单的执行情况进行跟踪，防止发生对方的违约事件，保证订单顺利和货物按时进库，以保证供应。对订单实施跟踪还可以随时掌握货物的动向，万一发生意外事件，可及时采取措施，避免不必要的损失，将损失减小到最低水平。

6）接受货物。验收是按订单上的条款进行的，应该逐条进行、仔细查对。除此以外，还要查对货损情况，如货损超标，要查明原因，分清责任，为提出索赔提供证据，货物验收完毕才能签字认可。

7）确认供应商的支付发票。支付以前必须查对支付发票与验收的货物清单是否一致，确认没有差错以后才能签字付款。

一般来说，企业按照上述的采购步骤不会发生大的失误。当然，要提高采购水平与质量，使企业在采购环节发掘更大的利润源泉，还有许多事情要做，其中，供应商管理是最令人感兴趣的一项工作。

4.1.2 传统采购的模式及特点

虽然采购过程的活动基本是固定的，但是传统的采购模式和供应链环境下的采购模式还是存在很大差别的。

传统采购的重点放在供应商的选择上，特点是比较重视交易过程中供应商的价格比较，通过供应商的多头竞争，从中选择价格最低的作为合作者（如图4-1所示）。虽然质量、交货期也是采购过程中的重要考虑因素，但在传统的采购方式下，质量、交货期等都是通过事后把关的办法进行控制，如到货验收等，而交易过程的重点放在价格的谈判上。因此，在供应商与采购部门之间经常要进行报价、询价、还价等谈判，并且多头进行，最后从多个供应商中选择一个价格最低的供应商签订合同，订单才确定下来。

传统采购模式的主要特点表现在如下几个方面：

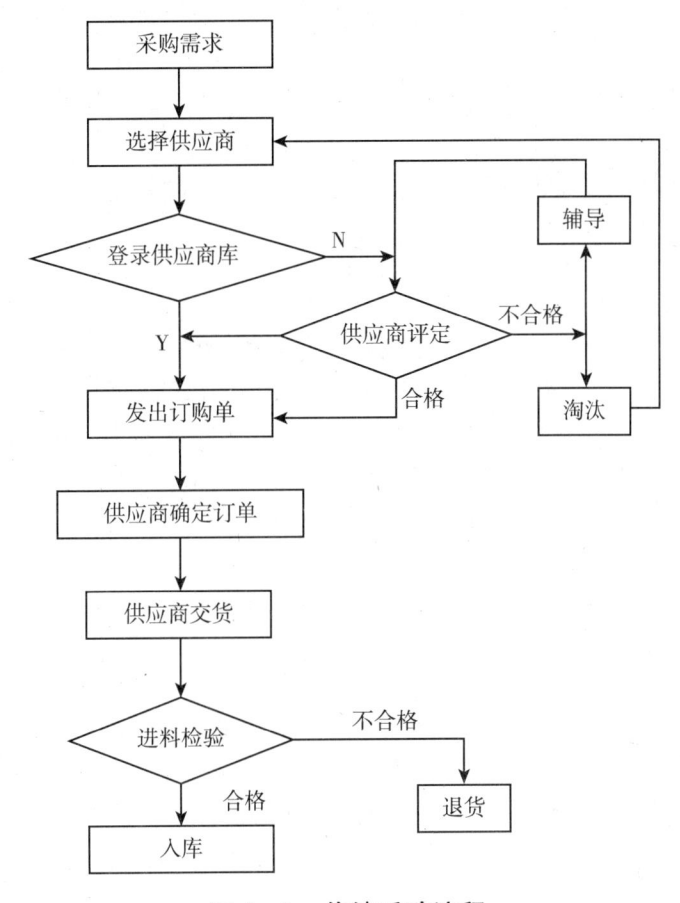

图4-1 传统采购流程

（1）传统采购过程是一个信息私有化的过程。

选择供应商在传统的采购中是首要任务。在采购活动中，因为给供应商提供的信息越多，供应商的竞争筹码就越大，对采购方不利。因此，采购方为了能从众多竞争性的供应商中选择一个最佳的供应商，往往会保留私有信息；而供应商在与其他供应商竞争时，也会隐瞒自己的信息。这样一来，采购和供应双方都不能有效地进行信息共享互存，导致信息不对称，引发相互的不信任。

（2）采购部门对质量和交货期的检查都是事后把关。

在传统管理的采购模式下，采购方基本无法参与到供应商的生产过程和相关的质量控制活动中来，双方的工作既不透明也无法做到有效沟通。因此，采购部门难以对采购品进行实时的跟踪查询。

(3) 供需关系是临时的或短时期的合作关系。

在传统管理下的采购模式中，供应与需求之间无法做到长期的战略伙伴关系，而是一种临时或短时的合作。由于缺乏相互合作和沟通协调，在采购过程中就会出现相互推诿和抱怨，双方没有更多的精力来筹谋工作，可想而之，采购的质量和效率势必下降。

(4) 缺乏快速响应用户需求的能力。

由于供应与采购双方在信息沟通方面缺乏及时的信息反馈，导致采购方在生产需求减少时库存增加，生产需求增加时出现供不应求的现象。在市场需求骤变时，供需之间对用户的需求无法积极响应，从而缺乏应付市场变化的能力。

4.2 供应链背景下的采购管理

4.2.1 供应链背景下的采购管理特点

供应链管理是一种现代的、集成的管理思想和方法，它是利用计算机网络技术全面规划供应链中的物流、信息流、资金流等，实行计划、组织、协调与控制，采用系统方法整合供应商、生产制造商、零售商的业务流程，提高成员企业的合作效率，使产品及服务以正确的数量、质量在正确的时间、地点以最佳的成本进行生产与销售。

在供应链管理的环境下，企业的采购方式和传统管理下的采购方式有所不同，呈现出以下特点：

(1) 从采购管理转变为外部资源管理。

传统采购管理的不足之处在于与供应商缺乏交流合作，缺乏柔性地对需求快速响应的能力。准时制采购和准时制生产的思想出现后，为企业的供应链管理带来了挑战和机遇，将原来传统的单纯为库存而采购的管理模式转变为提高采购的柔性和市场响应能力，增加和供应商的沟通联系，使原材料的库存为零、缺陷为零，建立新的供需合作模式。

由于传统的采购模式只单纯地重视企业内部资源的管理，即孤立地追求采购流程的优化、监控采购环节等，而没有与供应商进行有效的合作。而在供应链管理模式下，采购管理不但加强内部资源的管理，还转向对外部资源的管理，加强了与供应商在信息沟通、市场应变能力、产品设计、产品质量、交货期等方面的合作，真正实现零库存，达到双赢的目的。

(2) 从为库存而采购转变为订单而采购。

在传统的采购中，采购部门并不关心企业的生产过程，不能掌握生产的进度、用料规律、产品需求的变化，因而无法安排好进货周期。采购部门目的很简单，只要正在进行的生产不发生"停工待料"的现象就行了，为此而储备保险库存，就是我们常说的为库存而采购。

在供应链管理的模式下，采购活动是以订单拉动的生产方式进行的，即生产订单是在用户需求订单的拉动下产生，生产订单拉动采购订单，采购订单再拉动供应商。这种准时化的订单拉动式控制策略，使物流系统得以快速响应用户的需求，从而提高了物流的速度和库存的周转率，降低了库存成本。

(3) 从一般买卖关系发展成战略协作伙伴关系。

在传统的采购模式中，供应商与生产企业之间是一般的买卖关系，不能解决全局性、战略性的供应链问题，企业与企业之间无法共享库存信息，企业间所获取的信息就会出现偏差和失真，导致信用风险、产品质量风险、库存资金积压等风险；而在供应链环境下，供应商与生产企业从一般的短期买卖关系发展成长期合作伙伴关系，直至战略协作伙伴关系，采购决策变得透明，双方为达成长远的战略性采购供应计划而共同协商，从而避免了因信息不对称造成的成本损失。

通过以上分析可以知道，供应链管理下的采购与传统方式下的采购有很大的区别，具体可参见表4-1。

表4-1　　　　　供应链背景下的采购模式与传统采购模式的区别

比较项	供应链采购模式	传统采购模式
基本性质	基于需求的采购	基于库存的采购
	供应方主动	需求方主动
	合作型采购	对抗型采购
采购环境	友好合作环境	对抗竞争环境
信息关系	信息传输、信息共享	信息不通、信息保密
库存关系	供应商掌握库存	需求方掌握库存
	供需双方可以不设仓库，零库存	需求方设仓库、高需求
进货方式	供应商小批量、多批次连续补货	大批量、少批次进货
考虑因素	价格不是主要因素，质量才是最重要的标准，这里的质量不仅指产品质量，还包括交货质量等方面的内容	在价格、质量、交货期几个因素中，以价格为第一考虑因素，通过供应商的多头竞争，从中选择提高最低价格的供应商
质量控制	不需要对采购产品进行较多的检验，一般给合格供应商颁发产品免检合格证书	质量、交货期等都是通过事后把关来控制，比如根据各种标准（国际标准、国家标准、行业标准、企业标准）进行到货验收，质量控制难度大
谈判重点	建立了战略合作伙伴关系，签发采购单的手续大大简化，不再需要双方询盘和报盘的反复协商，交易成本大大降低	谈判重点是价格，多次多头的询价、报价、还价等来回谈判，手续繁多，谈判复杂，交易成本较高
双方关系	供需双方关系友好	供需双方关系敌对
	责任共担、利益共享、协调性配合	责任自负、利益独享、互斥性竞争

传统的采购仅仅是以钱易货，主要目标是降低买进价格以降低成本。现代意义上的采购已成为一个专门学科，是供应链管理的重要内容之一。尤其在中国加入世界贸易组织后，市场一体化、竞争国际化理念在企业经营中逐步深化，企业已经认识到采购在供应链管理中的重要性。

4.2.2 供应链背景下的准时采购策略

4.2.2.1 准时采购的基本思想

准时采购（JIT purchasing）也叫 JIT 采购法。它是一种先进的采购模式，也是一种管理方法。它的基本思想是：在恰当的时间、恰当的地点以恰当的数量、恰当的质量提供恰当的物品。它是从准时生产发展而来的，是为了消除库存和不必要的浪费而进行的持续性改进。要进行准时化生产，必须有准时的供应，因此准时化采购是准时化生产管理模式的必然要求。它和传统的采购方法在质量控制、供需关系、供应商的数目、交货期的管理等方面有许多不同，其中供应商的选择（数量与关系）、质量控制是其核心内容。

准时采购包括供应商的支持与合作，以及制造过程、货物运输系统等一系列内容。准时化采购不但可以减少库存，还可以加快库存周转，降低提前期，提高购物的质量，获得满意交货等效果。

4.2.2.2 供应链背景下 JIT 采购的优点

在供应链管理系统中，制造商与供应商之间建立了战略合作伙伴关系。通过信息共享缩短响应时间，实现了供应链的同步化运作。在供应链控制管理环境中，采购管理的目标是在需要的时间将需要数量的合格物料送到需要的地点。准时化的采购使采购业务流程朝着零缺陷、零库存、零交货期的期望方向发展，增强了供应链的柔性和敏捷性。

（1）供应链背景下的 JIT 采购方式和传统的采购方式的区别。

两者的区别如表 4-2 所示。

表 4-2　　JIT 采购模式与传统采购模式的区别

比较项	JIT 采购模式	传统采购模式
批量批次	小批量、多批次	大批量、少批次
供应商选择	长期合作、单源供应	短期合作、多源供应
供应商评价	质量、交货期、价格	价格、质量、交货期
检验工作	检验工作逐步减少、最后免检	验货是必须的
协商内容	长期合作关系、质量、合格的价格	获得更低价格
运输	准时送货、买方负责安排	低成本送货、卖方负责安排
文书工作	量少，有能力改变交货时间和质量	改变质量和交货期的采购单较多，文书工作量大
包装	标准化包装	普通包装
信息交流	快速、可靠、信息对称	信息不对称

1）采用较少的供应商。在供应链的管理环境中，采用较少的供应源。一方面，管理供

应商比较方便，利于降低采购成本；另一方面，有利于供需之间建立稳定的合作关系，质量比较稳定。

2）对交货准时性的要求不同。交货的准时性是整个供应链能否快速满足用户需求的一个必要条件。对供应商来说，要使交货准时可以从两个方面入手：一是要不断改进企业的生产条件，提高生产的可靠性和稳定性；二是要加强运输的控制。

3）对于信息共享的需求不同。JIT采购方式要求供应和需求双方信息高度共享，同时保证信息的准确性和实时性。由于双方是战略合作关系，企业在生产计划、库存、质量等各方面的信息都可以及时进行交流，以便出现问题时能够及时处理。

4）制定采购批量的策略不同。小批量采购是JIT采购的一个基本特征，相应增加了运输次数和成本，对于供应商来讲，当然是很为难的事情。解决的方式可以通过混合运输、供应商寄售等方式来实现。

（2）在供应链背景下订单驱动的JIT采购方式的优点。

1）供应商同采购方建立了战略合作伙伴关系，双方基于以前签订的长期协议进行订单的下达和跟踪，不需要进行再次询价报价的过程。

2）在同步供应链计划的协调下，制造计划、采购计划、供应计划能够同步进行，缩短了用户响应时间。

3）采购物资直接进入制造部门，减少了采购部门的库存占用和相关费用。

4）进行了企业和供应商之间的外部协同，提高了供应商的应变能力。

4.2.2.3 供应链背景下JIT采购模式实施方法

前面分析了准时采购法的特点和优点，从中可以看到准时化采购方法和传统采购方法的一些显著差别，要实施准时化采购法，以下三点是十分重要的：

第一，选择最佳的供应商并对供应商进行有效的管理，是准时化采购成功的基石。

第二，供应商与用户的紧密合作是准时化采购成功的钥匙。

第三，卓有成效的采购过程中，质量控制是准时化采购成功的保证。

在实际工作中，如果能够根据以上三点开展采购工作，那么成功实施准时化采购的可能性就很大了。

如何有效实施准时采购法呢？下面的几点可以作为实施准时化采购的参考。

1）创建准时化采购班组。专业化的高素质采购队伍，对实施准时化采购至关重要。为此，首先应成立两个班组：一个是专门处理供应商事务的班组，该班组的任务是认定和评估供应商的信誉、能力，或与供应商谈判签订准时化订货合同，向供应商发放免检签证等，同时要负责供应商的培训与教育。另外一个班组是专门从事消除采购过程中浪费的班组。

2）制订计划，确保准时化采购策略有计划、有步骤地实施。要制定采购策略，包括改进当前的采购方式、减少供应商的数量、正确评价供应商、向供应商发放签证等内容。在这个过程中，要与供应商一起商定准时化采购的目标和有关措施，保持经常性的信息沟通。

3）精选少数供应商，建立伙伴关系。选择供应商应从以下几个方面考虑：产品质量、供货情况、应变能力、地理位置、企业规模、财务状况、技术能力、价格、与其他供应商的可替代性等。

4）进行试点工作。先从某种产品或某条生产线试点开始，进行零部件或原材料的准时化供应试点。在试点过程中，取得企业各个部门的支持是很重要的，特别是生产部门的支持。通过试点，总结经验，为正式实施准时化采购打下基础。

5）搞好供应商的培训，确定共同目标。准时化采购是供需双方共同的业务活动，单靠采购部门的努力是不够的，需要供应商的配合。只有供应商也对准时化采购的策略和运作方法有了认识和理解，才能获得其支持和配合，因此需要对供应商进行教育培训。

6）向供应商颁发产品免检合格证书。准时化采购和传统采购方式的不同之处在于买方不需要对采购产品进行比较多的检验手续。

7）实现配合准时化生产的交货方式。准时化采购的最终目标是实现企业的生产准时化，为此，要实现从预测的交货方式向准时化适时交货方式的转变。

8）继续改进，扩大成果。准时化采购是一个不断完善和改进的过程，需要在实施过程中不断总结经验教训，从降低运输成本、提高交货的准确性和产品的质量、降低供应商库存等各个方面进行改进，不断提高准时化采购的运作绩效。

4.3 供应商选择与管理

4.3.1 供应商管理概述

供应商管理是供应链采购管理中一个很重要的问题，它在实现准时化采购中有很重要的作用。在物流与采购中提出客户关系管理并不是什么新概念，在传统的市场营销管理中早就提出了关系营销的思想，但是，在供应链环境下的客户关系和传统的客户关系有很大的不同。在市场营销中的客户指的是最终产品的用户，而这里的客户是指供应商，不是最终用户。另外，从供应商与客户关系的特征来看，供应商管理维护着客户、中间商和供应商之间的偏好信息，以确保成功的合作关系。

4.3.1.1 供应商管理的含义

供应商管理，就是对供应商的了解、选择、开发、使用和控制等综合性管理工作的总称。其目的就是要建立一个稳定可靠的供应商队伍，为供应链制造企业生产提供可靠的物质供应，降低供应链采购成本。

4.3.1.2 供应商管理的地位与作用

供应商管理的重要意义可以从两个层面来考虑，即技术层面和战略层面。

（1）从技术层面意义分析。

1）供应商管理有利于降低商品采购成本。据美国先进制造研究报告表明，采购成本在企业总成本中占据着相当大的比重，对美国制造企业而言，原材料采购成本一般占产品单位成本的40%~60%，大型汽车制造企业则更高。研究报告指出，采购成本所占比例将随着核心能力的集中和业务外包比例的增加而增加。因此，供应商作为供应链中的结盟企业，直接关系着产品的最终成本。美国采购经理们预测，未来5年，竞争压力将迫使制造商们每年降低5%~8%的产品成本（除去通货膨胀因素）。但这仅仅依靠制造商是无法实现的，制造商必须与供应链另一生产型企业供应商联合才能实现产品成本的降低。

2)有利于提高产品质量。有研究表明,30%的质量问题是由供应商引起的。因此,提高原材料、零配件的质量,是改进产品质量的有效手段。

3)降低库存。减少库存的压力,使制造商将前端库存转嫁到供应商身上,将后端库存转嫁到销售商身上,不利于合作伙伴关系的建立,供应商管理可以进行协调库存管理。

4)缩短交货期。据统计,80%的产品交货期延长是由供应商引起的。因此缩短产品交货期应从源头做起,做好供应商管理有利于缩短供应商交货期。

5)集成制造资源。信息技术和计算机网络技术,尤其是全球性网络互联网的迅速发展,为现代制造企业跨地域、跨行业实现信息和技术的实时传递与交换提供了必要条件。制造业面临的是全球性的市场、资源、技术和人员的竞争,制造资源市场已成为一个开放型的大市场。制造资源应被集成起来发挥作用,早已是人们在制造生产中得到的共识。

(2)从战略层面意义分析。

1)从集成供应链的角度。将供应商放在供应链网络结构模型中考虑,供应链是由节点企业组成的,节点企业在需求信息的驱动下,通过职能分工与合作实现供应链的价值过程。从系统论的角度来看,制造资源是整个制造系统的输入,而供应商的行为和要素市场的规范与制造资源的质和量密切相关,所以供应商管理问题是制造的出发点,也是制造成败的关键之一。

2)从提升核心能力的角度。随着企业越来越注重于核心能力的培养和核心业务的开拓,从外部获取资源,通过供应商介入进行新产品开发,以提升自身的核心能力的情况也逐渐增多。

3)从新产品开发的角度。据美国采购经理们预测,未来5年,新产品上市时间将缩短40%~60%,这仅仅依靠制造商或核心企业的能力是远远不够的,与供应商合作已势在必行。

4.3.1.3 供应商与制造商两种供应关系模式

在供应商与制造商关系中,存在两种典型的关系模式:传统的竞争关系和合作性关系,或者叫双赢关系(Win-Win)。两种关系模式的采购特征有所不同。

(1)竞争关系模式。

竞争关系模式是一种价格驱动模式。这种关系的采购策略表现为:

1)买方同时向若干供应商购货,通过供应商之间的竞争获得价格好处,同时也保证供应的连续性。

2)买方通过在供应商之间分配采购数量对供应商加以控制。

3)买方与供应商保持的是一种短期合同关系。

(2)双赢关系模式。

双赢关系是一种合作的关系,这种供需关系最先是在日本企业中采用。它强调在合作的供应商和生产商之间共同分享信息,通过合作和协商协调相互的行为。

1)制造商对供应商给予协助,帮助供应商降低成本、改进质量、加快产品开发进度。

2)通过建立相互信任的关系提高效率,降低交易/管理成本。

3)长期的信任合作取代短期的合同。

4）比较多的信息交流。

由于双赢关系模式的供应链管理思想集中体现在合作与协调，因此建立一种双赢的合作关系对于实施准时化采购是很重要的。此外，供应链管理环境下提倡的是一种双赢机制，双赢关系模式是企业供应关系发展的趋势。

（3）双赢供应关系管理。

双赢关系已经成为供应链企业之间合作的典范，因此，要在采购管理中体现供应链的思想，对供应商的管理就应集中在如何和供应商建立双赢关系，以及维护和保持双赢关系上。其中信息交流与共享机制很重要，信息交流有助于减少投机行为，有助于促进重要生产信息的自由流动。为加强供应商与制造商的信息交流，可以从以下几个方面着手：

1）在供应商与制造商之间经常进行有关成本、作业计划、质量控制信息的交流与沟通，保持信息的一致性和准确性。

2）实施并行工程。制造商在产品设计阶段让供应商参与进来，这样供应商可以在原材料和零部件的性能和功能方面提供有关信息，为实施质量功能配置（QFD）的产品开发方法创造条件，把用户的价值需求及时地转化为供应商的原材料和零部件的质量与功能。

3）建立联合的任务小组解决共同关心的问题。在供应商与制造商之间应建立一种基于团队的工作小组，双方的有关人员共同解决供应过程以及制造过程中遇到的各种问题。

4）供应商和制造商经常互访。供应商与制造商采购部门应经常性地互访，及时发现和解决各自在合作活动过程中出现的问题和困难，建立良好的合作气氛。

5）使用电子数据交换（EDI）和互联网技术进行快速的数据传输。

（4）供应商的激励机制。

要保持长期的双赢关系，必须对供应商进行激励，没有有效的激励机制，就不可能维持良好的供应关系。在激励机制的设计上，要体现公平、一致的原则。给予供应商价格折扣和柔性合同，以及采用赠送股权等，使供应商和制造商分享成功，同时也使供应商从合作中体会到双赢机制的好处。

（5）合理的供应商评价方法和手段。

要实施供应商的激励机制，就必须对供应商的业绩进行评价，使供应商不断改进。没有合理的评价方法，将大大挫伤供应商的合作积极性和合作的稳定性。对供应商的评价要抓住主要指标或问题，比如交货质量是否改善了，提前期是否缩短了，交货的准时率是否提高了等。通过评价，把结果反馈给供应商，和供应商一起共同探讨问题产生的根源，并采取相应的措施予以改进。

4.3.2 供应链环境下的供应商关系

（1）供应链环境下供应商关系的含义。

传统环境下的供应商关系是传统的竞争关系；而供应链管理环境下的供应商关系是双赢关系模式，是一种合作关系。两者的比较如表4-3所示。

表 4-3　　　　　传统环境与供应链环境下的供应商关系比较

比较项	传统供应商关系	供应链环境下合作关系
交换主体	物料	物料、服务
供应商选择标准	单一强调价格	多标准并行考虑
稳定性	变化频繁	长期、稳定、紧密合作
合同性质	单一	长期合同，具有开放性
供应批量	小	大
供应商数量	多	少而精
供应商规模	小	大
信息交流	信息专有	信息共享
质量控制	输入检查控制	质量保证
选择范围	当地投标评估	广泛评估可增值的供应商

在供应链环境下，买方与供应商之间的关系称为伙伴供应商关系，也称为合作伙伴关系。它是企业与供应商之间建立的最高层的合作关系，是在相互信任的基础上由双方为共同的、明确的目标而建立的一种长期合作关系。

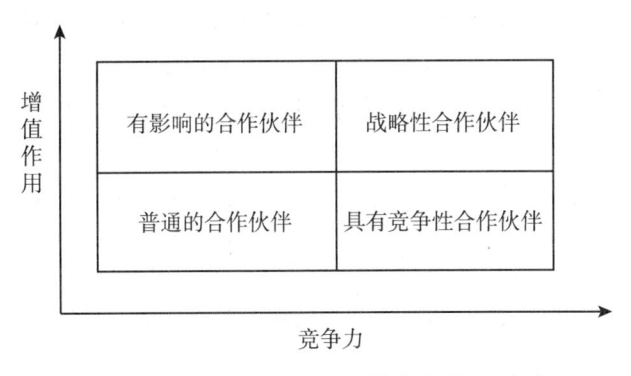

（2）供应链环境下供应商关系分类。

根据供应商在供应链中的增值作用和它的竞争实力，可以对供应商进行分类，分类矩阵如图 4-2 所示。

图 4-2　供应链环境下供应商关系分类

图 4-2 中纵轴代表的是合作伙伴在供应链中增值的作用，对于一个合作伙伴来说，如果他不能增值，他在供应链中就不可能存在；横轴代表某个合作伙伴与其他合作伙伴之间的区别，主要是设计能力、特殊工艺能力、柔性、项目管理能力等方面的竞争力的区别。

在实际运作中，根据不同的目标选择不同类型的合作伙伴。对于长期而言，要求合作伙伴能保持较高的竞争力和增值率，因此最好选择战略性合作伙伴；而对于短期或某一短暂市场需求而言，只需选择普通合作伙伴满足需求则可以保证成本最小化；而对于中期而言，可根据竞争力和增值率对供应链的重要程度的不同，选择不同类型的合作伙伴（有影响力的或竞争性/技术性的合作伙伴)。

(3) 建立伙伴供应商关系的目的。

建立伙伴供应商关系的目的主要在于降低供应链总成本,降低企业的库存水平,增强信息共享,改善相互之间的交流,产生更大的竞争优势,以实现供应链节点企业的财务状况、质量、产量、交货期、用户满意度和业绩的改善和提高。

1) 降低成本,实现数量折扣和有竞争力的稳定价格。制造企业选择的合作供应商是企业重要的供应商,企业的大宗物品都是向伙伴供应商采购而来。在大宗采购时供应商会给予一定的价格优惠,这样企业可以以较低的价格制造产品,可以在竞争中获得优势。

2) 提高产品质量。伙伴供应商比制造企业更了解原材料的特性,供应商参与产品的设计制造能够提高产品的质量。

3) 降低库存。企业为了降低库存,采用了 JIT 库存管理模式,这种模式要求伙伴供应商保证原材料供应的可靠性和稳定性;同时,要求伙伴供应商也采取 JIT 的生产管理模式,以及有效的运输计划与管理,保证生产的准确性。这样可以缩短交货周期,提高可靠性。

4) 提高对产品变化的反应速度。伙伴供应商往往比企业更早地洞悉原材料市场的变化,制造企业可以根据这些变化来了解市场对某种产品需求的变化,从而能够及时改变生产计划。

4.3.3 供应商选择

供应链主要由供应商、生产商或制造商和销售商构成,三者具有内在的关联性。供应商是整个供应链的"狮头",对供应商的评价和选择是供应链合作关系运行的基础。供应商在交货、产品质量、提前期、库存水平、产品设计等方面都影响着制造商的成功与否,同时,供应商所供产品的价格和质量决定了最终消费品的价格和质量,从而也决定了最终产品的市场竞争力、市场占有量和市场生存力,并且会对供应链的各组成部门的核心竞争力产生一定的影响。为了实现低成本、高质量、柔性生产、快速反应,企业的业务重构就必须包括供应商的选择。供应商的选择对于企业来说是多目标的,包含许多可见和不可见的多层次因素。

4.3.3.1 供应商选择的影响因素

供应链管理是一个开放系统,供应商隶属该系统的一部分,因此,供应商的选择会受到各种政治、经济和其他外界因素的影响。供应商选择的影响因素主要有以下几个:

(1) 价格因素。

这里的价格主要是指供应商所供给的原材料、初级产品或消费品组成部分的价格。供应商的产品价格决定了消费品的价格和整条供应链的投入产出比,它对生产商和销售商的利润率产生一定程度的影响。

(2) 质量因素。

这里的质量主要是指供应商所供给的原材料、初级产品或消费品组成部分的质量。产品的质量是供应链生存之本,产品的使用价值是以产品质量为基础的。如果产品的质量低劣,该产品将会缺乏市场竞争力,并很快退出市场。而供应商所供产品的质量是最终产品质量的关键之所在,因此,质量是一个重要因子。

(3) 交货提前期因素。

对于企业或供应链来说，市场是外在系统，它的变化或波动都会引起企业或供应链的变化或波动，市场的不稳定性会导致供应链各级库存的波动。由于交货提前期的存在，必然造成供应链各级库存变化的滞后性和库存的逐级放大效应。交货提前期越短，库存量的波动越小，企业对市场的反应速度越快，对市场反应的灵敏度越高。由此可见，交货提前期也是重要因子之一。

(4) 交货准时性因素。

交货准时性是指按照订货方所要求的时间和地点，供应商将指定产品准时送到指定地点。如果供应商的交货准时性较低，必定会影响生产商的生产计划和销售商的销售计划。这样一来，就会引起大量的浪费和供应商的信誉。因此，交货准时性也是较为重要的因子。

(5) 品种柔性因素。

在全球竞争加剧、产品需求日新月异的环境下，企业生产的产品必须多样化，以适应消费者的需求，达到占有市场和获取利润的目的。因此，多数企业采用了柔性生产方式，为了提高企业产品的市场竞争力，就必须发展柔性生产能力。而企业的柔性生产能力是以供应商的品种柔性为基础的。供应商的品种柔性决定了消费品的种类。

(6) 设计能力因素。

产品的更新是企业的市场动力，产品的研发和设计不仅仅是生产商的分内之事，也是供应链集成化要求供应商应承担部分的研发和设计工作。因此，供应商的设计能力也属于供应商选择机制的考虑范畴。

(7) 特殊工艺能力因素。

每种产品都具有其独特性，没有独特性的产品，其市场生存能力较差。产品的独特性要求特殊的生产工艺，所以，供应商的特殊工艺能力也是影响因素之一。

(8) 其他影响因素。

其他影响因素包括项目管理能力、供应商的地理位置、供应商的库存水平等。

以上所列的影响因素在实际的供应链选择过程中表现出来的重要性是不同的，一般认为，产品的质量、交货和历史效益是选择机制的三大重要标准，如表 4-4 所示。

表 4-4　　　　　　　　　　一般供应商选择准则

排序	准则	排序	准则	排序	准则
1	质量	8	财务状况	15	维修服务
2	交货	9	遵循报价程序	16	态度
3	历史效益	10	沟通系统	17	形象
4	保证	11	美誉度	18	包装能力
5	生产能力、设施	12	业务预期	19	劳工关系记录
6	价格	13	管理与组织	20	地理位置
7	技术能力	14	操作控制	21	历史业务量

4.3.3.2 供应商选择的步骤

供应商在供应链中担负着重要角色。供应商的选择机制是多元化的，因此，企业的决策者选择供应商时要因地制宜，对企业所处的内外环境进行详细的分析，根据企业的长期发展战略和核心竞争力，选择适合本企业或本行业的理论和方法，制定相应的实施步骤和实施规则。不同的企业在选择供应商时，所采用的步骤会有差别，但基本的步骤如图4-3所示。

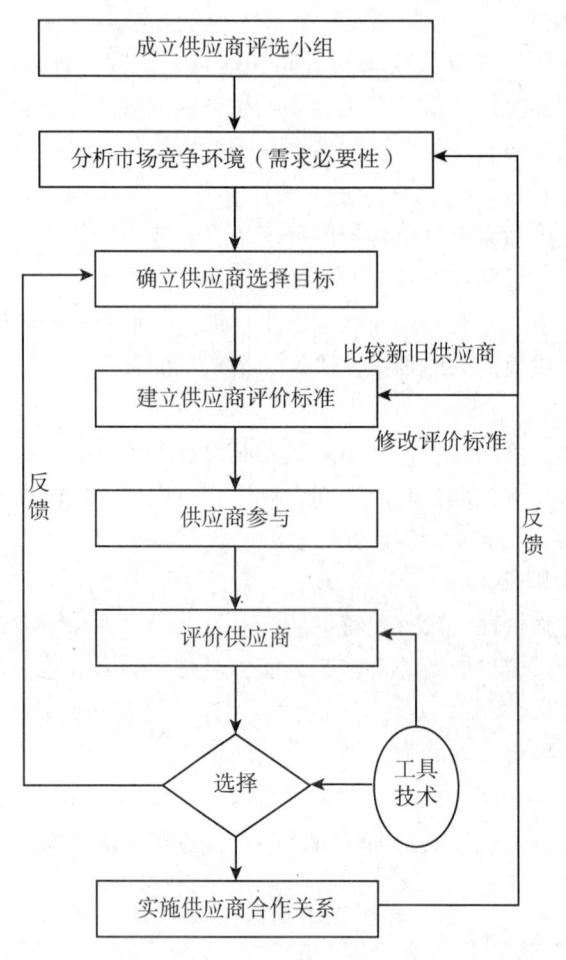

图4-3 供应商选择的步骤

（1）成立供应商评选小组。

企业需成立一个专门的小组来控制和实施供应商评价，这个小组的组员以来自采购、质量、生产、工程等相关部门。小组组员必须有团队合作精神，还应具备一定的专业技能。评选小组必须同时得到采购企业和供应商企业最高领导层的支持。

（2）分析市场竞争环境。

企业必须知道现在的产品需求是什么，产品的类型和特征是什么，以此来确认客户的需求，确认是否有建立供应关系的必要。如果已经建立供应关系，需要根据需求的变化确认供应合作关系变化的必要性，分析现有供应商的现状，总结企业存在的问题。

(3) 确立供应商选择的目标。

企业必须确定供应商评价程序如何实施，而且必须建立实质性的目标。供应商评价和选择不仅仅是一个简单的过程，也是企业自身的一次业务流程重构过程。

(4) 建立供应商评价标准。

供应商评价指标体系是企业对供应商进行综合评价的依据和标准，是反映企业本身和环境所构成的复杂系统的不同属性指标，是按隶属关系、层次结构有序组成的集合（如图4-4）。不同的行业和企业，其不同产品需求和环境下的供应商的评价应是一样的，但供应商的评价标准应涉及以下几个方面：供应商业绩、设备管理、人力资源开发、质量控制、成本控制、技术开发、客户满意度、交货协议等。根据企业实际状况和供应商选择的时间跨度，对供应商的要求也有不同，按时间的长短分别有相应的短期标准和长期标准。具体标准如下：

1) 供应商选择的短期标准：商品质量合适、成本低、交货及时、整体服务水平好（安装服务、培训服务、维修服务、升级服务、技术支持服务）、履行合同的承诺和能力等。

2) 供应商选择的长期标准：供应商质量管理体系是否健全，供应商内部机器设备是否先进以及保养情况如何，供应商的财务状况是否稳定，供应商内部组织与管理是否良好，供应商员工的状况是否稳定等。

在确定选择供应商的标准时，一定要考虑短期标准和长期标准，把两者结合起来，才能使所选择的标准更全面，进而利用标准对供应商进行评价，最终寻找到理想的供应商。

(5) 供应商参与。

一旦企业决定实施供应商评选，评选小组需尽可能地让供应商参与到评选的设计过程中，确认它们是否有获得更高业绩水平的愿望。

(6) 评选供应商。

主要的工作是调查、收集有关供应商生产运作等全方位的信息。在收集供应商信息的基础上，就可以利用一定的工具和技术方法进行供应商的评选了。

(7) 实施供应合作关系。

在实施供应合作关系的过程中，市场需求也将不断变化。企业可以根据实际情况的需要及时修改供应商评选标准，或重新开始供应商评估选择。在重新选择供应商的时候，应给予新旧供应商以足够的时间来适应变化。

4.3.3.3 供应商的选择方法

目前，可以应用于供应商选择的技术方法和工具主要分为三类：定性方法、定量方法和定性与定量相结合的方法。具体来说，较常采用的方法有：直观判断法、招标选择法、协商选择法、采购成本比较法、ABC成本法、层次分析法（AHP）、模糊综合评判法、神经网络法、TOPSIS法、数据包络分析法（DEA）、灰色综合评价法，以及这些方法的集成应用等。不同类型企业可以根据自己的实际情况选择其中的方法加以应用（如表4-5所示）。

(1) 直观判断法。

直观判断法是指通过调查、征询意见、综合分析和判断来选择供应商的一种方法。它是一种主观性较强的判断方法，主要是倾听和采纳有经验的采购人员的意见，或者直接由采购人员凭经验做出判断。这种方法的质量取决于对供应商资料掌握得是否正确、齐全和决策者的分析判断能力与经验。这种方法运作简单、快速，但是缺乏科学性，受掌握信息的详尽程度限制，常用于选择企业非主要原材料的供应商。

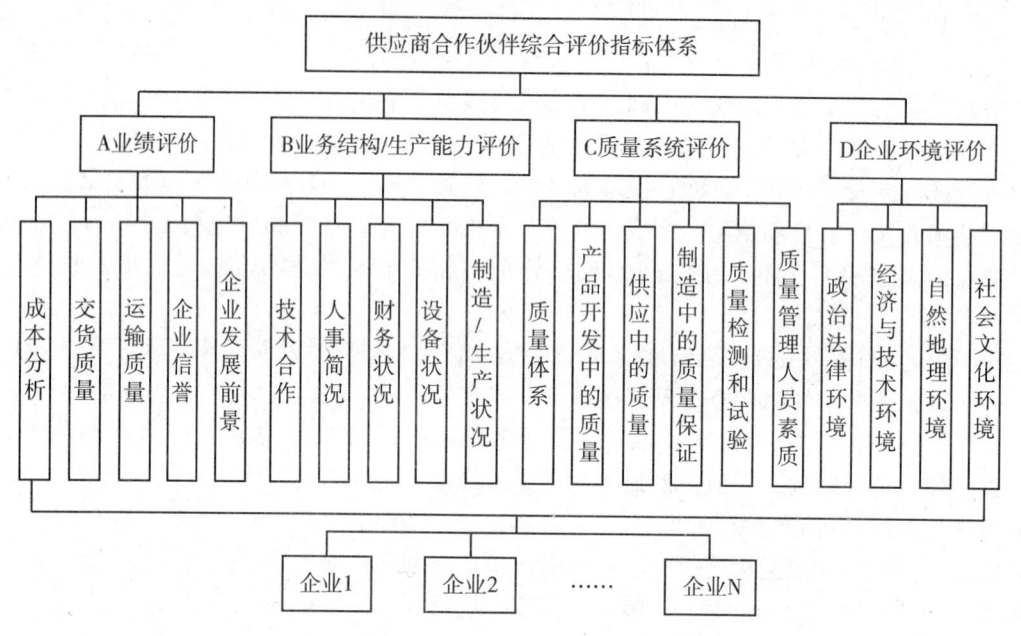

图 4-5 供应商合作伙伴综合评价指标体系结构

（2）招标选择法。

当采购物资数量大、供应市场竞争激烈时，可以采用招标方法来选择供应商。采购方作为招标方，事先提出采购的条件和要求，邀请众多供应商企业参加投标，然后由采购方按照规定的程序和标准一次性地从中择优选择交易对象，并与提出最有利条件的投标方签订协议等。该方法进行中应注意整个过程要求公开、公正和择优。

（3）协商选择法。

在可选择的供应商较多、采购单位难以抉择时，也可以采用协商选择法，即由采购单位选出供应条件较为有利的几个供应商，同他们分别进行协商，再确定合适的供应商。和招标选择法相比，协商选择法因双方能充分协商，因而在商品质量、交货日期和售后服务等方面较有保证；但由于选择范围有限，不一定能得到最便宜、供应条件最有利的供应商。当采购时间较为紧迫、投标单位少、供应商竞争不激烈、订购物资规格和技术条件比较复杂时，协商选择法比招标选择方法更为合适。

（4）采购成本比较法。

对质量和交货期都能满足要求的合作伙伴，则需要通过计算采购成本来进行比较分析。采购成本一般为售价、采购费用、运输费用等各项支出的总和。采购成本比较法是通过计算分析，针对各个不同合作伙伴的采购成本，选择采购成本较低的合作伙伴的一种方法。这种方法单纯从采购成本的角度来进行选择，有很大的局限性，往往与企业的战略目标相违背。

（5）ABC 成本法（Activity-Based Costing）。

ABC 成本法是目前广泛使用的一种新的成本计算方法，是基于活动的成本分析方法。

该方法的基本思想是：供应链中的物流活动价值增值与成本增加相结合的过程，完成一项活动或者作业可以使产品的价值有所增加。供应商所提供产品的任何因素变化都会引起采购企业总成本的变动，价格过高、质量达不到要求、供应不及时都会增加采购企业的总成本。该方法通过计算企业因采购活动而产生的总成本来选择成本最小的合作伙伴，总成本模型为：

$$S_i = (P_i - P_{\min})Q + C_j D_{ij}$$

其中：S_i 为第 i 个合作伙伴的成本值；P_i 为第 i 个合作伙伴的单位售价；$P_{\min}$ 为合作伙伴的单位售价最小值；Q 为采购量；C_j 为因企业采购相关活动导致企业内部的成本因子 j 的单位成本；D_{ij} 为因合作伙伴 i 导致的在采购企业内部的成本因子 j 的单位成本。

（6）层次分析法（AHP）。

层次分析法（Analytical Hierarchy Process）是美国运筹学家、匹兹堡大学教授萨蒂于20世纪70年代初提出的，是按系统的复杂程度、因果关系、从属关系等分成等级（层次），然后进行两两比较，再进行综合评价，排出方案对目标的优劣次序，最后以此作为决策的依据，选取满意的方案。此法是一种定性与定量评价相结合的系统分析方法，特别适用于评价因素难以量化且结构复杂的评价问题。其基本特点是运用数学方法来规范思维，把其他方法难以量化的评价因素通过两两比较加以量化，把复杂的评价因素构成化解为一目了然的层次结构，使评价过程程序化，易于使用。

（7）数据包络分析法。

数据包络分析（Data Envelopment Analysis，DEA）是著名运筹学家查尼尔和库珀等学者在"相对效率评价"概念基础上发展起来的一种系统分析新方法。它把单输入单输出工程效率概念推广到多输入多输出同类决策单元有效性评价中去，成为一个分析数据特征有效的方法。由于 DEA 方法的实用性和无须任何权重假设的特性，各个领域的研究人员很快注意到它，使其在短时期内得到了推广应用，例如企业效率评价、公共事业管理评估、省市经济状况分析等。而且由于 DEA 法不需要预先估计参数，在避免主观因素和简化算法、减少误差等方面有着不可低估的优越性。

（8）模糊综合评判法。

在供应商评价指标体系中，有一些指标如开发人员的素质、人员团队精神、全面质量管理情况等很难用一个准确的数字来进行评价，借助于模糊数学可以很好地解决这一问题。模糊综合分析法具有层次分析法简明的优点，同时又比较好地解决了定性评价指标难以量化的困境，是一种非常适用的供应商评价与选择方法。模糊综合评价主要涉及四个要素：因素集、评语集、单因素评价矩阵和权重向量。

（9）神经网络选择法。

人工神经网络（Artificial Neural Network，ANN）是20世纪80年代后期迅速发展的一门新兴学科。ANN 可以模拟人脑的某些智能行为如知觉、灵感和形象思维等，具有自学习、自适应和非线性动态处理等特征。

各种供应商选择方法的优缺点比较如表 4-5 所示。

表 4-5　　　　　　　　　　　　　供应商选择方法的比较

方法种类	定量/定性	适用范围	优　点	缺　点
直观判断法	定性	重要的短期合作供应商	简单快捷，可以实现即时采购	采购人员的经验、知识水平的限制
招标法	定性	重要供应商或竞争性供应商	通过竞争可以获得有利的价格	手续复杂，时间长
协商法	定性	所有供应商	可以充分了解供应商及供货情况	不一定得到价格最合理、条件最有利的供应商
采购成本法	定量	非重要或短期合作供应商	实现有效的采购成本控制	只适用质量和交货期差别不大的供应商
ABC 成本法	定量	战略性供应商	能识别成本类别，促进企业有针对性地降低成本	对供应商的类型要求十分严格，适用范围有限
层次分析法	定性+定量	所有供应商	需要定量数据少，易计算，操作简便	判断矩阵不一定满足一致性检验
数据包络分析法	定性+定量	战略性供应商	适用范围广，可以评价供应商的发展潜力	只能对供应商进行分类，不能对有效单元进行排序
模糊综合评判法	定性+定量	战略性供应商	可以将定性指标转化定量指标	只能在供应商已确定、评价指标已给定情况下进行评价
神经网络选择法	定性+定量	战略性供应商	一种定性定量结合、主客观结合分析方法	操作过程复杂，对供应商历史数据要求严格

下面通过案例来说明怎样运用采购成本比较法来进行供应商的选择。

本案例是对三个供应商的总采购成本进行评价的，总成本包括报价、运输成本、质量成本等方面的因素。

（1）案例背景。

东风工具公司设计出了一种新机器，该机器比市场上同类型的所有机器都要好，估计机器投产一年后销售额可达 4 000 万元。该机器的最大竞争优势是一个独特的凸轮部件，可以使操作者能够快速调好设备。

为了实现机器设计方案的优势，对每台机器所需要的两个凸轮的制造公司要求公差很小。因为几个不同圆心的表面加工比较困难，而且在中央的直径上需要一个完整的定位键，所以该零件不容易由实心棒加工，公司最终决定用粉末冶金加工。东风工具公司确定了三个可能的供应商，并且向他们发出了零件图。

供应商 A 位于 1 000 公里以外，是粉末冶金领域的巨头之一。东风工具公司上年向该供应商采购过另一产品的零件，供应情况一般。供应商 A 提出的报价如下：

表4-6

供应数量	单 价
1～10 000 件	单价5.90元
10 001～20 000 件	单价3.92元
20 000 件以上	单价2.92元

交货期约10周，以上报价不包括每件0.12元的运输成本。

供应商B距离东风工具公司400公里，相对来说是粉末冶金领域的新手，但B公司最近聘请了一位该领域的经验丰富的专家。东风工具公司过去与供应商B在其他领域合作得很愉快，生产的产品也令人满意。

供应商B要求放宽几个尺寸的公差要求，因为其工人不能按照指定的公差加工。但是东风工具公司的工程师认为，要发挥凸轮的关键作用就必须按原定公式差制造。该信息反馈给供应商B后，供应商B表示退出报价。

第三个是供应商C。东风工具公司以前没有同供应商C做过生意，但这次希望它就凸轮报价。供应商C是某个大型汽车公司的一个附属公司，在技术上有很好的声誉。该汽车公司正考虑在汽车生产线上采用几个粉末金属零件。供应商C的报价如下：

表4-7

供应数量	单 价
1～10 000 件	单价3.24元
10 001～20 000 件	单价3.34元
20 000 件以上	单价2.88元

交货期为10周。供应商C距离东风工具公司900公里，每件需运费0.12元。

东风工具公司的采购经理觉得有必要再次努力争取供应商B的报价，因此，采购经理亲自和供应商B讨论这一问题，并且了解该厂能够进一步提高中心孔的精度，这样几乎可以保证凸轮外径表面的累积误差满足指定的公差要求。工程部同意相应修改零件图，允许凸轮表面适当放宽公差要求。在这个基础上，供应商B提出如下报价：

表4-8

供应数量	单 价
1～10 000 件	单价7.70元
10 001～20 000 件	单价5.35元
20 000 件以上	单价3.88元

交货期为10～12周，另外每件还需运费0.05元。

至此，报价全部收到，同时机器其他零件的制造也都有了保证，最终装配安排在12周之后。

评审以上三个报价，很明显供应商 B 的成本相对较高。采购经理电话通知供应商 B，要求其对成本进行复审。修改后的报价单如下：

表4-9

供应数量	单 价
1~10 000 件	单价7.20元
10 001~20 000 件	单价2.80元
20 000 件以上	单价2.12元

（2）采购总成本比较。

每个供应商的供货价格如下表4-10所示：

表4-10

	A 供应商供货价格（元）	B 供应商供货价格（元）	C 供应商供货价格（元）
1~1 000 件	5.90+0.12=6.02	7.20+0.05=7.25	3.24+0.12=3.36
1 001~2 000 件	3.92+0.12=4.04	2.80+0.05=2.85	3.34+0.12=3.46
2 000 件以上	2.92+0.12=3.04	2.12+0.05=2.17	2.88+0.12=3.00

（3）结论。

从计算的结果可以得出，当公司这个独特的凸轮部件的需求量小于 10 000 件时，选择供应商 C；当公司对这个独特的凸轮部件的需求量大于 10 000 件时，应选择供应商 B。

但是，无论选择 B 供应商还是 C 供应商都存在一定的风险。选择 C 供应商时，因为 C 供应商是第一次合作，所以可能带来如交货期、质量等因素不确定的风险；选择 B 供应商时，虽然 B 供应商是多次合作伙伴，但交货期为 10~12 周，带来时间的不确定，可能造成库存增加，加上 B 供应商是该领域新进入者，技术需改进才能达到要求，也可能存在质量或技术上的风险。

本章小结

采购是一个供应链管理的源头环节，它是供应链管理绩效的制约因素，所以越来越多的企业重视自己在供应链环境下的采购管理。在本章中，我们介绍了传统的采购模式存在的问题，探讨了供应链环境下的采购策略，在 JIT 采购思想的指导下，重点介绍了供应商管理的重要性和有效评价选择供应商的方法。

关键术语

采购（Purchasing）

伙伴关系（Partnership）

准时采购（Just in Time Purchasing，JITP）

供应商管理（Supplier Management，SM）

供应商选择（Supplier Selection，SS）

复习思考题

1. 简述采购的定义，举例说明采购的过程。
2. 传统采购模式的主要特征有哪些？
3. 供应链采购模式与传统采购模式的区别有哪些？
4. 简述 JIT 采购的意义、特点和原则。
5. 调查了解我国 JIT 采购的现状，与国外的差距表现在哪些方面？

讨论案例

戴尔公司采购变革

众所周知，在竞争激烈的 IT 行业，想要生产和壮大并不容易。戴尔公司自创立以来就伴随着来自众多对手的竞争。在个人计算机供应领域，有惠普、联想等公司。2011 年，戴尔公司的全球占有率为 11.6%，排在第三位，而惠普和联想公司则分别是 17.7% 和 13.5%，分居第一、第二位。但随着苹果平板电脑的异军突起，传统计算机销售空间受到了巨大的冲击。为了提高竞争力，戴尔也计划着推出自己的平板电脑，并且戴尔公司也在积极寻求业务转型，进一步将业务重点从消费者转向企业。戴尔公司首席执行官迈克尔·戴尔表示，戴尔公司不再是一家个人电脑公司，而且转型成为一家销售针对企业的服务和产品的公司。但戴尔公司现在依然是全球个人电脑供应商的三大巨头之一，其成功自有它的过人之处。戴尔公司按照客户要求制造计算机，并向客户直接发货，使戴尔公司能够最有效和明确地了解客户需求，继而迅速做出回应。这个直接的商业模式消除了中间商，这样就减少了不必要的成本和时间，让戴尔公司更好地理解客户的需要。20 多年以来，戴尔公司革命性地改变整个行业，使全球的客户包括商业、组织机构和个人消费者都能接触到计算机产品。由于被业界接受的戴尔直接模式，信息技术变得更加强大，易于使用，价格更能接受，从而为客户提供充分利用这些强大的、全新工具的机会，以改善他们的工作和生活。

戴尔变革前存在的问题：

戴尔公司的前期采购模式主要是采取 ERP 管理技术，零部件制造供应商的分布和比重散乱，供货商为争抢订单而盲目杀价、忽视研发的不良风气严重。而那些较大的零部件商也一直担心自己的订单会轻易被对手低价抢走，从而过度削减成本，降低研发费用和部件的制造品质。在传统的采购模式中是为库存采购，采购的目的就是为了补充库存，即为库存而采购，采购过程缺乏主动性，采购计划较难适应需求的变化。

另外，戴尔公司刚开始采购的重点放在如何和供应商进行商业交易的活动上，特点是比较重视交易过程中供应商的价格比较，通过供应商的多头竞争，从中选择价格最低的作为合作者。虽然质量、交货期也是采购过程中的重要考虑因素，但在传统的采购方式下，质量、交货期都是通过事后把关的办法进行控制（如到货验收等），而将交易过程的重点放在价格的谈判上。因此，在供应商与采购部门之间要经常进行报价、询价、还价等来回的谈判，并且多头进行，最后从多个供应商中选择一个价格最低的供应商签订合同，订单才算决定下来；而且决策上多追求眼前利益，供需关系是临时的或短期合作的关系。

戴尔对供应商的选择综合考虑了以下几个方面：

1) 环保与员工福利：戴尔公司非常注重自身的环保和员工的福利待遇，所以戴尔公司也希望同其合作的供应商能够注重环保并且很好地对待自己的员工。这是一个基本前提。

2) 成本领先：戴尔公司会将供应商与其他同类型的供应商做比较，看其在成本上是否具有优势。

3) 技术产业化的速度：供应商的生产技术水平怎样，能否把新的技术迅速形成规模化的量产？

4) 持续供应能力：戴尔公司会从供应商的财务能力、现在跟哪些厂家合作、供货的情况怎样、能够做到几天的库存量等方面来考察供应商是否有很好的持续供应能力。

5) 服务：供应商能否满足戴尔公司在服务方面的需求也是很重要的。

6) 品质：这是最核心的因素。戴尔公司会对供应商的产品品质在不同的环境进行评测，既会在供应商的工厂里，也会在戴尔的工厂里，还会在客户使用的环境里进行评测，来保证产品的品质。

另外，戴尔对供应商管理也实现了以下变革：一是保证供应商供应的连续性，也就是戴尔公司在需要原料的时候供应商能够按照戴尔公司的需求及时送到。二是保证供应商在生产成本方面有一定的领先性。戴尔公司需要持续地降低在原材料方面的成本以便给客户带来更多的价值。三是要保证供应商产品的品质。

与供应商建立战略联盟关系：在戴尔公司眼里，供应商是自己的同盟和助手。戴尔会把好的东西毫不吝啬地传授给供应商，以此与供应商建立战略联盟关系。

戴尔实行变革后，采购模式发生了以下转变：

1) 从为库存采购到为订单采购的转变。在供应链管理模式下，采购活动紧紧围绕用户需求而发出订单，因而不仅可及时满足用户需求，而且可减少采购费用，降低采购成本。

2) 从内部资源管理向外部资源管理的转变。在供应链管理模式下，转向对外部资源及对供应商和市场的管理，增加了与供应商的信息沟通和市场的分析，加强了与供应商在产品设计、产品质量控制等方面的合作，实现了超前控制、供需双方合作双赢的局面。

3) 从一般买卖关系向长期合作伙伴关系甚至是战略协作伙伴关系的转变。在供应链模式下，与供应商建立长期合作伙伴关系甚至是战略协作伙伴关系，共享库存和需求信息，共同抵御市场风险，共同研究制定降低成本的策略，把相互合作和双赢关系提高到全局性、战略性的高度。

资料来源：http://www.21cn.com.cn/company/20114011.html

思考题

1. 结合案例，讨论戴尔公司采购改革前存在哪些问题？
2. 针对上述问题，对戴尔公司采购提出自己的建议。

第 5 章

供应链生产计划与控制

学习目标

- 了解供应链计划系统，及生产计划与控制的内容
- 理解供应链管理下生产计划与控制的特点
- 掌握生产计划与控制系统模式

【引导案例】

"老乡鸡" 供应链管理与控制

老乡鸡餐饮有限公司（以下简称"老乡鸡"），是一家成功的中式快餐企业。在安徽全省，"老乡鸡"的规模甚至超过了肯德基和麦当劳。这家以鸡为主打菜肴、和洋品牌针锋相对的快餐企业不仅 2012 年销售额首次接近 10 亿元，并且已经拥有了 200 多家连锁店。

这到底是一家什么样的企业？它是怎样管理和经营的？对于一只鸡的全产业供应链控制是如何做到的？在运输和配送环节是如何控制产品的质量稳定的？

一、从孵化鸡专业户开始的快餐企业

"老乡鸡"创始人、董事长束从轩是从孵化鸡专业户开始起家的。束从轩在经历过多次失败后，孵化事业终于一步步做大。20 世纪 90 年代，他开始了养鸡事业，并拓展到销售土鸡和土鸡蛋。

和其他洋式、中式快餐不同，"老乡鸡"集团的业务包括从源头开始的整个产业链。其核心公司有养殖公司、负责屠宰和中央厨房制作的加工公司、餐饮公司、销售肥西老母鸡活鸡和鸡蛋的销售公司，以及一家以养殖基地为依托、以观光餐饮为内容的肥西老母鸡家园有限公司。

从 40 多家店两年多发展到 200 多家店，剧变的关键点在于引入职业经理人，"老乡鸡"总裁李健原来是福记食品的高管，2010 年 7 月来到这家公司，从培训管理人员开始，逐渐成为公司的总裁，为推动公司标准化、正规化出谋划策。更大的变化来自于国际咨询公司的介入。一家偏居内地合肥的地方性餐饮企业，却选择了知名国际咨询公司特劳特（中国）战略定位咨询有限公司做全盘设计，为此耗资 3 000 万元。而在将"肥西老母鸡"更名为"老乡鸡"并变更 logo 之后，公司连锁店的数量也由方案实施前 2012 年 3 月的 134 家猛增至 217 家。

二、"两段式"养殖确保上游质量

研究肯德基、麦当劳的鸡种和"老乡鸡"的鸡种，一眼就可以看出后者明显的劣势。肯德基、麦当劳所用的白羽鸡是典型的肉鸡，来自国外优秀的育种公司。这种鸡的特点就是生长周期快、肉质丰富。白羽鸡生长45天就可以被屠宰，而肥西老母鸡的生长周期为180天，仅此一项，肥西老母鸡的生长成本就是前者的4倍。

不仅如此，两者用相同饲料的情况下，长肉的效率也有着天壤之别。白羽鸡每吃2斤饲料就可以长1斤肉，而肥西老母鸡需要吃4~5斤饲料才能长1斤肉。如果按两个因素简单叠加计算，肥西老母鸡的生长成本有可能高出白羽鸡10倍。

还有一点就是食品安全上的差异性。白羽鸡是外来育种的鸡，而肥西老母鸡属于本地土鸡，中国有30多种本地土鸡，比如麻黄鸡等，这些土鸡无一例外，生长周期都要大大长于白羽鸡。但是，正因为生长周期长、发育均衡，国内优质的土鸡相比白羽鸡适应能力强，对疾病的抗疫性能强。

更重要的是养殖方式。老乡鸡集团的肥西老母鸡采用"两段式"养殖，具体地说，就是在180天的生长周期中，交给农户散养120天，而企业回收鸡种饲养最后的60天，在这60天中注意禁药、补充营养、保持健康。

三、标准化+严厉的奖惩措施

老乡鸡集团总裁李健原先是福记食品高管，2010年7月"空降"到"老乡鸡"，刚一加入就负责店面的运营、培训管理人员。

"食品安全管理体系实际上是一套预防性的体系，对'老乡鸡'来说，它承担着非常重要的作用。"

"老乡鸡"这套食品安全体系是依据ISO22000建立的，这也是目前国际上流行的对餐饮企业的管理办法。而要实现这套管理体系，两个先决条件必不可少，这就是卫生标准操作程序和良好操作规范，后者对企业的环境卫生、生产、工艺和人员都有具体、严格的要求。

标准化是连锁快餐企业的重要特征，甚至炊具也要标准化。目前"老乡鸡"的标准化程度可以做到60%，相比肯德基还有一定差距，而肯德基在所有流程上标准化程度可以达到90%。

"老乡鸡"的所有店铺都是直营，得益于标准化，每个店铺投资的直接成本差异可以控制在0.5%以内。由于每个连锁店大厅都安装了监控设备，在总部的监控室里可以通过屏幕随时看到217家店的实际运营情况。

在"老乡鸡"，品质管理部门每个月20多名品质监管人员要对200多家店一一巡视，频率为一个月两到三次，每次对各个店排名的最后一名严格实行末位淘汰。所谓末位淘汰，就是将品质管理最差店的店长直接降为服务员，最少3个月内拿服务员的工资。同时，管理这名店长的区域督导负连带责任，被降为店长。在"老乡鸡"，一名区域督导至少负责管理10家以上的连锁店，这一职位对应于肯德基的区域经理、麦当劳的营运督导。

四、"三表合一"，杜绝作假

品质监管人员每到一个店里监督，一方面要考察员工的现场操作有没有问题；另一方面要查看上一个阶段运营的全部记录。一次查店一般需要两个多小时。

这些记录包括各个关键点的操作记录，包括各种温度等。各种温度是标准化餐饮企业必须严格控制的一环，比如食品的冷藏温度被要求在6℃以下，冷冻温度被要求不超过-10℃。

还有凉菜间的温度，被要求不能超过25℃。这个温度要求一天24小时如此，如果夏天停电，凉菜间的菜品就必须放入冰箱。菜品加热的温度更为重要，按照规定，加热时菜品中心温度不得低于85℃，一般要在100℃以上。此外，还有杀菌要求，操作间一天要用紫外灯杀菌3次，时间都要记录在案。

"老乡鸡"很难弄虚作假，因为有一套"三表合一"的考察制度。为防止浪费，每个时段做多少菜有一套"生产计划表"，菜品做成后，时间要记录进一个"保存表"，保存时间一个小时或者90分钟甚至更久，视菜品不同而定。而菜品超过规定的保存时间还没有销售出去，就要倒掉，记录进"报废表"。

相关人员在检查时，3个表共查，因为3个表的记录是捆在一起的，并被记录入一套被称作"成本卡"

的软件。如果你做了 100 份菜，而 3 个表的结果有出入，是 99 份，就要解释少的那份哪去了；是 101 份，就要解释为什么多了 1 份，这让作假很难。

五、运输过程置于严格监控之下

在"老乡鸡"的整个产业链中，有一个承上启下的重要环节，这就是承担菜品主要制作任务的中央厨房。而这个中央厨房，是由原来的屠宰加工厂发展而来的。

建立中央厨房主要有四个目的，首先是为了标准化的需要；其次是为了节省人力成本；另外一个原因，是为了减少店面后堂的面积；最后一个，是为了提高卫生水平。中央厨房在快餐连锁企业的标准化体系中居于重要位置，它能让各个店的操作减少到最少。因为有了中央厨房，"老乡鸡"各个店没有一个大厨，各个店后堂的工作就是把生产好的半成品"蒸"一下或者"炖"一下，这和主要靠"蒸"来实现标准化的中式快餐企业"真功夫"有异曲同工之妙。

在中央厨房，"老乡鸡"有十几个质量管理部门的员工现场监控各道环节。屠宰之后鸡肉必须预冷，也就是温度降到 4℃ 左右，大约需要 20 分钟，这个温度和时间必须严格控制。

"老乡鸡"的中央厨房辐射范围是 500 公里，依靠冷藏运输车，本省的网点，2~3 个小时可以运到，最远的位于上海的餐馆，6 个多小时也能运到。

正因为有了中央厨房，运输流程也成为了"老乡鸡"全产业链上需要监管的重要一环。运输上是统一配送，公司有 70 多辆车，其中一半是运送食品的冷藏车，这些车辆都靠 GPS 定位系统进行精确的监督。

车辆按照运送的远近都有时间规定，中间是否绕路，是否停留时间过长，总部都能够通过监控系统看到。如果时间超过了限度，就必须对产品进行处理。比如，"老乡鸡"在上海有 18 家店，每天需要供应 1 000 只鸡（制成半成品），如果冷藏运输车 8 个小时没有到上海，就是超过时间规定。而超过时间规定鸡肉会发生变化，因此必须对鸡肉进行处理。为了保证监管，每只鸡腿上都有腿环，直到店面人员收货才能打开，运输过程中，其他任何人无权打开。

（资料来源：《中国经营报》作者：刘腾 2013 – 03 – 02）

5.1 供应链计划

在供应链计划管理过程中，主要运作环节之间的相互协作至关重要。为了满足客户需求并有效配置和管理资源，需求计划反应、客户关系管理、订单履行/服务输出、定制生产、供应商关系管理、生命周期支持以及逆向物流等环节必须协同运作。

5.1.1 供应链计划管理的原因

（1）供应链的可见性。

开发计划系统的第一个原因是对供应链库存和资源位置及状态的可见性的要求。可见性并不仅是对供应链中的库存和资源进行追踪，而且还要对可用资源的信息进行评价和管理。例如，在任何时间点，制造商有数以千计的货物在运输途中，全球有数百个地点存储货物。仅仅识别出所有位置的运输货物的库存是不够的，供应链的可见性还要求对资源或作业计划进行管理，以避免潜在的问题出现。

在 20 世纪 90 年代早期的波斯海湾战争中，尽管美国与它的同盟国证实了有效的军事计划和技术能够带来收益,但是国防部也意识到它的物流和供应链系统执行的标准并不相同。物流绩效差的主要原因是供应链的可见性低。由于安全和其他原因,国防部与它的服务提供商没有开发整合信息系统来记录和识别库存状态或地点。在每个军种(陆军、海军和空军)和物流服务提供商(如国防后勤局)之间,只有最小限度地整合,这种物流整合在历史上并没有引起很大的关注。由于缺少整合,并且担心潜在的敌人通过侵入跟踪系统或监控行动而取得优势,因此 1991 年美国和它的盟国并没有取得预期的效果。

对在途库存和预期到达时间的可见性的限制将导致可提供的产品会有巨大的不确定性。由于不能确定存在,这样会造成额外的库存和库存不足的情形。尽管没有任何军队能够容忍供应不足,但是库存过剩的成本很高,并且也浪费了大量的重要资源。

(2) 资源的同步考虑。

一旦计划系统通过可见性确定了资源状态和可提供的资源,那么开发计划系统的第二个原因是需要综合考虑供应链需求、能力、物料需求和约束。供应链需求反映的是客户对产品数量、交货期以及交货地点的要求。其中,一些客户需求可能需要经过协商后才能确定,物流必须按照达成一致的要求和标准执行。

满足客户需求的约束有物料、生产能力、库存和运输能力,这些代表运作和设施的有形约束。以前的计划方法通常是按照顺序考虑能力约束。例如,根据生产约束制订初始计划,然后根据物料和资源约束对初始计划进行调整;接下来考虑库存和运输约束对第二个计划再次进行调整。尽管制订计划的流程和顺序可能有区别,但是这种按照顺序制订计划的方法会导致制订出的计划不是最优的,并且也不能最优地利用各种能力。

要取得最优的供应链绩效,必须同步考虑相关的供应链需求和能力约束,以便在某些职能的成本(例如生产成本或库存成本)增加时能够很好地进行权衡,这样才有可能实现系统总成本最低。一个计划系统必须能够对这种权衡进行量化评价,并提出使总体绩效最优的计划。

(3) 资源的利用率。

物流和供应链管理决策对许多企业资源都有影响,包括生产、分销设施与设备、运输设备和库存。这些资源消耗了企业的大部分固定资产和流动资产。正如计划系统中的例子一样,职能管理者关注的焦点是他的职责范围内的资源利用率。例如,生产管理者的目标是在生产中最少使用车间和设备。这样就会造成较长的生产周期以及最少的准备时间和设备转换时间。但是,较长的生产周期通常会产生更多的产成品库存,因为实际生产的数量比计划生产的数量要多。额外的库存增加了需要的流动资产和存储空间,延长的生产周期要求长期地、更加准确地市场预测。

当进行职能资源权衡时,推动开发计划系统的最后一个原因是需要使用协调的方法,在实现服务需求的同时,最少地使用供应链的资源。当总资产利用率对供应链和企业绩效非常重要时,这是一种至关重要的能力。

有效的计划要求整合所有信息系统,以便为管理者制定决策和提供数据。目前越来越多的计划将技术和管理过程融合在一起,我们称之为生产计划与控制(S&OP)。下面一节说明了同生产计划与控制有关的一些冲突,并描述了主要流程和系统构成。

5.1.2 供应链计划系统

供应链计划系统的数量和范围都在不断增加，这些应用系统简化了供应链计划中范围更大的活动和资源方面的安排。然而，不同的应用系统适用于不同的计划环境。一般来说，这些应用系统包括需求计划、生产计划、物流计划。

（1）需求计划。

由于提供的产品和市场营销策略日益复杂，再加上产品的生命周期不断缩短，企业在制定库存需求时要求具备更高的准确性、灵活性和一致性。需求管理系统试图为企业提供这种能力。

需求管理对预期的供应链流程进行预测，要求对每月、每周甚至每天的生产和库存需求进行预测。预测结果一部分是根据预期的客户需求下达的未来订单，还有一部分是基于历史数据预测的需求。从本质上说，需求管理过程综合考虑了两个方面：一是根据历史数据进行预测；二是考虑了其他一些信息，这些信息与影响将来销售的活动有关，例如促销计划、价格变动和新产品引进，从而得到一份尽可能完整的需求。

需求管理过程还关注预测需求保证多种产品和多个仓储设施之间的一致性。有效的整合管理要求企业对每种产品和每个仓储设施都有一个准确的预测。这个总体需求必须与各部门和整个公司的销售与财务计划保持一致。需求管理系统是生产计划与控制中的信息技术组成部分，其目标是制定不受约束的市场计划。需求管理系统首先进行一个基本预测，然后再结合一些因素进行调整，如产品生命周期、分销渠道的变化、订价和促销策略，以及产品组合变化。需求管理系统必须使每个仓库和产品的独立预测及详细的物流计划与总体的产品组群及全国的计划相一致。例如，各配送中心的销售量之和应该与全国的总体销售计划相符。同样，每种产品的需求水平应该根据相关产品的活动进行调整。例如，当引进一种新产品时，市场中原有产品的需求应该减少；在某种产品的代替品的促销期间，该产品的需求也应该调整。

（2）生产计划。

生产计划是根据需求管理中制定的需求报告，同时考虑生产资源和约束得出的一套可行的制造计划。需求报告说明了何时需要何种产品。尽管现在按订单生产（MTO）和按订单装配（ATO）的生产方式日趋流行，但由于生产能力和资源的约束，这些响应型的运作方式有时候不可能实现。设施、设备和劳动力的可获得性就会造成一种局限。

生产计划使需求计划与生产约束相匹配。生产计划的目标是在所有约束的条件下，以最小的总生产成本满足必要的需求。有效的生产计划在设施、设备和劳动力约束的条件下，对生产进行时间上的安排，及时生产出正确的产品。生产计划需要确定哪些产品应该提前生产，以便在生产约束的条件下实现库存最小。

（3）物流计划。

物流计划模块的作用是协调企业内部以及供应链伙伴之间的运输资源、仓储资源和库存。以前，在努力降低采购和产成品运费方面，企业各部门各自为政：采购部门只与自己的供应商和进货承运人协作努力减少原材料运输成本；物流部门只与自己的客户和分销承运人进行合作，减少企业的产品配送成本；另一管理观点考虑到国际货运，认为各个部门片面地从运输角度来考虑问题通常会导致规模经济效益较少，信息共享程度有限，相对地增加了运输费用。

在运作决策支持系统中，物流计划模块综合考虑了运输需求、运输资源和相关成本，因此可以实现总运输费用最小的目标。物流计划模块的分析结果可能会提出在多个承运商之间转移货物的建议，或者实施集运方式以实现规模经济。分析结果还可能指出企业与供应商、其他服务商之间如何更好地进行信息共享，以提高资源利用率。

物流计划对于企业资源的有效利用是非常关键的。以前，由于缺少全面而精确的物流和供应链计划工具，企业生产能力、仓储能力和运输能力资源利用率低下等问题，这些问题一直无法得到有效解决。由于人们对资产利用率的关注度越来越高，随着信息管理能力和决策能力及技术的飞速发展，全面的计划系统已经成为了现实。

有效的计划系统既需要信息系统提供数据，也需要管理者做出决策。接下来将要讨论的是生产计划与控制系统的应用要点、系统处理过程以及系统组成模块。

5.2 生产计划与控制

5.2.1 生产计划与控制的内容

（1）制订生产作业计划期量标准。

期量标准是为了合理组织企业生产活动，在生产产品或零部件数量和生产期方面规定的标准。有了标准的期和量，编制生产作业计划，组织生产过程中的物流就有了科学的依据。这对于提高生产过程的组织水平，实现均衡生产和改善生产的经济效益都有积极的作用。

（2）编制生产作业计划。

将生产计划在时间、空间和计划单位上进一步细分，根据生产计划的要求，具体地规定：做什么？何处做？谁去做？什么时间做？中间环节和结果怎样控制？通过生产作业计划的编制，把生产计划变成全厂职工为了实施计划目标而互相协调配合、紧密衔接的行动。

（3）生产现场管理。

生产现场是劳动者利用劳动手段对劳动对象进行加工的场所。生产现场的有效管理，是实施生产作业计划、实现均衡生产的重要保证，同时也是生产流程的优化与再造的依据。生产现场管理的主要内容包括：

1）生产作业准备和服务。即按照生产作业计划要求的时间和数量，将生产所需的原材料、半成品、设备、工艺装备、能源、辅助材料等准备好，准时地配送到生产现场，及时排除临时发生的故障。生产的成品、废品和废料要及时运送和清除。

2）生产现场的布置。设备、工具箱、在制品、使用的工具的布置要符合工艺流程和便于操作，节省体力和时间；原材料、半成品的堆放、运送和拿取要符合文明生产和人机工程的要求；通风、照明、温湿度、噪声、粉尘、色调以及某些特殊要求等要符合劳动保护和人机工程的要求。

3）生产任务的临时调配。生产中发生各种干扰因素后（如设备事故、工人缺勤、质量事故、停电、待料等），要采取果断措施，临时调配生产，以保证生产计划的完成。

4）鼓励职工的劳动热情。从现场生产工人干活的速度、干劲、表情、态度等，可以最直接地观察到工人劳动情绪的高低。基层的生产管理者要理解工人，体贴工人所遇到的种种欢乐和幸福、苦恼和困难、忧愁和不幸，并用自己的实际行动鼓舞职工的劳动热情。

5) 生产控制。产品的生产过程由于受到内部和外部、主观和客观、技术和管理等各种因素的影响，实际的进程与预定的计划在时间、数量、质量等方面可能发生偏差。生产控制就是要通过各种生产信息的反馈，检查和发现实际与计划的偏差，并及时采取措施使生产过程恢复正常状态。生产控制的主要内容包括生产进度控制、生产能力控制、在制品的控制等。

6) 通过生产现场管理，可积累丰富的经验和数据，对生产过程的优势与不足有深刻的认识，对生产流程的优化或再造会有独到的见解。在实施生产流程的优化或再造时，一线生产管理的经验是重要的依据之一。所以，生产现场管理应注意收集现场生产管理的经验和数据，为生产流程的优化与再造奠定良好的基础。

5.2.2 供应链管理下生产计划与控制的特点

5.2.2.1 供应链下的生产计划与控制

在供应链中，以核心企业为龙头，把各个参与供应链的企业有效地组织起来，优化整个供应链企业整体的资源，以最低的成本和最快的速度生产最好的产品，迅速地满足用户需求，达到快速响应市场和用户需求的目的，这是供应链企业计划根本的目的和要求。

供应链下的计划与控制需要考虑以下几个方面的问题：

1) 供应链企业计划方法与工具。主要包括 MRPII、管理 JIT、DRP/LRP。

2) 供应链企业计划优化方法。主要采用 TOC（Theory of Constraint）理论，线性、非线性规划和混合规划方法，随机库存理论与网络计划模型。

3) 供应链企业计划类型。根据供应链企业计划对象和优化状态空间，有全局供应链计划和局部供应链计划。

4) 供应链企业计划层次性。根据供应链企业计划的决策空间，分为战略供应链计划、战术供应链计划和运作供应链计划三个层次。

(1) 生产计划同步化。

在当今买方市场环境下，制造商必须具有面对不确定性事件及时修改计划的能力。要做到这一点，企业的制造加工过程、数据模型、信息系统和通信基础设施必须无缝地连接且实时地运作，供应链同步化计划的提出是企业最终实现敏捷供应链管理的必须选择。供应链企业的同步化计划使计划在修改或执行中遇到的问题能在整个供应链上获得共享和支持，物料和其他资源的管理是在实时的牵引方式下进行的。

供应链企业同步计划可通过改进制造资源计划（Manufacturing Resource Planning，MRPII）或在企业资源计划（Enterprises Resource Planning，ERP）中加入新技术，充分利用开放系统的概念和集成工具来实现。同时，同步化计划能够支持供应链分布、异构环境下"即插即用"的要求。但要实现这一点，必须使供应链中的信息达到同步共享。建立在电子数据交换/互联网技术（EDI/Internet）之下的供应链信息集成平台，为供应链企业之间的信息交流提供了共享窗口和交流渠道，同时保证了供应链企业同步化计划的实现，如图 5-1 所示。

供应链企业同步化计划的提出，是为了挑战供应链运行中的约束。供应链运行的约束有来自于采购的约束、来自于生产的约束，也有来自于销售的约束。这些约束的不良后果会导致"组合约束爆炸",因此要实现供应链企业的同步化计划,一方面要建立起不同的供应链之间的有效通信标准,如 CORNA 规范、基于因特网的 TCP/IP 协议等,使其具有信息交流和协作功能,也有独立的自主功能。当供应链的整体利益和各个代理的个体利益发生冲突时,必须快速协商解决,否则供应链的同步化难以实现。因此,建立分布的协调机制对供应链同步化计划的实现是非常重要的。

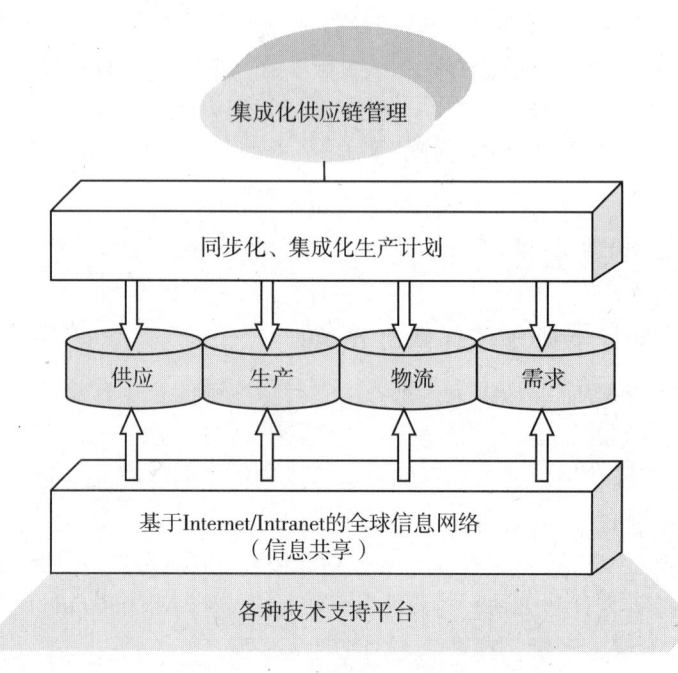

图 5-1 供应链下的企业同步化计划

要实现供应链的同步化计划,必须建立起代理之间的透明的合作机制。供应链企业之间的合作方式主要有同时同地、同时异地、异时同地和异时异地四种情形,因此供应链企业的合作模式表现为四种模式:同步模式、异步模式、分布式同步模式和分布式异步模式。基于多代理的供应链组织管理模式由传统的递阶控制组织模式向扁平化网络组织过渡,实现了网络化管理。

(2) 物料需求计划。

物料需求计划(Material Requirement Planning,MRP)是 20 世纪 60 年代产生的库存管理方法,它是利用计算机编制材料物资需求计划的一种方法。在每一个制造企业中,一种产品往往由多种部件组装而成,每种部件又是由多种零部件和原材料制造而成,这样的产品和零部件及原材料用品之间就构成相互依赖的联动需求关系。物料需求计划就是将这种联动需求关系纳入计算机系统,由计算机系统编制企业的物料需求计划。

推行 MRP 能很好地协调与优化企业内部的供应链活动,使企业的生产活动作业如采购、订单处理、后勤、仓储,以及预测、计划、管理与控制等管理活动得到非常好的整合。

1) 基本流程。MRP 系统输入的主要信息是企业的主生产计划,以及与材料物资相关的存货记录和产品、部件用料清单,输出信息即为物资需求计划。输入、输出信息如图 5-2 所示。

```
        ┌─────────┐         ┌─────────┐
        │主生产计划│         │其他物料需求│
        └────┬────┘         └────┬────┘
             │                   │
             ↓                   ↓
┌────────┐  ┌──────────┐      ┌──────────┐      ┌──────────┐
│存货记录 │→│MRP系统处理│←─────│材料用量清单│←────│产品及生产设计│
└────────┘  └─────┬────┘      └──────────┘      └──────────┘
                  ↓
            ┌──────────┐
            │物资需求计划│
            └──────────┘
```

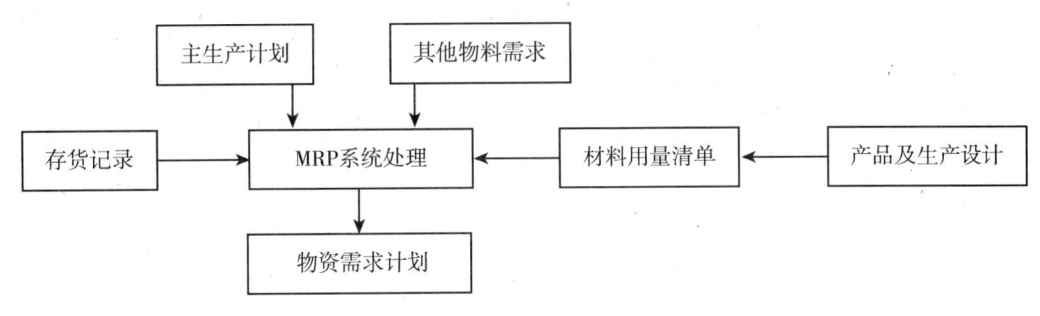

图 5-2　MRP 系统输入/输出信息示意

根据图 5-2，物料需求计划的实施通常有以下步骤：

a. 预计最终产品的需求量；

b. 列出每种产品生产需要原材料、零部件的清单；

c. 考虑生产提前期，确定生产和采购的批量和时间；

d. 确定每一种生产工序生产数量和材料的采购量；

e. 最后计算出全部材料物资采购数量和采购时间计划。

2）物料需求计划特点。MRP 与传统的库存管理相比具有以下特点：传统的库存管理用单项确定方法解决生产中材料物资的联动需求，难免相互脱节，采用人工处理，工作量大；用 MRP 系统规划联动需求，使各项材料物资相互依存、相互衔接，使需求计划更加客观可靠，也大大减少了计划的工作量。

实施 MRP 要求企业制订详细、可靠的主生产计划，提供可靠的存货记录，迫使企业分析生产能力和对各项工作进行检查，将计划做得更细。MRP 系统提供的材料物资需求计划是企业编制资金需求计划的依据。

当企业的主生产计划发生改变，MRP 系统根据主生产计划的最新数据进行调整，及时提供材料物资联动需求和库存计划，企业可以据此安排相关工作，采用必要的措施。

MRP 系统对于材料物资种类繁多、多层次联动需求的制造型企业，使用效果尤其显著。因为材料种类多，联动需求层次重叠，人工编制材料需求计划工作量难以想象，生产计划若有变化，更无法做出及时反应。

当然，物料需求计划虽然对采购什么、何时采购进行了精确的计划，仍然需要事先确定提前期、订货批量、安全库存等，没有将生产经营过程的其他方面与库存管理联系起来，仍难免导致库存积压、形成运送、等待等方面的浪费。

5.2.2.2　供应链下的生产计划与控制特点

供应链环境下的企业生产控制和传统的企业生产控制模式不同，前者需要更多的协调机制（企业内部和企业之间的协调），体现了供应链的战略伙伴关系原则。供应链环境下的生产协调控制包括以下几个方面的内容。

(1) 生产进度控制。

生产进度控制的目的在于依据生产作业计划，检查零部件的投入和出产数量、出产时间和配套性，保证产品能准时装配出厂。供应链环境下的进度控制与传统生产模式的进度控制不同，因为许多产品是协作生产和转包业务的结果，和传统的企业内部的进度控制比较来说，其控制的难度更大，必须建立一种有效的跟踪机制进行生产进度信息的跟踪和反馈。生产进度控制在供应链管理中有重要作用，因此必须研究解决供应链企业之间的信息跟踪机制和快速反应机制。

（2）供应链的生产节奏控制。

供应链的同步化计划需求解决供应链企业之间的生产同步化问题，只有各种供应链企业之间以及企业内部各部门之间保持步调一致时，供应链的同步化才能实现。供应链形成的准时生产系统，要求上游企业准时为下游企业提供必需的零部件。如果供应链中的任何一个企业不能准时交货，都会导致供应链不稳定或中断，供应链对用户的响应性下降，因此严格控制供应链的生产节奏对供应链的敏捷性是十分重要的。

（3）提前期管理。

基于时间的竞争是20世纪90年代一种新的竞争策略，具体到企业的运行层，主要体现为提前期的管理，这是实现快速客户响应（Quick Customer Responce，QCR）、有效客户响应（Effective Customer Responce，ECR）策略的重要内容。供应链环境下的生产控制中，提前期管理是实现快速响应用户需求的有效途径。缺乏对供应商不确定性的有效控制，是供应链提前期管理中的一大难点。因此，建立有效的供应提前期的管理模式和交货期的设置系统，是供应链提前期管理中值得研究的问题。

1）供应链提前期压缩的重要意义。具体包括以下几点：

a. 可以更好地实现供应链管理的目标；

b. 可以减少供应链非增值过程；

c. 可以提高供应链需求预测的准确性；

d. 可以避免供应链销售损失；

e. 可以减轻供应链中的"牛鞭效应"。

2）供应链提前期的构成分析。供应链提前期由采购提前期、制造提前期、发运提前期和交货提前期等构成，如图5-3所示。

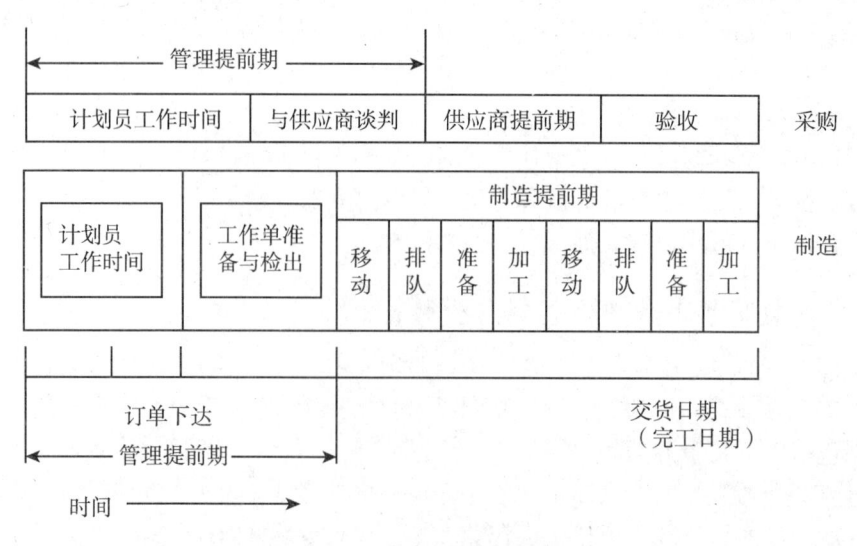

图5-3 供应链提前期构成

a. 采购提前期。采购提前期一般由采购预处理提前期、采购处理提前期、采购后处理提前期组成。采购预处理提前期是决定采购订单发出之前的处理过程的时间，包括报价、确定供应商、商务谈判、签订订单、审批合同等过程。采购处理提前期是从供应商接受订单及发货到指定地点的时间，它一般包括采购、制造、发运等提前期。采购后处理提前期是从接收地收货、点数、检验到接受入库的时间。

b. 制造提前期。制造提前期一般由制造预处理提前期、制造提前期和制造后处理提前期构成。制造预处理提前期一般由库存时间、备料时间等构成。就一个工序或工位而言，制造提前期是在某个工序或工位上开始装具到加工完成拆卸下来的时间；就一批产品而言，制造提前期是指从加工该批产品开始到最后一件产品卸下加工设备的时间。制造后处理提前期是指检验、搬运等时间。

c. 发运提前期。发运提前期是从产品装车至运输到目的地的时间。

d. 交货提前期。交货提前期是从顾客订货到获得商品的时间。

从供应链提前期的构成中可以看到，在具体的每个提前期部分，又都包括两种提前期：物流提前期和信息提前期。从整个供应链的角度来看，物流提前期表现为从原材料到产成品并流向最终客户的时间，而信息提前期表现为向供应链上游反向传递信息的时间。

5.2.3 供应链下生产计划与控制的过程

（1）纵向和横向的信息集成。

这里的纵向指供应链由下游向上游的信息集成，而横向指生产相同或类似产品的企业之间的信息共享，如图5-4所示。

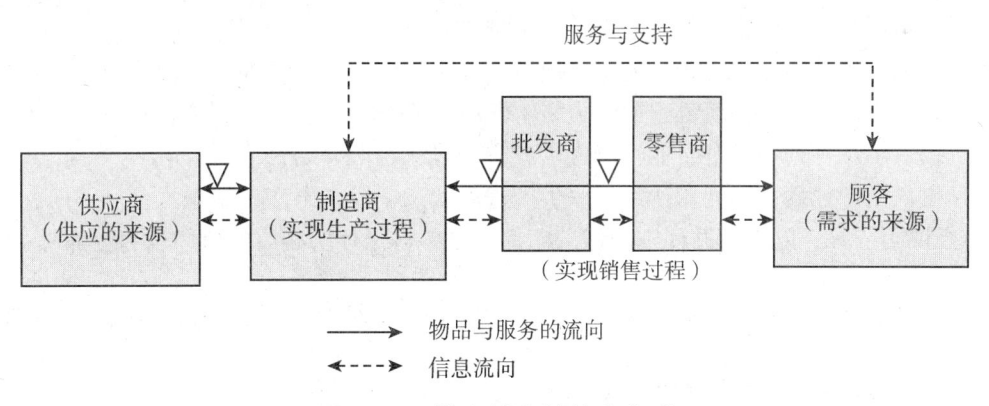

图5-4 供应链中的信息集成

在编制生产计划过程中，上游企业的生产能力信息在生产计划的能力分析中独立发挥作用。通过在主生产计划和投入出产计划中分别进行的粗、细能力平衡，上游企业承接订单的能力和意愿都反映到了下游企业的生产计划中。同时，上游企业的生产进度信息也和下游企业的生产进度信息一道作为滚动编制计划的依据，其目的在于保持上下游企业间生产活动的同步。

外包决策和外包生产进度分析，是集中体现供应链横向集成的环节。在外包中所涉及的企业都能够生产相同或类似的产品，或者说在供应链网络上是属于同一产品级别的企业。企业在编制主生产计划时所面临的订单，在两种情况下可能转向外包：一是企业本身或其上游企业的生产能力无法承受需求波动所带来的负荷；二是所承接的订单通过外包所获得利润大于企业自己进行生产的利润。无论在何种情况下，都需要承接外包的企业的基本数据来支持企业的获利分析，以确定是否外包。同时，由于企业对该订单的客户有着直接的责任，因此也需要承接外包的企业的生产进度信息来确保对客户的供应。

（2）生产能力的平衡。

在通常的概念中，能力平衡只是一种分析生产任务与生产能力之间差距的手段，再根据能力平衡的结果对计划进行修正。在供应链管理下制订生产计划过程中，能力平衡发挥了以下作用：

1）为修正主生产计划和投入出产计划提供依据，这也是能力平衡的传统作用。

2）能力平衡是进行外包决策和零部件（原材料）急件外购的决策依据。

3）在主生产计划和投入出产计划中所使用的上游企业能力数据，反映了其在合作中所愿意承担的生产负荷，可以为供应链管理的高效运作提供保证。

4）在信息技术的支持下，对本企业和上游企业的能力状态的实时更新使生产计划具有较高的可行性。

（3）生产计划的循环过程。

在企业独立运行生产计划系统时，一般有三个信息流的闭环，而且都在企业内部：

1）主生产计划—粗能力平衡—主生产计划；

2）投入出产计划—能力需求分析（细能力平衡）—投入出产计划；

3）投入出产计划—车间作业计划—生产进度状态—投入出产计划。

在供应链管理下，生产计划的信息流跨越了企业，从而增添了新的内容：

1）主生产计划—供应链企业粗能力平衡—主生产计划；

2）主生产计划—外包工程计划—外包工程进度—主生产计划；

3）外包工程计划—主生产计划—供应链企业生产能力平衡—外包工程计划；

4）投入出产计划—供应链企业能力需求分析（细能力平衡）—投入出产计划；

5）投入出产计划—上游企业生产进度分析—投入出产计划；

6）投入出产计划—车间作业计划—生产进度状态—投入出产计划。

需要说明的是，以上各循环中的信息流都只是各自循环所必需的信息流的一部分，但可对计划的某个方面起决定性的作用。

5.3 生产计划与控制系统模型

5.3.1 供应链管理环境下生产管理组织模式

在供应链管理的环境下，生产管理组织模式和现行生产管理组织模式一个显著的不同就是，供应链管理环境下生产管理应是开放性的、以团队工作为组织单元的多级代理制，图5-5是基于多代理制的供应链生产管理组织模式。

在供应链联盟中，企业之间以合作生产的方式进行，企业生产决策信息通过图5-5实时地在供应链联盟中由企业代理通过协商决定，企业建立一个合作公告栏（在图5-5

上),实时地与合作企业进行信息交流,在供应链中要实现委托代理机制,对企业应建立一些行为规则:自勉规则、鼓励规则、激励规则、信托规则、最佳伙伴规则。

企业内部也是基于多代理制的团队工作模式,团队有一名主管负责团队与团队之间的协调。协调是供应链管理的核心内容之一,供应链的协调主要有:供应—生产协调;生产—分销协调;库存—销售协调。

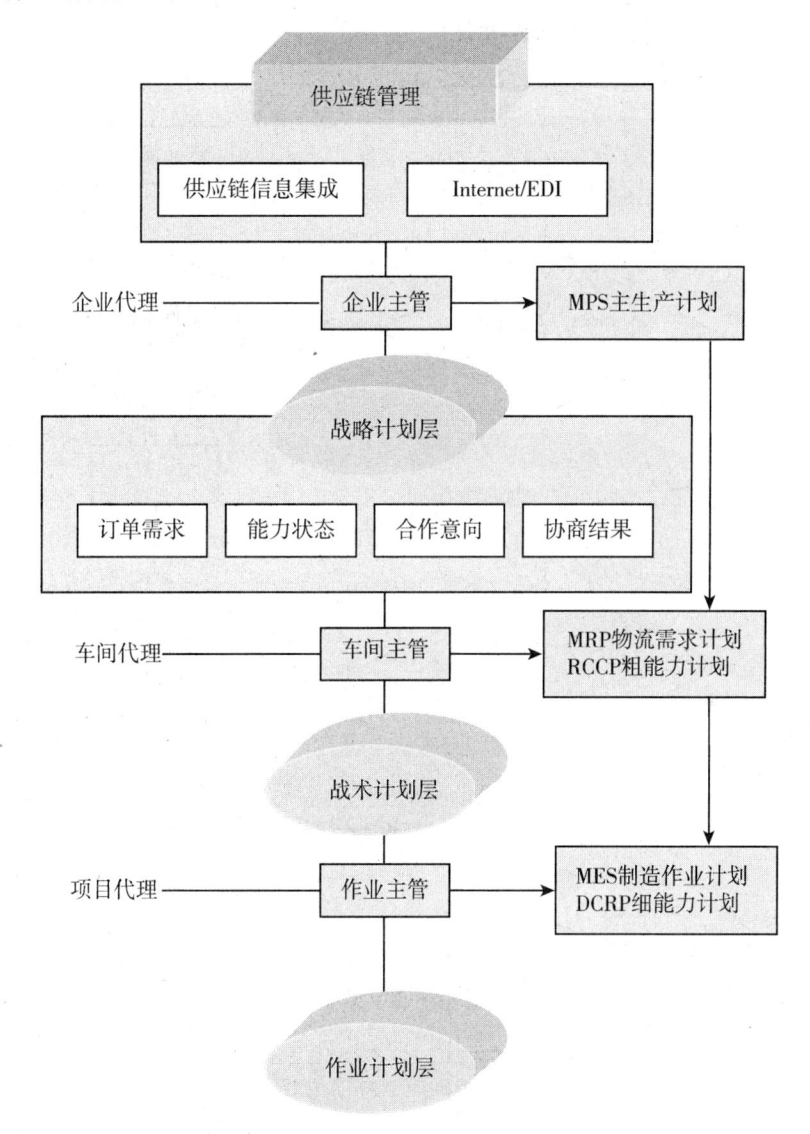

图 5-5　供应链环境下的生产管理组织模式

5.3.2　生产计划与控制系统模式

(1) 订货决策与订单分解控制模式。

在对用户订货与订单分解控制决策方面,模型设立了订单控制系统,用户订单进入该系统后要进行三个决策过程：(1) 价格/成本比较分析；(2) 交货期比较分析；(3) 能力比较分析。最后进行订单的分解决策，分解产生出两种订单（如在管理软件中用不同的工程号表示）：外包订单和自制订单。

订货决策与订单分解流程如图 5-6 所示。

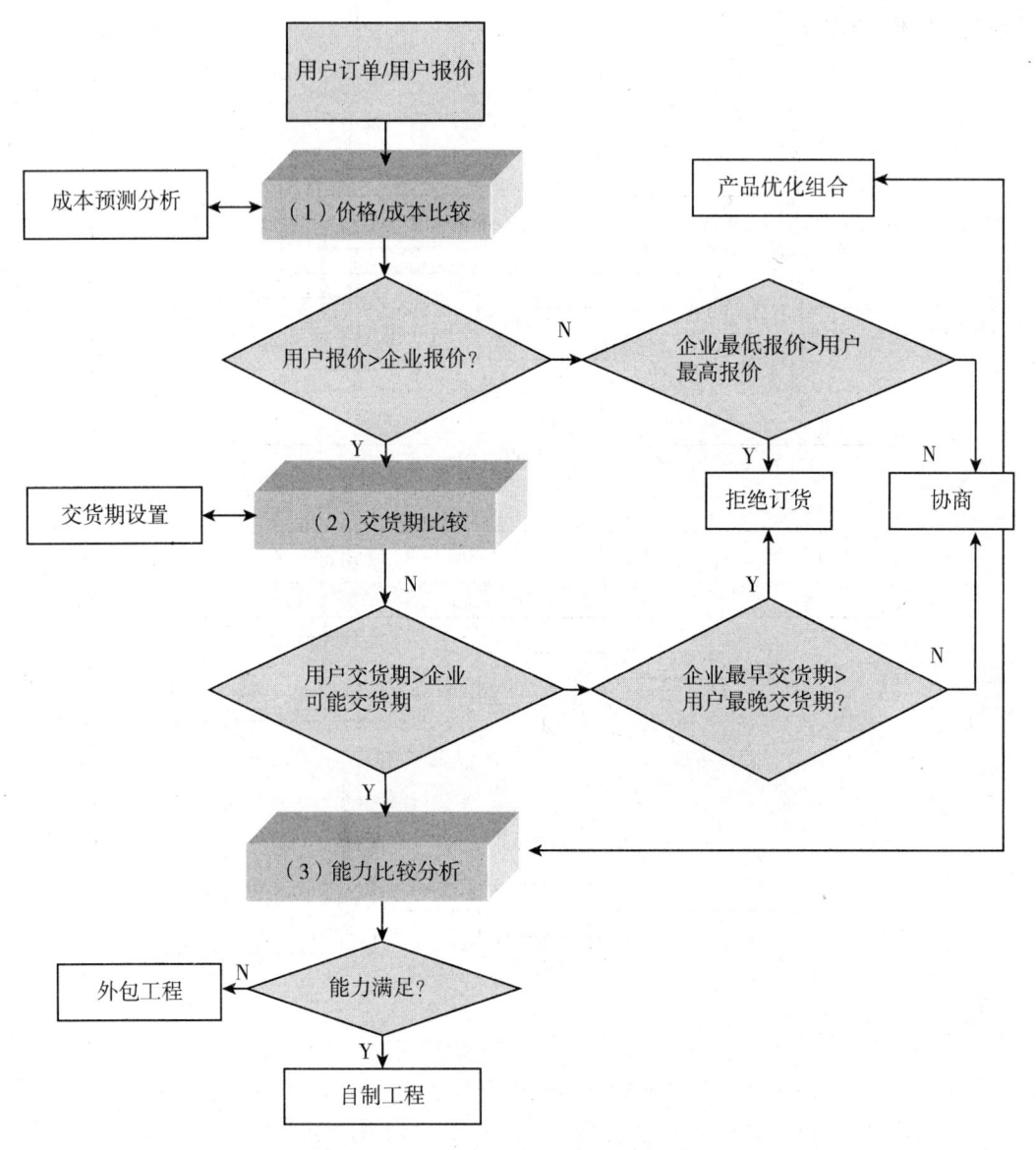

图 5-6 订货决策与订单分解流程

(2) 面向对象的分布式协调生产作业控制模式。

从宏观上讲，企业是这样的个体：它既是信息流、物流、资金流的始点，也是三者的终点。对生产型企业对象做进一步分析可知，企业对象由产品、设备、材料、人员、订单、发票、合同等组成，企业之间最重要的联系纽带是"订单"，企业内部及企业间的一切经营活动都是围绕着订单而运作，通过订单驱动其他企业活动。如采购部门围绕采购订单而动，制造部门围绕制造订单而运作,装配部门围绕装配订单而运作,这就是供应链的订单驱动原理。

面向对象的生产作业控制模式从订单概念的形成开始,就考虑了物流系统各目标之间的关系,形成面向订单对象的控制系统。具体如图5-7所示。

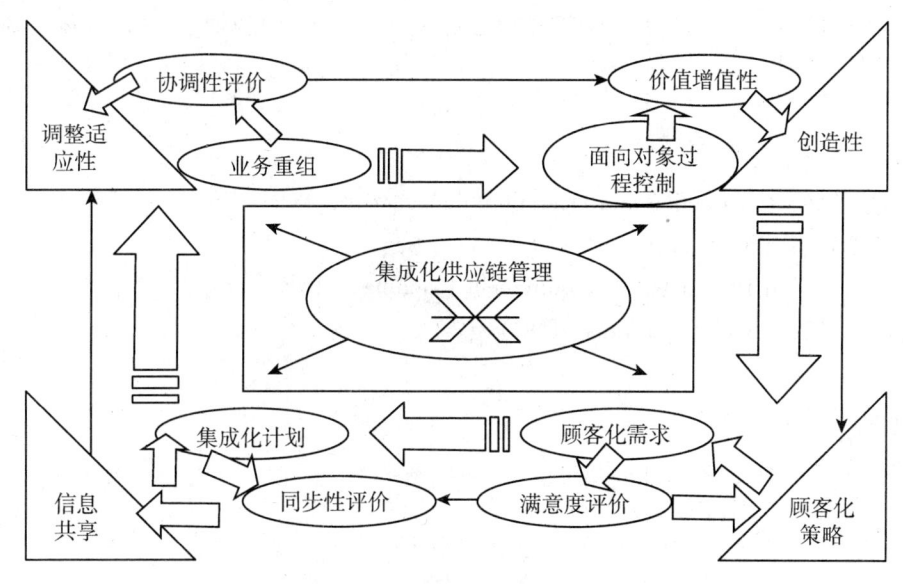

图5-7 面向对象的集成化生产计划与控制

订单在控制过程中,主要完成以下几个方面作用和任务:
1)对整个供应链过程(产供销)进行面向订单的监督和协调检查;
2)规划一个订单工程的计划完成日期和完成工作量指标;
3)对订单工程对象的运行状态进行跟踪监控;
4)分析订单工程完成情况,与计划进行比较分析;
5)根据顾客需求变化和订单工程完成情况提出切实可行的改进措施。

面向对象的分布式协调生产作业控制模式有以下的特点:
1)体现了供应链的集成特点,从用户订单输入到订单完成,供应链各部门的工作紧紧围绕订单来运作;
2)业务流程和信息流保持一致,有利于供应链信息跟踪与维护;
3)资源的配置原则更为明确统一,有利于资源的合理利用和管理;
4)采用模糊预测理论和质量功能展开(Quality Function Development,QFD)相结合,将顾客需求订单转化为生产计划订单,使生产计划更靠近顾客需求;
5)体现"X"模式的纵横一体化企业集成思想,在供应链的横向以订单驱动的方式,而在纵向则采用MRP/OPT基于资源约束的生产控制方法。

供应链环境下这种分布式面向对象的协调生产作业控制模式,最主要的特点是信息的相互沟通与共享。建立供应链信息集成平台(协调信息的发布与接受),及时反馈生产进度有关数据,修正生产计划,以保持供应链各企业都能同步执行。

本章小结

供应链计划与控制，包括对生产活动进行计划、组织、控制和评价。供应链是一个跨越多厂家、多部门的网络化组织，一个有效的供应链企业计划与控制系统集成企业所有的计划和决策业务，包括需求预测、库存控制、资源配置、设备管理、渠道优化、生产作业计划、物料需求与采购计划等，本章主要介绍了供应链下生产计划与控制的内容，实施过程及生产控制模式。

关键术语

生产运作管理（Production and Operation Management，POM）
质量管理（Quality Management，QM）
物料需求计划 MRP（Material Requirement Planning，MRP）
约束理论（Theory of Constraints，TOC）

复习思考题

1. 供应链中的生产运作有何特点？
2. 生产计划与控制的内容有哪些？
3. 供应链下的生产计划与控制系统总体模型有哪两种模式？各自有何特点？

讨论案例

新日电动车供应链管理

江苏新日电动车股份有限公司（以下简称"新日"）每年以远超过同行业增长水平快速成长。新日是如何实现供应商协同管理的呢？

一、零部件采购："核心联盟+风险分散"的供应商管理策略

在一辆电动自行车的 300 多个零部件中，电池是电动自行车四大核心部件（电池、电机、控制器和充电器）之一。电动自行车的生产需要紧密依赖上游 300 多家零部件供应商的协同供应，一旦任何一个零部件缺失，就会影响到后续的正常生产。

为了避免单一供应商缺货引发的零部件供应风险，新日在核心零部件方面一般都会选择 2~3 家供应商进行平衡，而且一般会选择行业内排名前列的品牌供应商。目前新日的上游零部件供应商共有 400 多家，除了通过多家供应商分散风险，新日提供的订单会在这些供应商的业务中占据较高的比例，一般为 40% 不等，以此保持与核心供应商的长期战略合作关系。

此外，在内部零部件的库存管理上，新日对每个零部件还设置了"安全库存"的警报点，2010 年，新日实施了离散型供应链的 ERP 管理系统，当某个零部件的库存达到"安全库存"的数量，系统会自动发送短信给采购人员，及时补货，从而减少人为管理中的统计不准确、通知不及时等情况。正是这种供应商管理策略和安全库存管理，支撑了新日零部件的稳定供应。

尽管如此，一些未知的突发风险也会让电动自行车企业应对不及。比如随着国家对稀土资源的整治，稀土价格翻番，电池市场的行情也水涨船高，电池价格一日三变地上涨，从而加大了企业的生产成本。对此，新日通过增加几个月的备货量等方式来解决。

为了提高零部件的采购效率，新日在江苏无锡、天津、湖北襄阳三个厂址的选择上颇有讲究：无锡是全国摩托车的重要生产基地，天津是全国自行车的重要生产基地，襄阳是全国汽车的重要生产基地，这三个基地具有成熟的零部件供应产业，在这三个地方建厂，无疑缩短了零部件的采购半径，提高了采购效率。比如，在2小时之内，所订零部件就能送达新日工厂，新日的采购周期是每周3次，平均每个月采购12.5次。

二、生产装配：按订单生产

在传统的生产管理中，生产计划主要是根据以往的生产经验和销售部门提出的预测数据来提交，而销售预测往往根据销售部门和区域总代（包括各地代理渠道）、专卖店的个人经验和判断进行汇总和统计。其中，区域总代提交的销售预测数据由下属二三级代理提交，因此，数据来源不够准确，而且逐层上报的数据存在失真情况，从而让销售预测数据与市场需求产生较大误差。

相对于传统的按计划进行生产的管理模式，新日采取的是按订单生产模式，按订单组织生产模式，对新日的生产管理提出了更高的挑战，即准确的销售预测、快速的订单反应能力和高效的生产管理能力。

准确的销售预测是科学生产的前提，新日的销售预测由销售部负责。不同于传统的总部—区域总代—二三线代理模式，新日是通过"品牌+扁平化渠道布局"来进行市场推广的，目前已经在全国32个省市、500多个二三线城市直接建立1 000多家县市级代理，取消了传统中间卖场环节和区域代理环节。

如今，全国各地1 000多家分销商的订单会实时地输入到新日的ERP系统中，由销售部进行统计汇总，销售部门首先按区域、库存量等信息把订单进行分配，如天津周边地区分销商的订单会转给天津工厂和仓储进行生产或调拨；无锡周边的分销商订单会在无锡总部进行处理等。

尽管从理论上来说，按订单生产的库存应该是零，但是从实际运作来说，为了保证经销商和消费者能够最快地拿到货，新日在生产上一般会提前备货，以便分销商在下订单之后的两天之内就能拿到货。

新日生产计划的制订也会参考往年或前几个月的销售数据。新日销售部门会利用ERP系统对往年或前几个月的销售情况进行统计分析，如果某款或某几款车型一直畅销，在生产计划的安排中，会加大这些畅销车型的生产量等。

除了对销售部提交的订单进行统计，一些创新的车型也会被安排进生产订单中。因为新日一向重视研发设计，经常会设计一些创新的车型，如折叠式电动车、微型电动汽车等，这些新车型在经过一系列研发、测试、小批量生产之后，就会进入批量生产阶段。

在经过对库存量、往年销售数据、创新车型安排等综合分析和按照一定算法计算之后，销售部门最后制定一个比较准确的销售预测数据，提交给生产管理部门安排生产。

三、生产优化：多样化的生产线

不同于摩托车的"顺装"，电动自行车以"倒装"方式一个个地把零部件组装成车。在流水线的上方，悬挂着一些电焊等机械和工具。这些电动自行车的生产线全部由新日自己设计而成。

在经过了大约75个半手工作业的装配环节之后，一辆电动自行车就完整下线了，整个过程大约花费20分钟。每天，一条流水线大约能生产100辆电动自行车，涉及的车型一般会有10多种。新日具有10多条类似的生产线，每周的产量在1万辆左右。

由于一条流水线生产的车型有10多种，不同车型需要不同的零部件，这意味着在不同车型的生产过程之间切换，需要进行零部件的更换等运作（简称"换料"）。在换料时，生产线会停止运行40多分钟，降低了生产效率。

为了降低多样化车型对新日生产线带来的挑战，新日正通过ERP系统统计以往销售数据，总结出"经典车型"，通过增加和优化经典车型的库存来提高生产效率，现在换不同车型停止运行10多分钟就可以正常生产，从而提高了每天的生产效率。为了进一步提高生产效率和组装的精准度，新日还计划在湖北襄阳新厂的生产线上安装机械手。

资料来源：http://www.supplgchain405.com.cn/5124_601/4254.html

思考题

1. 新日电动车供应链在生产中如何进行优化？
2. 新日电动车供应链在零部件采购和订单安排有何特点？

第6章

供应链的库存管理

> 学习目标
> - 了解供应链"牛鞭效应"与库存管理
> - 理解供应链环境下的库存管理策略
> - 掌握库存管理的基本模型

【引导案例】

Zara 和美邦供应链库存管理

在潮流瞬息万变的时尚界,商品在供应链环节上多周转一天,就意味着贬值。引领快时尚风潮、从服装设计到上架只需 10~15 天的 Zara 在中国有一群极为虔诚的学徒,美邦则是其中最为勤奋的学徒之一。

美邦董事长周成建曾颇为自豪地向外界表示,ME&CITY 品牌服装的设计、试装、定稿、样衣制作、货量统计、大货生产、物流配送等环节,共需要 70 天的周转时间。在本土企业中,这已是目前追逐"快时尚"模式的速度极限了。70 天与 15 天的差距从何而来?多位国内熟悉 Zara 和美邦供应链的专家对双方在追逐敏捷供应链模式的差异进行了解读。

一、设计管理

从单个产品的设计到款式定型,Zara 的设计团队只需要 5 天时间,而美邦至少需要 1 个月的时间,仅在设计这一供应链的最初环节上,美邦就比 Zara 慢了至少 25 天的时间。

据了解,Zara 很少完全依靠自己设计和研发,而是从其他时装品牌的发布会上寻找灵感。Zara 的服装设计师定期穿梭于世界各时装中心,随时捕捉灵感,然后将这些信息迅速反馈到总部,再由专业的时装设计团队分类别、款式及风格进行改版设计,重新组合成 Zara 自己全新的产品主题系列。

而美邦的模式是设计人员在全国范围进行大规模的市场考察,并与国外的服装品牌资讯公司合作,并相应地对服饰产品进行细分。Zara 是在创造潮流,而美邦则需要去复制潮流。美邦的设计团队,相较于 Zara,无论是在设计能力,或是在团队机制上都处于劣势,25 天的时间差距已是美邦目前追赶的极限了。

对于这种设计模式上的差异,美邦也有不得已的苦衷。Zara 本身具有高效的敏捷供应链,可以在潮流出现后15天内完成从设计到出货的整个过程，因此货品在上市时，产品的款式及颜色都能紧扣住当季流行。而美邦完成整个供应链需要2~3个月，潮流风向早已转变，生产出来的商品多数只能转为库存。

换句话说，供应链的速度决定了Zara可以创造时尚，而美邦只能通过自己的设计团队去复制时尚。而这两种模式的不同，又反过来给两家企业的供应链带来了至少25天的时间差距。

二、采购管理

与Zara相比，美邦在面料采购的速度上也输了一大截。Zara在面料采购上通常需要花5~7天的时间，而美邦则需要14~21天。在这一环节，美邦又慢了至少10天的时间。

创办于1975年的Zara，早已形成了较为完善的供应链体系。其掌握的面料厂仓库里，储备有大量没有经过染色的原坯布。该公司的产品还处于设计环节时，就会围绕其库存原坯布的状况做出相应的考虑和安排。因此，Zara在产品设计出来之后，它们的原料采购环节多数可以"将布从仓库里提出来"，需要的时间周期极短。

据了解，Zara自己设立了20个高度自动化的染色、裁剪中心，根据需要进行染色后再生产，而把人力密集的工作外包给周边500家小工厂甚至家庭作坊。其甚至将周围200英里的地下都挖空，架设地下传送带网络。每天根据新订单，把最时兴的布料准时送达终端厂，保证了总体的前导时间要求。

反观美邦，服装产业的面料、辅料全部外包，成衣厂掌握着服装材料的采购大权。出于库存的考虑，成衣厂一般不会储备大量的布料，而是在收到美邦的订单以后再向上游采购。采购也主要是以染色布为主。因此，在产品生产阶段，美邦又比Zara多出了相应的沟通、加工、物流等环节，从而影响到生产进度。

三、集成管理

在国内，业界很多人对Zara存在一个误解——其是属于"轻资产"范畴的公司。但事实上，Zara的做法与业界流行的外包模式大相径庭，其拥有自己的纺织厂和服装加工厂，也在欧洲地区建立了独立的物流运输企业。美邦通过10多年的发展，在生产外包及物流配送方面也已经具有较强的整合能力。

从供应链的这两个方面看，两种模式各有优势，双方的差距并不大。但在订单处理环节，Zara显然还是要胜出很多。Zara的门店均为直营，这保证了门店经理与总部间的顺畅沟通。而美邦虽然也坚持将ME&City品牌完全直营，但在终端信息的收集、反馈以及对终端信息反应灵敏度等方面，较Zara还有很大差距。这项差距也直接影响到了双方对销售预期判断的准确程度，以及最终库存的形成状况。

为了打造一条具有快速反应能力的供应链，美邦在信息化的投入上可谓不计血本。上市后的美邦，有15%的募集资金用于了信息化建设上，先后向SAP、Oracle等国际知名信息化方案提供商引进了软件系统。

不过，在熟悉美邦业务流程的人士看来，美邦的信息化水平虽然已在国内同行业中处于领先水平，但从时尚行业信息化的三个目标层次来看，还处于相对粗放的阶段。目前，美邦的信息化更多体现在减少流程失误率及优化业务体系等方面，一旦涉及改变业务结构，最终往往折戟而归。敏捷供应链的核心，其实是在于供应链各个环节的衔接，在这一点上，美邦无论是在人力配置，或是在制度建设上，还有很大的进步空间。

（资料来源：《中国经营报》，作者：宋文明，2012-04-28）

库存管理是物流管理的重要内容之一。库存产品可得性是顾客服务中最重要的方面。库存持有成本是物流成本中所占比例最大的部分。但是将实物存货转化为流动资产是很困难的，所以，持有库存有很大的风险。但是，对于整个企业物流系统的每一个环节而言，无论是原材料的采购，在制品的生产加工，还是产品的包装、装卸、运输、配送等，都离不开库存。

减少库存并降低库存成本，同时提升顾客服务水平，是库存管理的核心任务。本章首先将对库存和库存管理的基本原理和方法展开讨论；然后重点介绍库存控制的基本模型，以及供应链环境下库存面临着新的挑战；最后讨论了供应链环境下的库存管理问题及几种应对策略。

6.1 库存管理的基本原理和方法

6.1.1 库存与库存管理

6.1.1.1 库存物品的战略地位

(1) 持有库存的原因。

由于库存物品涉及资金占用、仓储、安全、老化、丢失、包装、管理等方面的成本费用，因此库存成本很高。但是为了平衡供给和需求之间的矛盾，使企业的整体运作顺利进行，必须保有一定量的库存。库存物品在销售和生产之间起缓和供需矛盾的作用。在订单完成周期中存在各种不确定因素，并且存在交货提前期，对于客户来讲，希望在需要时能够立刻购买到商品，这就要求企业进行事先安排。如果企业能够准确知道客户需要的产品的时间，就可以对生产进行计划，使得产品在需要的时候生产出来，不需要或仅需要很少的库存产品。但实际上，客户的需求在时间和数量上都有不确定性，这就需要企业生产出产品等待客户购买，从而保证产品或服务的可得率。另外，在生产过程中，不同环节的衔接也需要库存物品的支持。例如，生产流水线的理想状态是：第一个生产环节制造了一个部件，发送给第二个生产环节进行处理，如果第一个生产环节产出的是废品，或由于某种原因未能及时送达第二个生产环节，就会造成生产中断，所以，生产过程的连续也需要库存物品的支持。

(2) 库存物品对企业运作的影响。

1) 保证可得性，提高客户满意。

库存物品能够解决供给和需求之间的变化和不确定性问题，在企业运作过程中出现下列问题时，可以保证存货可得性，从而提高服务水平和客户满意度：一是当需求大于预期时，或在未能预期的时间点有客户需求时；二是当供应商送货延迟或者到货数量低于预期时；三是当发生突发事件时。

2) 降低成本。

虽然持有库存会产生成本，但也可以间接降低其他方面的运营成本，两者相抵还有可能带来成本的节约。首先，在生产过程中，尽管大批量生产会产生大量中间产品和产成品库存，但是大批量生产可以减少生产批次，使得生产具有一定的规模效益，从而降低生产成本。在采购过程中，采购部门可以通过大批量采购来争取价格折扣，大批量采购带来的成本可以被采购价格降低来的收益所抵消。其次，在运输过程中，由于存在着运输规模效益，可以通过增加运输批量降低运价，减少单位装卸成本来降低运输成本。但增加运量会导致运输渠道两端的库存水平增加。如果运输成本的节约能够抵消库存持有成本的上升时，大批量运输是值得的。

6.1.1.2 库存的分类

(1) 从生产过程的角度分类。

从生产过程的角度来看，物料以原材料、零部件状态进入生产过程，经过生产加工制成在制品，最终变成产成品。按照在生产过程中的不同形态，库存可以分为原材料库存、在制品库存和成品库存三类。原材料来自供应商，在企业内部进行存储，直接投入使用。在制品是企业内部各环节操作用的半成品。制成品是指制造完毕、准备发往客户的产品。使用这种分类方式时要注意，一个企业的制成品对于另一个企业来说可能是原材料。有些企业只有制成品存货，如零售商和批发商；而有些企业则拥有所有上述存货。此外，一些物料无法被准确地归类于上述三类存货类型之中，包括企业生产中所使用的机械设备的零部件以及易耗品，如油料、纸制品、清洁剂等。这两种物料都对生产起支持作用，但都不是最终产品的一部分。

(2) 根据存货的用途分类

1) 周转库存。

周转库存是指为了满足连续补货期间的平均需求而存储的必要库存。周转性库存很大程度上取决于生产批量的规模、经济运输批量、存储空间、补货提前期以及供应商的数量和折扣等。例如，某仓库每周销售 2 个单位的货物，但是，它可能会选择每月进一次货，一次订购 8 个，来满足一定周期的产品需求。通过这种方法，来降低运输成本和采购费用，获得供应商的数量折扣。对这类库存的管理主要是处理订货批量、订货周期与存储成本、采购成本之间的优化。

2) 安全库存。

安全库存是为了防止供应的意外情况与需求的不确定性而设立的一种库存。例如，为了防止供应商可能发生的事故、原材料运输不能按期到达等意外情况造成的材料供应短缺，需要设立安全库存；产品销售的不可预测性，也要存储一定的成品库存；为预防本企业发生的意外情况，需要设立半成品的安全库存量。

3) 中转库存。

由于运输不会瞬间完成，因此，在存储点和运输途中就会存在库存，这些库存主要是为了中转货物而存在的。这类库存与物流系统的设计息息相关。生产加工过程中为了平衡设备产能所产生的生产库存与中转库存性质类似。

4) 季节性库存。

一些商品具有明显的季节性消费特征，如空调。当销售高峰期到来时，这些库存会供不应求；在其他季节，产品则会滞销。因此，需要在高峰季节来临之前开始生产，保持一定量的库存。这类库存管理需要考虑企业生产能力与季节库存量之间的优化。投资设备、扩大生产能力可以降低季节库存量。

5) 投机库存。

投机库存是指为了避免因货物价格上涨造成损失，或为了从商品价格上涨中获利而建立的库存。

上述各种库存有不同的作用和好处，如表 6-1 所示。

表 6-1 各类库存的作用及好处

库存类型	作用	好处
周转库存	在生产准备、采购、运输过程中实现单件订货无法实现的规模效应	获得采购折扣；减少准备次数；降低货运、物料搬运和管理成本
安全库存	防范需求以外过高或过低和提前期过长或过短	减少销售机会损失和缺货；提升客户服务水平；降低客户反映成本
中转库存	在设施之间或之内搬运或暂存	移动仓储
季节性库存	平衡生产	减少加班和分包
投机库存	回避价格上涨的风险	降低原材料成本

6.1.1.3 库存管理目标

（1）企业经营中库存管理的目标。

在不同的层面上，库存管理具有不同的目标。在供应链管理层面，库存管理应致力于整个供应链中物料的有效流动；在企业整体运作层面，以库存管理支持物流运作，从而促进企业整体目标的实现；在库存管理的职能层面，当有物料需求时，库存管理者要确保物料顺利到位。对于库存在企业中的角色，企业中的不同部门有着不同看法。库存管理部门力图保持最低的库存水平，以减少资金占用、节约成本。销售部门愿意维持较高的库存水平，从而避免发生缺货现象，提高客户满意度。采购部门愿意维持较高的库存水平，从而避免发生缺货现象，提高客户满意。采购部门为了降低单位购买价格，往往利用数量折扣的优惠通过一次采购大量的物资，来实现最低的单位购买价格，这样做不可避免地会提高库存水平。制造部门愿意对同一产品进行长时间的大量生产，这样可以降低单位产品的固定费用，而这样又往往会增加库存水平。运输部门倾向于大批量运送，利用运量折扣来降低单位运输成本，这样会增加每次运输过程中的库存量。总之，库存管理部门和其他部门的目标存在冲突，为了实现最佳库存管理，需要协调和整合各个部门的活动，使每个部门不仅以实现本部门的功能为目标，更要以实现企业的整体效益为目标。

（2）供应链中的库存管理。

在供应链网络中，不同的管理者负担不同的管理任务，不同的供应链节点企业的库存，包括供应链输入端的原材料和供应链输出端的最终产品，都有复杂的关系。组成供应链的各企业之间的关系在过去是相互买卖交易关系，企业并不习惯通过相互交流信息、相互协调进行库存管理，更不用说在供应链水平上分享信息和协调进行库存管理。这样往往会形成不必要的大量库存，同时，也可能降低供应链的客户满意度。供应链环境下的库存管理和传统的库存管理有许多不同之处，这些不同点体现出供应链成本和订货成本对库存的影响。传统的库存管理侧重于优化单个企业的库存成本，从储存成本和订货成本出发确定经济订货批量和订货点。从单一的库存管理角度看，这种管理方法有一定的适用性，但是从供应链整体的角度看，单一企业库存管理的方法是不够的。

供应链的库存管理不是简单的需求预测与补给，而是要通过库存管理获得供应链客户服务与供应链整体利润的优化。不论是对于单个企业，还是对于供应链而言，库存管理的主要目标都是在提升客户服务水平的同时降低库存与投资。在供应链中，可以通过五个要素的逐步改进，实现供应链库存管理的目标。这五个要素分别为：（1）提高预测准确度；（2）减少周转时间；（3）减低采购成本；（4）增加供应链上库存的透明度；（5）降低库存持有量。供应链是一个整体，需要协调成员企业各方的活动，才有可能实现上述五个要素的持续改进，才能取得最佳的运作效果。

6.1.1.4 库存成本

只要有库存物品，就会产生成本，从整体来看，这些成本的总和通常相当于存货总价值的20%左右。较低的存货水平可以降低企业的成本，但是，当存货水平较低时又会造成缺货，使得整体运作中断，导致更大的机会成本。因此，在确定存货水平时必须进行权衡。存货成本主要分为四种，即单位成本、再订货成本、库存持有成本和缺货成本。

（1）单位成本。

单位成本是指生产或取得单位产品而耗费的平均成本。通常，单位成本信息比较容易得到，如可以通过供应商的报价或发票得到。但在某些情况下，获取准确的单位成本并非易事。例如，当同时有几个供应商提供可替换的产品并且各自的交易条款不同时，要想得到准确的单位成本信息就比较困难。

（2）再订货成本。

再订货成本指的是某种产品实施再次订货所产生的成本，包括制作订货的相关费用、通信费用、收货费用、设备使用费以及跟进所产生的费用等。其中，需要劳动力的环节是订购过程中成本最高的环节，采购订单处理过程自动化，通常能够大大减少劳动力成本并提高生产率。由于不是第一次采购的成本，所以不包括寻找供应商、检查产品质量和可靠性、询价、谈判等相关费用。在实践中，再订货成本可以用采购部门的年采购总成本除以订货次数得出。当企业自行生产某种产品的时候，再订货成本指的是批量开工成本，包括生产相关的文件档案成本、重新配置设备时的机会成本、操作人员闲置成本、试车时产生的测试物料的成本、试运行时生产效率较低所造成的机会成本等。

（3）库存持有成本。

库存持有成本是指一段时间内持有一个单位的某种产品所产生的成本。计算库存持有成本的时间段通常为一年。它由资金成本、存储空间成本、存货损失成本、物料搬运成本和库存服务成本构成（见表6-2）。

表6-2　　　　　　　　库存持有成本占单位成本百分率

库存持有成本组成	所占单位成本百分比
资金成本	10% ~15%
储存空间成本	2% ~5%
存货损失成本	4% ~6%
物料搬运成本	1% ~2%
库存服务成本	2% ~7%
合　计	19% ~35%

1）资金成本。

存货的维护需要资金的投入。投入资金就使其他需要资金的地方因此而丧失了使用这笔资金的机会,所以,资金成本也称为资金的机会成本。资金成本是主观性最强的一项成本,这部分成本往往难以估算,有些企业使用资金成本的平均值,也有些企业使用企业投资的平均回报率进行估算。

2）储存空间成本。

库存物品会占用储存建筑内的空间,需要支付相应的费用,这部分成本称为储存空间成本。如果使用租借空间,储存费用一般按一定时间内储存产品的量来计算。如果使用自有仓库,则空间成本取决于所分担的运营成本,这些运营成本都是与储存空间相关的,如取暖和照明的成本;同时,还取决于与储存量相关的固定成本,如建筑和储存设施的成本。

3）存货损失成本。

在库存物品的储存过程中,一部分存货可能由于损坏、损耗、被盗、变质、报废或其他原因不能再进行销售,从而产生存货损失成本。这部分成本可以用产品价值的直接损失来估算,也可以用重新生产产品或从备用仓库中供货的成本来估算。

4）物料搬运成本。

物料搬运成本包括一切物料的搬运、特殊包装、冷藏、堆码产生的成本。

5）库存服务成本。

库存服务成本包括存货的保险费用、税金和其他管理费用。根据产品的价值和类型以及丢失和破损的风险产生相应的保险费,并且保费和税金依产品不同而不同,在确定库存成本时必须考虑这一点。

（4）缺货成本。

当客户下达订单,但所订货物无法供货时,就会产生缺货成本。如果出现缺货,不仅会在销售上有损失,还会对企业的商誉、未来业务的开展等造成影响。对于生产来说,任何部件的缺货都会造成严重的运作中断,需要实施紧急应对方案,重新部署运作计划。缺货成本还包括一些应对缺货的相关费用,如发布紧急订单、支付特殊送货的费用,以及采用更昂贵的替代品和供应商产生的额外费用等。缺货成本往往难以估算,因为缺货对生产和销售的影响很难量化。企业在通常情况下宁愿付出一定量的库存持有成本,也不愿意出现缺货的情况。

6.1.2 库存管理的基本模型

库存管理的模型有很多,总体上可以归纳为两大类:一个是确定型存储模型,一个是随机型存储模型。本节将重点介绍这两种模型。

6.1.2.1 确定型存储模型

确定型存储模型中提前期和需求量都是确定的已知常数,各项费用已知,模型的目标函数都是以总费用（总订货费＋总存储费＋总缺货费）最小这一准则建立的。根据不同的提前期和不同要求的存储量（允许缺货和不允许缺货）建立不同的存储模型。

（1）经济订货批量 EOQ（Economic Order Quantity）模型。

所谓经济订货批量，就是从经济的观点出发，在各种库存情况下考虑怎样选择订货批量，使得库存总费用最省、最经济，把这个使得库存总费用最省、最经济的订货批量叫经济订货批量。经济订货批量模型由福特·哈里斯在1915年提出，尽管是一个简单的模型，但说明了订货成本和储存成本之间的权衡。这个模型考虑一个存储单一产品的仓库，客户对该种产品的需求很稳定。该模型的具体假设如下：

1）产品的需求已知并且具有延续性，需求速度恒定，单位时间内需求 D 件产品。

2）库存产品放在仓库中保管时会发生库存持有成本，C_1是每单位产品存放单位时间的库存持有成本（即单位存储费用）；仓库每次订货都会发生一个固定的订货成本 C_2。

3）不会出现缺货成本。

4）订货至交货的提前期为零，即在订单下达之际立刻到货。

5）只对一种产品进行分析。

6）订货批量固定在每次订货批量为 Q 件。

为了在经济批量模型中寻找最优订货策略，我们考虑库存水平是时间的函数。两次相邻补货之间的时间为一个周期。如图6-1所示，库存水平随时间变化情况。

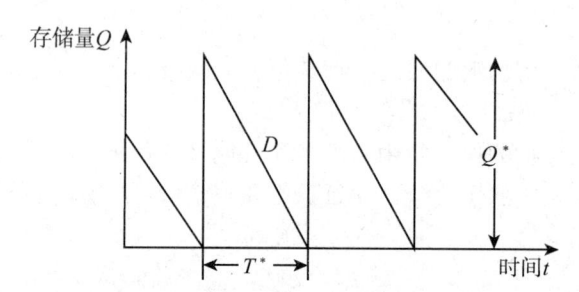

图6-1 随时间变化的库存水平

因此，整个周期 T 内的库存成本为：

$$TC = C_2 + \frac{TQC_1}{2}$$

由于每次订货要发生一次固定成本，同时持有成本可以看成单位存储费 C_1 和平均库存水平 $Q/2$ 及周期 T 的乘积。由于库存水平在周期 T 内由 Q 向 0 变化，单位时间的需求量稳定为 D 件，因此 $Q = TD$。我们可以将成本除以 T，并将 T 用 Q/D 替换，可得单位时间的库存总费用为：

$$TC = \frac{C_2 D}{Q} + \frac{C_1 Q}{2}$$

应用微积分对上式求导，可以得出使库存总费用最小所对应的订货量 Q^*：

$$Q^* = \sqrt{\frac{2C_2 D}{C_1}}$$

例题1 某企业对某种产品的年度需求量为10 000单位，每单位的价值为12.5元/件，订货费用为每次25元，单位存储费为按库存存货物价值的25%计算，求该企业的经济订货批量（EOQ）。

解答：

$$EOQ = \sqrt{\frac{2C_2 D}{C_1}} = \sqrt{\frac{2 \times 25 \times 10\,000}{12.5 \times 25\%}} = 400（件）$$

EOQ 模型中涉及的需用量、单位存储费、订货费等参数，一般是根据统计资料并估计计划期的发展趋势而确定的，往往与实际存在偏差，依据这些参数计算的经济订购批量自然不够准确；另外，经济订购批量往往不是整数，而实际订货时，常常要求以一定的整数如整桶、整打、整车等单位进行订货。为此，需要分析模型的各项参数发生偏差时对经济订购批量 Q^* 的影响程度及经济订购批量的偏差对存储总费用的影响程度，从而考虑 EOQ 模型的可靠程度和实用价值，即对 EOQ 模型进行敏感性分析。

1）物资需用量、单位存储费及一次订货费等参数的偏离程度对订购批量的影响：

以 D'、C_1'、C_2'、Q' 分别表示实际的物资需用量、单位存储费、一次订货费和订购批量，以 D、C_1、C_2 分别表示预计的物资需用量、单位存储费和一次订购费，由这些预计参数计算的经济订购批量为 Q^*；另以 ΔD、ΔC_1、ΔC_2、ΔQ 分别表示物资需用量、单位存储费、一次订货费和订购批量的偏差程度。则实际需用量 $D' = D(1+\Delta D)$，实际单位存储量 $C_1' = C_1(1+\Delta C_1)$，实际一次订货费 $C_2' = C_2(1+\Delta C_2)$，实际订购批量 $Q' = Q^*(1+\Delta Q)$，而实际的订购批量又可以为：

$$Q' = \sqrt{\frac{2D'C_2'}{C_1'}} = \sqrt{\frac{2D(1+\Delta D)C_2(1+\Delta C_2)}{C_1(1+\Delta C_1)}} = \sqrt{\frac{2DC_2}{C_1}} \sqrt{\frac{(1+\Delta D)(1+\Delta C_2)}{1+\Delta C_1}}$$

$$Q' = Q^* \sqrt{\frac{(1+\Delta D)(1+\Delta C_2)}{1+\Delta C_1}}$$

所以

$$\Delta Q = \sqrt{\frac{(1+\Delta D)(1+\Delta C_2)}{1+\Delta C_1}} - 1$$

上式说明 ΔD、ΔC_1、ΔC_2 对经济订购批量 Q^* 的综合影响程度，当 ΔD、ΔC_1、ΔC_2 取不同数值时，对 Q^* 的影响程度如表 6-3 所示。

表 6-3　　　　　　　　　不同 ΔD、ΔC_1、ΔC_2 对 Q^* 的影响

ΔD、ΔC_1、ΔC_2	ΔQ_D、ΔQ_{C_2}	ΔQ_{C_1}
-0.5	-0.2929	0.4142
-0.2	-0.1056	0.1180
-0.1	-0.0513	0.0541
0.1	0.0488	-0.0465
0.2	0.0954	-0.0871
0.5	0.2247	-0.1835

由表 6-3 中的数据可以看出，经济订购批量公式对 EOQ 模型的参数敏感是不灵敏的，尽管 D、C_1、C_2 的预算在一般情况下有一定的误差，但由于 EOQ 模型对参数的不灵敏，所以求出的订购批量结果在实际中仍是有较强的参考价值。

2）订购批量的偏离程度对库存总费用的影响：

由于 EOQ 模型受多方面因素的影响，经常希望 Q^* 在一定范围内的波动时，对库存总费用是不灵敏的。

设实际库存总费用为 C'，经济订购批量 Q^* 对应的库存总费用是 C^*，ΔC 为库存总费用的偏差程度，则

$$C^* = \frac{1}{2}C_1 Q^* + \frac{DC_2}{Q^*} + VD = \sqrt{2DC_1C_2} + VD$$

由于进货费与购买费与订购批量是无关的，上式中的 VD 就不受 Q^* 的影响，所以就只考虑这一部分，即

$$C^* = \frac{1}{2}C_1 Q^* + \frac{DC_2}{Q^*} = \sqrt{2DC_1C_2} \quad (VD = 0),$$

同样的道理：

$$C' = \frac{1}{2}C_1 Q' + \frac{DC_2}{Q'} = \frac{1}{2}(1 + \Delta Q + \frac{1}{1 + \Delta Q})C^*$$

故库存总费用的偏差程度

$$\Delta C = \frac{C' - C^*}{C^*} \frac{1}{2}(1 + \Delta Q + \frac{1}{1 + \Delta Q}) - 1$$

$$\Delta C = \frac{\Delta Q^2}{2(1 + \Delta Q)}$$

根据上式，计算出 ΔQ 和 ΔC 的关系如表 6-4 所示。

表 6-4　　　　　　　　　　ΔQ 和 ΔC 的关系

ΔQ	ΔC	ΔQ	ΔC
-0.5	0.250	0.2	0.167
-0.2	0.025	0.3	0.038
-0.1	0.006	0.5	0.083
0.1	0.005	1.0	0.250

由表 6-4 中的数据可以看出，偏离经济订货批量引起的存储总费用增长率是较小的。库存总费用用变化率曲线在原点附近近乎于直线，这可以说明经济订购批量公式对 EOQ 模型的参数感应是不敏感的。这种敏感的特性在实际中有很强的适用性，一方面，在计算订购批量时，即使由于 D、C_1、C_2 不够精确，使 Q^* 值产生一定的误差，但只要选取接近 Q^* 的值作为订购批量，存储总费用就会接近于最低值；另一方面，为了达到订货限额或凑够整车、整桶、整箱而调整订购批量，只要实际订购批量接近订购批量 Q^* 值，就会对库存总费用没

有太大的影响。

(2) 经济批量 EOQ 模型的扩展——价格折扣的 EOQ 模型。

供应商为了吸引客户一次购买更多的商品,往往规定,当购买数量达到或超过某一数量标准时,给予客户价格上的优惠。在价格折扣的情况下,企业按照与给定的数量有关的价格计算总成本,以确定相应的 EOQ 值。

假设单价有 n 级折扣,第一级规定的一次订购批量最小,假定可以从零开始,单价最高,以后各级规定的一次订购批量逐级增加,而单价逐级降低,令 V_j 代表物资单价($V_{j-1} > V_j$);Q_j 代表第 j 的最低一次订购批量($Q_{j+1} > Q_j$),则当 $Q_{j-1} \leq Q < Q_j$ 时,单价为 V_j,购货款为 $Q * V_j$。按这种形式折扣,所订购的物资,整批按一个统一单价计算货款。

由于取得折扣价,所以购买货款节省;同时,由于订购数量大,减少了订货次数,节省了订货费,但存储费开支增大。应权衡以上三个方面的费用,以三者总和最小的订购批量为经济订购批量。

如图 6-2 所示,在不同的折扣价格 V_j 下总货款与订货数量的关系,而库存系统全年费用(购货款、订货费、存储费)随订购批量 Q 而变化,如图 6-3 所示。

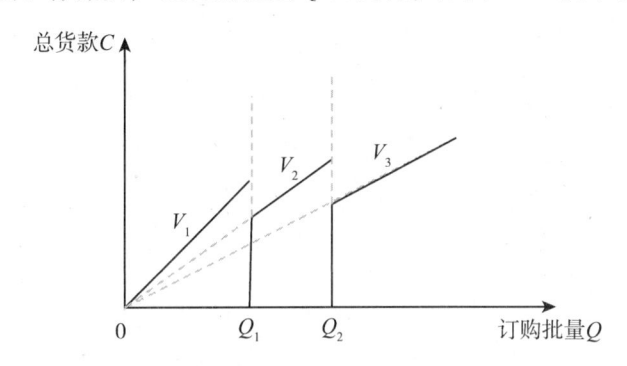

图 6-2 不同的折扣下总货款与订货数量的关系

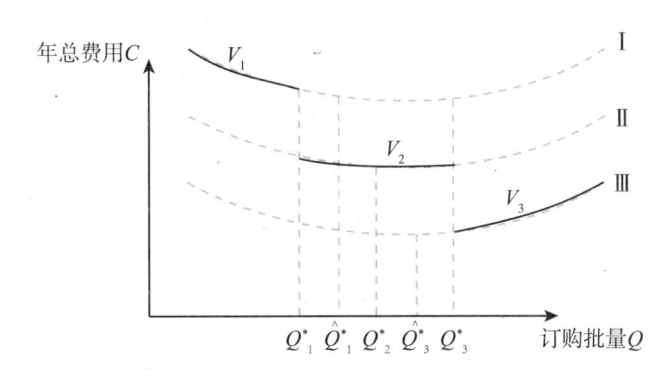

图 6-3 库存系统全年费用随订购批量 Q 而变化

图 6-2 和图 6-3 中,定义域范围内的实线曲线段表示订购批量 Q 是实际发生的,定义域范围外的虚线曲线段表示订购批量是不可能发生的。寻找经济订购批量 Q^*,即在 $0 < Q < +\infty$ 范围内,找出年总费用曲线的最低点,其步骤如下所述:

1) 先求折扣价格 V_j 时的经济订购批量:

$$\hat{Q}_j^* = \sqrt{\frac{2C_2 D}{rV_j}}$$

其中 r 为单位时间存储费率。

2）确定不同价格折扣 V_j 时的经济订购批量。如果 $\hat{Q}_j^*$ 处于实线段中，即 $Q_{j-1} \leq \hat{Q}_j^* < Q_j$，则 $\hat{Q}_j^*$ 即该折扣单价 V_j 时的经济订购批量；如 $\hat{Q}_j^*$ 处于虚线段中，则靠近 $\hat{Q}_j^*$ 的那个实线段端点即该折扣单价 V_j 时的经济订购批量，即

$$Q^* = \begin{cases} Q_{j-1} & \hat{Q}_j^* < Q_{j-1} \\ \hat{Q}_j^* & Q_{j-1} \leq \hat{Q}_j^* < Q_j \\ Q_j & Q_j \leq \hat{Q}_j^* \end{cases}$$

3）计算各 Q_j^* 时的年总费用。在求出不同折扣价格 V_j 时的经济批量 Q_j^* 后，其中使年存储费用总和（包括购货货款）最低的 Q_j^* 为最终选定的经济订购批量 Q_j^*。

4）确定经济订购批量。

$$Q^* = \min\{\bar{C}(Q_j^*)\} \quad (j=1,2,3)$$

例题 2 向批发商订购某产品，批发商规定，不同订货数量可以享受不同的折扣价格，如表 6-5 所示。某企业年需要量为 10 000 件，该种货物不易腐烂变质，不易过时，购批费为每次 9 元，年存储率 $r=0.08$ 元/（元年），求经济订购批量。

表 6-5　　　　　　　　　订货数量与价格折扣、单价的关系

顺序号	订货数量 Q（件）	价格折扣（%）	单价 V_1（元）
1	1～249	0	20.00
2	250～999	10	18.00
3	1 000 以上	20	16.00

解：1）按经济订购批量公式求出不同时间的理论经济订购批量

$$\hat{Q}_1^* = \sqrt{\frac{2C_2 D}{rV_1}} = \sqrt{\frac{2 \times 10\,000 \times 9}{0.08 \times 20}} = 335 \text{（件）}$$

$$\hat{Q}_2^* = \sqrt{\frac{2C_2 D}{rV_2}} = \sqrt{\frac{2 \times 10\,000 \times 9}{0.08 \times 18}} = 353 \text{（件）}$$

$$\hat{Q}_3^* = \sqrt{\frac{2C_2 D}{rV_3}} = \sqrt{\frac{2 \times 10\,000 \times 9}{0.08 \times 16}} = 375 \text{（件）}$$

2）确定不同价格折扣时的经济订购批量：

按折扣价格 18.00 元计算得出的 $\hat{Q}_2^*$ 值适于 250～999 件的规定订货范围，而按折扣价格 20.00 元、16.00 元计算得出的 $\hat{Q}_1^*$，$\hat{Q}_3^*$ 均不在规定的订货范围内。所以 $Q_1^*=249$ 件，$Q_2^*=353$ 件，$Q_3^*=1\,000$ 件。

3）计算各 Q_j^* 时的年总费用：

$$\overline{C}(249) = DV_1 + \frac{1}{2}Q_1^* rV_1 + \frac{C_2 D}{Q_1^*} = 10\,000 \times 20 + \frac{1}{2} \times 249 \times 0.08 \times 20 + \frac{9 \times 10\,000}{249} = 200\,560.65(元)$$

$$\overline{C}(353) = DV_2 + \frac{1}{2}Q_2^* rV_2 + \frac{C_2 D}{Q_2^*} = 10\,000 \times 18 + \frac{1}{2} \times 353 \times 0.08 \times 18 + \frac{9 \times 10\,000}{353} = 180\,509.12(元)$$

$$\overline{C}(1\,000) = DV_3 + \frac{1}{2}Q_3^* rV_3 + \frac{C_2 D}{Q_3^*} = 10\,000 \times 16 + \frac{1}{2} \times 1\,000 \times 0.08 \times 16 + \frac{9 \times 10\,000}{1\,000} = 160\,730(元)$$

4）确定经济订购批量：

$$Q^* = \min\{\overline{C}(Q_j^*)\} = 1\,000 \text{ 件}$$

6.1.2.2 随机型存储模型

所谓随机型存储模型，即库存参数中至少有一个是随机变量的库存模型。所谓随机变量，是其值是随时间而随机变化的，不能预先知道它在将来某一时刻明确存在的取值。

随机型库存参数主要有：

1）需求速率 D：单位时间的需求量。

2）订货前置期（提前订货时间）T_k：从发出订货到所订货物入库为止的时间间隔。

3）前置期需求量 D_L：订货前置期中的总需求量。

4）订货点（报警点）s 的确定：报警点 s 是发出订货时的实际库存量。控制报警点 s 的高低，可以控制库存量。如 s 取得高，则所订货物到达入库时，原来库存物资还没销售完，从而库存水平升高，存储费用增加；如 s 太低，则所订货物到达入库时，原来的库存物资早已销售一空，产生了缺货，影响销售利润和库存满足率。所以，s 是一个进行库存控制的决策变量。s 的最佳值最好是恰好等于 D_L，即：

$$s = D_L$$

但 D_L 是随机变量，没有确定值，所以为了确定 s，需要用到随机变量的知识来求解。一般，我们取 s 等于 D_L 的平均值，再加上一个合适的保险储备量 S_S，即：

$$s = \overline{D_L} + S_S$$

其中：$\overline{D_L}$ 是平均前置期需求量，S_S 称为安全库存量。

5）安全库存量 S_S 的求法：所谓安全库存，是在库存控制中为防止在订货前置期间内，销售缺货而设置的库存量，它是在平均前置期需求量上附加的一个保险量。它在数值上等于标准偏差 σ_{D_L} 的个数，这个数就是安全系数 k。k 越大，则安全库存量 S_S 也越大。安全系数 k 由缺货率 q，或者库存满足率 $p = 1 - q$ 来确定。安全系数与库存满足率之间的关系如表 6-6 所示：

表 6-6　　　　　　安全系数与库存满足率之间的关系

k	0.0	0.13	0.26	0.39	0.57	0.68	0.84	1.04	1.28	1.65	1.75	1.88	2.05	2.33	3.09
p	0.5	0.55	0.6	0.65	0.70	0.75	0.80	0.85	0.90	0.95	0.96	0.97	0.98	0.99	1

1. 需求是随机连续的单周期存贮模型

（1）假设

预先确定一个订货点 S 和一个订货批量 Q^*，随时检查库存，当库存量下降到订货点 S 时，就发出订货。订货批量取 Q^*，模型如图 6-4 所示。

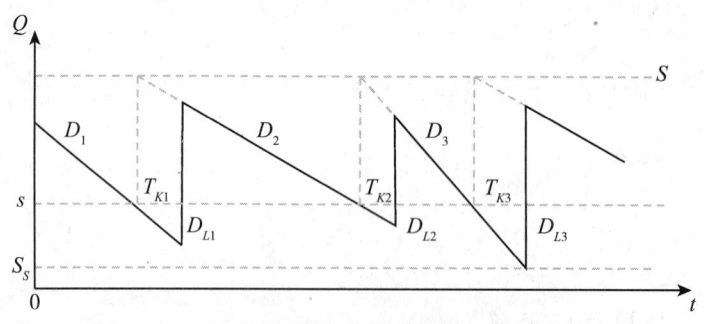

图 6-4　需求是随机连续的单周期存贮模型

其中，单位时间需用量 $D_1 \neq D_2 \neq D_3$；提前订货时间 $T_{k1} \neq T_{k2} \neq T_{k3}$；订货点 $s = S_S + \overline{D_L}$；安全库存量 $S_S = s - \overline{D_L}$。

（2）参数确定。

1）Q^* 的确定：$Q^* = \sqrt{\dfrac{2C_2 \overline{D_L}}{C_1}}$

2）s 的确定：

已知 p 或 q 或 k，求 s

$$s = S_S + \overline{D_L} = \overline{D_L} + k\sigma_{D_L} = \overline{D_L} = \int_0^\infty D_L f(D_L) dD_L + k\sigma_{D_L}$$

其中：$\sigma D_L = \sqrt{\dfrac{\sum (D_{Li} - \overline{D_L})^2}{n-1}}$

已知 D、T_K 求 s，

$$s = S_S + \overline{D_L} = \overline{D_L} + k\sigma_{D_L} = \overline{D}\,\overline{T_K} + k\sqrt{\overline{T_K}\sigma_D^2 + \overline{D}^2 \sigma_{T_k}^2}$$

例题 3　已知某种物资的订货提前期需求量服从正态分布：$D_L \sim N(\overline{D_L}, \sigma D_L) = N(1.406, 0.048)$，$C_1 = 2$ 元/吨期，$C_2 = 100$ 元/吨期，要求服务率达到 95%，求订货策略。

解：参见安全系数表，在 $P = 95\%$ 下，$k = 1.65$，则

$$S = \overline{D_L} + k\sigma_{D_L} = 1.406 + 1.65 \times 0.048 = 1.485 \text{（吨）}$$

$$Q^* = \sqrt{\dfrac{2C_2 \overline{D_L}}{C_1}} = \sqrt{\dfrac{2 \times 100 \times 1.406}{2}} = 11.86 \text{（吨）}$$

所以，订货策略为：预先设定订货点 $S = 1.485$ 吨，订货批量 $Q^* = 11.86$ 吨。随时检查库存，当库存量下降到订货点时，就发出订货，经济订货批量取 Q^*。

例题 4 已知 D_L 随机数列为：162、173、167、180、181、172、170、168、167、174、170、168。假设它们服从正态分布。要求缺货率不大于 16%，求订货点。

解：$\overline{D_L} = \dfrac{\sum_{i=1}^{12} D_{Li}}{12} = 171, \sigma_{D_L} = \sqrt{\dfrac{\sum_{i=1}^{12}(D_L - \overline{D_L})^2}{11}} = 5.23$

当 $q = 0.16$ 时，$k = 1$

所以：$S = \overline{D_L} + k\sigma_{D_L} = 170 + 5.23 = 176.23$。

2. 需求是随机离散的单周期存贮模型。

我们用一个典型例子——报童问题，以此来分析这类模型的解法。

1) 模型假设

有一报童每天售报数量是一个离散型随机变量，设需求量 X 的概率分布为 $P(x_i)$（$i = 1, 2, \cdots, N$）。已知，且 $\sum_{i=1}^{n} P(x_i) = 1$，每购进 1 件成本为 C 元，每销售 1 件收入得 p 元，每滞销 1 件处理时，回收金额为 g 元，$g < p$，每缺货 1 件罚款损失 s_2 元，求经济订购批量 Q^*。

2) 建立模型

如果订购量 Q 大于需求量，需求得到满足，即 $Q \geq X$ 时需付出购货成本，可收入销售金额及多余滞销部分的回收金额；如果 $Q < X$，需求量得不到全部满足，要付出购货成本及缺货部分罚款，可收入销售金额。因此，利润期望值为：

即 $E(\overline{C}) =$ 订购批量大于需求量时的利润期望值 + 订购批量小于需求量时的利润期望值

$$E(\overline{C}) = \sum_{x=x_1}^{Q-1}[-QC + px + g(Q - x)]P(x) + \sum_{x=Q}^{x_N}[-QC + pQ - s_2(x - Q)]P(x)$$

只需求出使 $E(\overline{C})$ 为最大值时的经济订购批量 Q，可用差分法求 Q^*。因为：

$$\Delta E\{\overline{C(Q^*)}\} = E\{\overline{C(Q^* + 1)}\} - E\{\overline{C(Q^*)}\} < 0$$

且，

$$\Delta E\{\overline{C(Q^*)}\} = E\{\overline{C(Q^*)}\} - E\{\overline{C(Q^* - 1)}\} > 0$$

所以：

$$\Delta E\{\overline{C(Q^*)}\} = E\{\overline{C(Q^* + 1)}\} - E\{\overline{C(Q^*)}\} < 0$$

$$= \sum_{x=x_1}^{Q^*}\{-(Q^* + 1)C + px + g[(Q^* + 1) - x]\}P(x)$$

$$+ \sum_{x=Q^*+1}^{x_N}\{-(Q^* + 1)C + p(Q^* + 1) - s_2[(Q^* + 1) - x]\}P(x)$$

$$- \sum_{x=x_1}^{Q^*-1}[-Q^*C + px + g(Q^* - x)]P(x)$$

$$- \sum_{x=Q^*}^{x_N}[-Q^*C + pQ^* - s_2(x - Q^*)]P(x)$$

经过计算整理得到

$$\Delta E\{\overline{C(Q^*)}\} = (-C+g)\sum_{x=x_1}^{Q^*}P(x) + (-C+p+g)\sum_{x=Q^*+1}^{x_N}P(x)$$

$$= (-C+p+s_2)\sum_{x=x_1}^{x_N}P(x) - (p+s_2-g)\sum_{x=x_1}^{Q^*}P(x)$$

$$= (-C+p+s_2) - (p+s_2-g)P(X \leq Q^*) < 0$$

整理得到：

$$P(X \leq Q^*) > \frac{p+s_2-C}{p+s_2-g}$$

可见，只要知道该物资的进价、售价、回收价和损失顾客的罚款 Q^* 就可求出其经济订购批量。

例题 5 报亭经营《武汉晚报》，进价 $C=0.30$ 元/份，零售价 $p=0.50$ 元/份。如售不出去退回邮局时，每份价格 $g=0.10$ 元；缺货时无罚款，即 $s_2=0$ 元。根据 1 000 天的统计，该报的销售率分布如表 6-7 所示。

表 6-7　　　　　　　　某报亭晚报的销售概率分布

售出份数 x_i	200	250	300	350	400	450	500	550	600	650
发生天数 N_i	5	20	75	90	190	260	205	120	30	5
概率 $P(x_i)=N_i/\sum N_i$	0.005	0.020	0.075	0.090	0.190	0.260	0.205	0.120	0.030	0.005
累计概率 $p(x \leq x_i)$	0.005	0.025	0.100	0.190	0.380	0.640	0.845	0.965	0.995	1.000

解：

$$P(X \leq Q^*) > \frac{p+s_2-C}{p+s_2-g} = \frac{0.50-0.30}{0.50-0.10} = 0.50$$

由表 6-7 可知，应取 $Q^*=450$ 份，即每天应进报纸 450 份。

6.2 供应链环境下的库存管理策略

传统的库存管理方法仅考虑企业内部资源的利用，所有的库存管理工作均着眼于本企业资源的最优应用。在企业由过去的竞争关系变成现在的供应链合作伙伴关系的环境下，这些库存管理的指导思想显得有些不适应。

但是，整个供应链的成功与否，取决于供应链满足最终客户需求的能力。供应链中的企业越来越认识到，它们实际上拥有共同的总体目标，因此它们不应该相互竞争，而是应该通过相互合作来满足最终客户的需求。

下面通过一个例子来说明供应链中各个企业如果不进行合作将会产生什么样的后果。

例题 6 一个供应链中有生产商、区域批发商和本地批发商、零售商和最终客户。这个供应链中的每一个企业自己都持有一个星期的库存以应对需求,每个企业都从各自上游的供应商处订购足够的物料,以确保在每周结束时的存货量等于这一时间段的需求。在这个供应链中,对于产品的需求是稳定的,每周为 10 个单位。然而,在某一周中,来自最终客户的需求上升了 20 个单位。假设送货速度足够快,可以即时到货,那么,需求的变化对这个供应链中的存货将会造成什么影响?

解答:对于供应链中的某一个环节而言,其具有以下特征:

1) 需求等于下一级客户采购的数量;
2) 一周之初的存货数量等于上一周结束时的存货数量;
3) 一周结束时的存货数量等于该周的需求数量;
4) 订购的数量等于需求和存货变化之和,即订购量 = 需求量 +(周结束时的存货量 - 周初始的存货量)。

表 6-8 供应链中需求变化对存货的影响

周	1	2	3	4	5	6	7	8
客户									
需求	10	20	10	10	10	10	10	10
零售商									
需求	10	20	10	10	10	10	10	10
周初存货量	10	10	20	10	10	10	10	10
周末存货量	10	20	10	10	10	10	10	10
订购量	10	30	0	10	10	10	10	10
本地批发商									
需求	10	30	0	10	10	10	10	10
周初存货量	10	10	30	30	20	10	10	10
周末存货量	10	30	0	10	10	10	10	10
订购量	10	50	0	0	0	10	10	10
区域批发商									
需求	10	50	0	0	0	10	10	10
周初存货量	10	10	50	50	50	50	50	30
周末存货量	10	50	50	50	50	40	30	20
订购量	10	90	0	0	0	0	0	0
生产商									
需求	10	90	0	0	0	0	0	0
周初存货量	10	10	90	90	90	90	90	90
周末存货量	10	90	90	90	90	90	90	90
订购量	10	170	0	0	0	0	0	0

如表 6-8 所示，在第一周中，供应链的需求为 10 件产品，在第二周，客户需求上升到 20 件，零售商就必须订购 20 件产品以满足客户的需求，并且要多订购 10 件，使得周结束时的存货量保持在 20 件产品的水平上。因此，零售商共从其上游供应商（本地批发商）处订购了 30 件产品，从而使它在周结束时的存货数量达到 30 件。所以，本地批发商一共需要从它上游的供应商（区域批发商）处订购 50 件产品。而对于区域批发商来说，首先，它要向本地批发商提供 50 件产品；其次，它还需要多订购 40 件产品，使自己的周结束时存货数量达到 50 个单位。因此，它一共需要从生产商处订购 90 件产品。

第三周的市场需求又回到 10 件。这时，零售商把周结束时的存货量降到了 10 件，不需订货，仅用存货就可以满足需求。这样，其他层级供应商处的需求为零。但是，由于客户需求在前一周之内上涨了 10 件，这使得生产量上涨了 160 件，供应链的整体存货水平从 40 件上涨到 190 件。此时，要退回正常水平的话，则需要 15 周的时间。

供应链中的任何不确定性因素都会使得供应链的成员企业持有更多存货。因此，各成员企业在库存和物料流转方面进行紧密合作，能够给供应链中的组织带来好处。为了解决供应链中的库存管理问题，从供应链的上游出发，出现了供应商管理库存（Vendor Managed Inventory，VMI）。VMI 思想更多的是应用物料紧缺、价格变动比较大的制造行业以及大量的以供应商为主导的零售业中。VMI 要求供应商来参与管理客户的库存，供应商拥有和管理库存，下游企业只需要帮助供应商制订计划，从而使下游企业实现零库存，供应商的库存也大幅度减少。

随着企业信息化程度的提高以及供应链思想日益深入人心，库存管理的思想从上游管理的逐渐演化到了整个供应链的集成管理，出现了联合库存管理（Joint Managed Inventory，JMI）和协同计划、预测与补充管理（Collaborative Planning, Forecasting and Replenishment，CPFR）。库存管理的核心更贴近于消费者这个赢利中心，更加适合于供需的统一。同时，库存管理的难度和要求也提高了。

6.2.1 供应商管理库存策略

6.2.1.1 供应链库存管理存在的问题

（1）协调机制问题。

供应链是一个整体，需要协调各方活动才能取得最佳的运行效果。供应链中的不同成员存在着不同的、相互冲突的目标。例如，供应商希望制造商进行稳定数量的大量采购，交货期能够灵活可变。与供应商相反，制造商必须对顾客需求的变化做出反应，因此，供应商的目标与制造商的目标发生直接冲突，这些冲突会导致供应链的整体效率低下。协调的目的是使整个供应链有共同一致的目标，能够根据客户的要求步调一致，形成更为合理的供需关系，以适应复杂多变的市场环境。如果企业间缺乏协调与合作，就会导致交货期的延迟和服务水平的下降，同时，库存水平也会因此而提高。在供应链库存管理中，组织障碍是库存增加的一个重要因素。不管是企业内部还是企业之间，相互的合作与协调是实现供应链无缝连接的关键。在供应链管理环境下，库存控制不再是一种运作问题，而是企业的战略性问题。要实现供应链管理的高效运行，必须增加企业的合作，建立有效的协调机制。

（2）信息传递问题。

供应链企业之间的协调涉及更多的利益群体，组织之间沟通障碍使供应链上的库存控制变得非常困难，导致企业不得不维持较高的安全库存。要进行有效的合作与协调，组织之间需要一种有效的激励机制。供应链各成员企业之间的需求预测、库存状态、生产计划等都是供应链管理的重要数据，这些数据分布在不同的供应链组织之间。要做到快速、高效地响应用户需求，就必须对供应链的信息系统模型做出相应的改变，通过系统集成的办法，使供应链中的库存数据能够实时、快速地传递。然而，目前许多企业的信息系统相容性较差，无法很好地集成起来，当供应商需要了解用户的需求信息时，常常得到的是延迟的信息和不准确的信息。由于延迟引起误差会影响库存量的精确度，短期生产计划的实施也会遇到困难。因此，如何有效传递供应链库存管理信息，是提高供应链库存管理绩效亟待解决的问题。

（3）不确定性问题。

供应链运作中存在诸多不确定因素，如订货提前期、货物运输状况、原材料质量、生产时间、运输时间、需求的变化等。随着供应链的扩展、成员企业的增加，供应中的不确定性进一步增加。很多公司并没有认真研究和跟踪不确定性因素的来源和影响，错误地估计供应链中物料的流动时间，造成有的物品库存增加，而有的物品库存不足。企业的计划无法顾及那些无法预知的因素，如市场变化引起的需求波动、供应商的意外变故导致的缺货以及企业内突发事件引起的生产中断等，这些不确定因素是形成库存的主要原因。不确定因素的作用对于库存及服务水平均有影响。在不确定性存在的情况下，高服务水平必然带来高库存。因而，如何研究和追踪这种不确定性的变化，是对供应链库存管理的又一挑战。

（4）绩效评价问题。

近年来，对供应链管理绩效评价的研究已经取得了一些进展，而对供应链库存管理绩效评价的研究仍显不足。有些企业采用库存周转率作为供应链库存管理的绩效评价指标，但是没有考虑对用户的反应时间与服务水平，常常忽视一些服务指标，如订货周转时间、平均延迟时间、提前及延迟交货时间等。有的企业采用订货满足率作为评价指标，但它不能评价订货的延迟水平。此外，由于供应链各成员企业以及企业内部各部门都有各自不同的目标，不仅库存管理绩效评价尺度不同，而且使用的指标缺乏整体考虑。因此，科学、全面地分析和评价供应链库存管理绩效，就成为一个非常重要的问题。

6.2.1.2 供应商管理库存的基本思想

供应商管理库存（Vendor Managed Inventory，VMI）是由供应商来为客户管理库存，并为它们制订库存策略和补货计划。它是根据客户的销售信息和库存水平为客户进行补货的一种库存管理策略，是供应链上成员间达成紧密业务伙伴关系后的一种结果。一直以来，供应商、制造商、批发商和零售商各自管理自己的库存，自行制订库存策略和补货计划。在VMI运作中，这种传统的运作关系发生了转变，变成由供应商代替客户去管理客户的库存，并决定何时购买、购买多少等。在传统模式下，一个分销商的库存水平低于安全库存量时，它需要向供应商发出订单，然后由供应商送货。在VMI模式下，供应商从分销商处接收电子数据，这些数据代表了分销商销售和库存的真实信息。然后，供应商通过处理和分析这些信息，得知分销商仓库里每一种货物的情况和市场需求，就可以为分销商制订和维护库存计划。订单是由供应商生成的，而不是由分销商发出的。

(1) 供应商管理库存的原则。

1) 合作性原则。在实施 VMI 时，相互信任与信息透明是很重要的，供应商和用户（零售商）都要有较好的合作精神，才能够保持较好的合作。

2) 互惠原则。VMI 不是关于成本如何分配或谁来支付的问题，供应商和用户（零售商）都要有较好的合作精神，才能够保持较好的合作。

3) 目标一致性原则。双方都明白各自的责任，观念上达成一致的目标。要明确库存放在哪里、什么时候支付、是否要管理费、要花费多少等问题，并且将其体现在框架协议中。

4) 连续改进原则。VMI 使供需双方能共享利益和消除浪费，并不断进行改进和优化。

(2) 供应商管理库存的实施方法与评估。

实施 VMI，首先要改变订单处理的方式，建立基于标准的托付订单处理模式。这就要求供应商和分销商一起确定供应商的订单业务处理过程、所需要的信息和库存控制参数，其次，建立一种订单的标准处理模式，如 EDI 标准提出报文；最后，把订货、交货和票证处理各个业务功能都集成到供应商一方。库存状态透明性（对供应商而言）是实施 VMI 的关键。供应商能够随时跟踪和检查分销商的库存状态，从而快速响应市场的需求变化，及时对生产、供应状态做出相应的调整。VMI 的实施可以分为以下几个步骤：

1) 建立顾客情报信息系统。要有效地管理销售库存，供应商必须能够获得顾客的有关信息。通过建立顾客信息库，供应商能够掌握需求变化的有关情况，把由分销商进行的需求预测与分析功能集成到供应商的系统中来。

2) 建立销售网络管理系统。供应商要很好地管理库存，必须建立起完善的销售网络管理系统，保证自己的产品需求信息和物流畅通。为此，必须做到以下几点：一是保证自己产品条码的可读性和唯一性；二是解决产品分类、编码的标准化问题；三是解决商品存储运输过程中的识别问题。

3) 建立供应商与分销商的合作框架协议。供应商和分销商通过协商，确定处理订单的业务流程以及控制库存的有关参数（如再订货点、最低库存水平等）、库存信息的传递方式（如 EDI 或 Internet）等。

4) 组织机构的变革。因为 VMI 策略改变了供应商的组织模式，过去一般由销售经理处理与客户有关的事务，在引入 VMI 策略后，供应商订货部门产生了一个新的职能，负责客户库存的控制、库存补给和服务水平。

(3) 实施供应商管理库存的好处。

1) 供应商的收益。VMI 使得供应商能够通过多客户补货以及递送间的协调降低运输成本，改善服务水平，使得产品更新更加方便；供应商可以在多个分销商需求的基础上进行预测，避免了分销商订单对预测的误导，提高了预测准确性；降低了供需双方博弈的机会。

2) 分销商的收益。库存管理的效率更高，库存周转和顾客服务水平不确定性降低，可有效降低成本。

6.2.2 联合管理库存策略

(1) 联合管理库存的基本思想。

联合管理库存（Joint Managed Inventory, JMI）是指由供应商和客户联合管理库存。VMI 是一种供应链集成化运作的决策代理模式，由供应商代理分销商行使库存决策的权利。JMI 则是一种风险分担的库存管理模式，体现了战略联盟的新型企业合作关系，强调供需双方同时参与，共同制订库存计划，使供应链中的每个库存管理者都从相互之间的协调性出发，保持供应链相邻各节点需求的确定都是供需双方协调的结果。

(2) 联合管理库存的优点。

1) 为实现供应链的同步化运作提供了条件和保证。

2) 减少了供应链中的需求扭曲现象，降低了库存的不确定性，提高了供应链的稳定性。

3) 库存作为供需双方的信息交流和协调的纽带，可以暴露供应链管理中的缺陷，为改进供应链管理水平提供依据。

4) 为实现零库存管理、准时采购以及精细供应链管理创造了条件。

5) 进一步体现了供应链管理的资源共享和风险分担的原则。

(3) 联合管理库存的实施策略。

为了发挥 JMI 的作用，供需双方应本着合作的精神建立协调管理机制，明确各自的责任和目标，建立合作沟通的渠道。主要应从以下几方面入手：

1) 建立供需协调管理机制：

a. 通过协商建立共同的合作目标，如提高客户满意度、利润的共同增长和风险的减少。

b. 建立联合库存的协调控制方法，包括库存如何在多个需求商之间进行调节与分配、库存的最大量和最低库存水平、安全库存的确定、需求预测等。

c. 建立信息沟通的渠道或系统，提高整个供应链需求信息的一致性和稳定性，减少由于多重预测导致的需求信息曲解，增加供应链各方获得需求信息的及时性和透明性。

d. 建立利益的分配和激励机制，对参与的各个企业进行有效的激励。

2) 发挥两种资源计划系统的作用：为了发挥联合管理库存的作用，应充分利用目前比较成熟的两种资源管理系统，即物料需求计划（MRP）和物资资料配送计划（DRP）。原材料库存协调管理中心应采用制造资源计划系统（MRP II），而产品联合库存协调管理中心则应采用物资资源配送计划（DRP），在供应链系统中把两种资源计划系统很好地结合起来。

3) 建立快速响应系统。快速响应系统是一种供应链管理策略，目的在于减少供应链中从原材料到客户过程的时间和库存，最大限度地提高供应链的运作效率。快速响应系统需要供需双方的密切合作，库存协调管理中心的建立为快速响应系统发挥更大的作用创造了有利的条件。

4) 发挥第三方物流系统的作用。第三方物流系统起到了供应商和客户之间联系的桥梁作用，为企业获得诸多好处。面向协调中心的第三方物流系统使供应与需求双方都取消了各自独立的库存，增加了供应链的敏捷性和协调性，并且能够大大改善供应链的客户服务水平和运作效率。

6.2.3 协同计划、预测与补充管理

6.2.3.1 协同计划、预测与补充管理的基本思想

协同计划、预测与补充管理（Collaborative Planning, Forecasting and Replenishment, CPFR）是一种协同式的供应链库存管理策略，它至今尚无统一的定义。一般认为，CPFR 是一种哲理，是应用一系列的处理和技术模型，提供覆盖整个供应链的合作过程，它通过共同管理业务过程和共享信息来改善分销商和供应商的伙伴关系，提高预测准确度，最终达到提高供应链效率、减少库存和提高消费者满意度的目的。CPFR 有三条指导性原则：第一，合作伙伴框架结构和运作过程以消费者为中心，并且面向价值链进行运作；第二，合作伙伴共同负责开发单一、共享的消费者需求预测系统，这个系统驱动整个价值链计划；第三，合作伙伴承诺共享预测并在消除供应过程约束上共担风险。

6.2.3.2 协同计划、预测与补充管理的运作模型

CPFR 运作模型如图 6-5 所示，具体步骤如下：

1）供应链合作伙伴包括分销商和供应商等，它们共同达成一个通用业务协议，包括对合作的全面认识、合作目标、机密协议和资源授权。

2）供应商和分销商交换公司战略和业务计划信息，以发展联合（共同）业务计划。

3）利用分销商数据、因果关系信息和已计划事件信息，创建一个支持共同业务计划的销售预测。

4）识别分布在销售预测约束之外的项目，每个项目的例外准则须在步骤1）中得到认同。

5）通过查询共享数据、E-mail、电话、交谈、会议等解决销售预测中的例外事件，并提交销售预测改变结果。

6）合并 POS 数据、因果关系信息和库存策略，产生一个支持共享销售预测和共同业务计划的订单预测。

7）识别分布在订单预测约束之外的项目，例外准则在步骤1）中已建立。

8）通过查询共享数据、E-mail、电话、交谈、会议等调查研究订单预测中的例外事件，并提交订单预测改变结果。

9）将订单预测转换为已承诺的定单，订单生成可由供应商或分销商根据能力、系统和资源来完成。

6.2.3.3 协同计划、预测与补充管理的局限性

同传统的供应链运营模式相比，CPFR 在改善供应链合作关系、提高消费者满意度和供应链整体运作效率方面无疑是一个重大的进步，具有重要的理论和应用价值。但是，它存在以下局限：

（1）以消费者为中心的思想未能完全实现。

这主要是因为缺乏最主要的当事人消费者的积极参与和密切配合。由于合作过程是在消

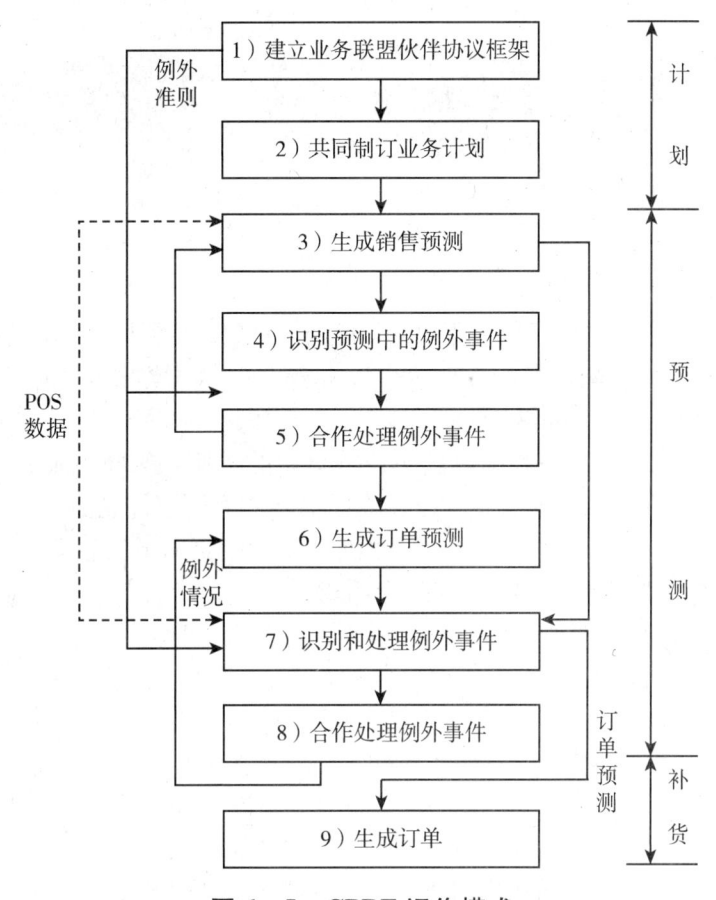

```
                1) 建立业务联盟伙伴协议框架      ↑
      例外                                    计
      准则        2) 共同制订业务计划          划
                                               ↓
                3) 生成销售预测                ↑
                4) 识别预测中的例外事件
      POS
      数据      5) 合作处理例外事件            预
                6) 生成订单预测                测
      例外
      情况      7) 识别和处理例外事件
                8) 合作处理例外事件      订单  ↓
                                        预测   ↑
                9) 生成订单                    补货
                                               ↓
```

图 6-5 CPRF 运作模式

费者"缺席"的情况下展开的，CPFR 缺乏与消费者的互动和交流。而 POS 只能提供关于"过去"的统计数据，不能准确反映消费者未来需求的真实情况，所以，在 POS 基础上的需求预测难免存在偏差。

（2）始于需求预测，终于订单产生，合作过程不是十分完善。

CPFR 的工作重点是产品的生产领域和流通领域的良好对接，但归根到底，这种合作性仍集中于流通领域，通过群体性的更加接近实际的消费预测以驱动生产过程。

供应链涉及一系列错综复杂的业务活动，它不仅跨越供应商、分销商及消费者等不同组织组成的供应链的"空间通道"，还经历了计划、执行订单、供货等"时间通道"。尽管计划工作在供应链运营过程中居于重要地位，但供应链运营效果不能单单凭借计划制订过程中的合作行为而实现，还决定于其他（如计划执行等）过程中全体供应链成员的群策群力。所以，供应链成员之间的合作过程应该从 CPFR 计划工作开始，一直持续到生产出顾客满意的产品并送到顾客手中为止，应贯穿整个过程。虽然 CPFR 也相应地对供应链企业之间的合作关系进行了一定的安排，但还是不够的。

6.3 牛鞭效应与库存管理

6.3.1 "牛鞭效应"的产生

6.3.1.1 "牛鞭效应"的概念

在近几年对供应链进行管理的过程中人们已经注意到,尽管特定产品的顾客需求变动并不大,但是他们的库存和延期交货水平的波动却很大——这被美国著名的供应链管理专家李豪教授称为"牛鞭效应（Bullwhip Effect）"。

在英语中,"bullwhip"是指旧时赶牛或牲口用的粗而长的鞭。在供应链管理中由此而引申出来的"牛鞭效应",它是对需求信息扭曲在供应链中传递的一种形象的描述。其基本思想是：当供应链上的各节点企业只根据来自其相邻的下级企业的需求信息进行生产或者供应决策时,需求信息的不真实性会沿着供应链逆流而上,产生逐级放大的现象。当信息达到最源头的供应商时,其所获得的需求信息和实际消费市场中的顾客需求信息发生了很大的偏差。由于这种需求放大效应的影响,上游供应商往往维持比下游供应商更高的库存水平。

早在1961年,弗雷斯特就通过一系列的实际案例揭示了这种工业组织的动态学特性。另外,斯特曼在1989年通过一个"啤酒分销游戏"验证了这种现象。在实验中,有4个参与者形成一个供应链,各自独立进行库存决策而不与其他的成员进行协商,决策仅依赖其毗邻的成员的订货信息作为唯一的信息来源,斯特曼把这种现象解释为供应链成员的系统性非理性行为的结果或"反馈误差"。

6.3.1.2 "牛鞭效应"产生的原因

（1）需求预测修订。

在传统的供应链中,各节点企业总是以其直接下游的需求信息作为自己需求预测的依据。比如,当某企业销售了100个产品时,他可能会乐观地估计未来,也为了保证不断货,他会增加进量,达到120个。同样地,由于信息不对称,批发商和分销商也可以做出比以往增加更多的库存的决策,传到制造商时,订单可能就是200个甚至更多了,而实际需求最多不会超过110个,"牛鞭效应"也就产生了。

（2）订单批量决策。

在供应链中,每个企业都会向其上游订货,一般情况下,销售商并不会来一个订单就向上级供应商订货一次,而是在考虑库存和运输费用的基础上,在一个周期或者汇总到一定数后再向供应商订货。为了减少订货频率,降低成本和规避断货风险,销售商往往会按照最佳经济规模加量订货；同时,频繁的订货也会增加供应商的工作量和成本,供应商也往往要求销售商在一定数量或一定周期订货,此时销售商为了尽早得到货物或得到全额货物,或者为备不时之需,往往会人为提高订货量。这样,由于订货策略导致了"牛鞭效应"。

(3) 价格波动。

供应链中的上游企业经常采用一些促销策略，比如价格折扣、数量折扣等。对下游企业来说，如果库存成本小于由于折扣所获得的利益，那么在促销期间，他们为了获得大量含有折扣的商品，就会虚报商品的销售量，然后将虚报的商品拿到其他市场销售或者推迟到促销结束再销售，也有的将这一部分商品再转卖给其他经营者，这样就引起了需求极大的不确定性。而对消费者来说，在价格波动期间，他们会改变购买，但这并不能反映消费者的实际需求，因为他们会延迟或提前满足部分需求。如每年的三次长假，由于商家的促销，消费者会将假前的部分需求推迟，也会将以后的部分需求提前，集中到假期消费，这样需求的变动就比较大。所以，价格波动也会产生"牛鞭效应"。

(4) 短缺博弈。

当需求大于供应时，理性的决策是按照订货量比例分配现有供应量，比如，总的供应量只有订货量的40%，合理的配给办法就是按其订货的40%供货。此时，销售商为了获得更大份额的配给量，故意夸大其订货需求是在所难免的，当需求降低时，订货又突然消失，这种由于短缺博弈导致的需求信息的扭曲，最终导致"牛鞭效应"。

(5) 提前期。

总提前期是由用于订单处理、采购和制造商品、在供应链不同阶段运输商品的时间构成的。提前期越长，对企业的订购点和安全库存的影响越大，也会降低需求信息的时效性，从而引起"牛鞭效应"。

(6) 供应链的结构。

一般来说，供应链越长，处于同一节的企业越多，供应商离消费者越远，对需求的预测越不准。同时，经过各环节的传递及各企业安全库存的多层累加，需求信息的扭曲程度越大，"牛鞭效应"越明显。

通过以上的分析我们可以发现，"牛鞭效应"产生的根本原因在于供应链上、下游企业间缺乏沟通和信任机制，而每一个企业又都是理性的、有各自的利益，由此造成需求信息在传递过程中不断地被扭曲。

6.3.2 牛鞭效应对库存的影响

6.3.2.1 供应链上库存管理的"牛鞭效应"问题

传统库存管理模式主要是以单一企业为对象的库存管理，是单个节点企业独立管理库存，从企业自身利益最大化的角度通过确定订货点及订货量以寻求降低库存、减少缺货、降低需求不确定的风险。这种模式使供应链上的各企业之间缺乏信息沟通，企业间合作的程度很低，所以产生了供应链上的一种需求变异逐级放大的效应。

"牛鞭效应"的存在，对供应链中物品资源、信息资源、资金资源、人力资源的有效运作产生了很大的障碍。"牛鞭效应"的直接后果是库存积压，供应链上过高的库存可能会发生损耗的危险；同时过量库存的存在，会造成供应链活动中潜在的销售流失。"牛鞭效应"的存在使得信息失真的现象的表现，其逐级波动的特性增加了生产企业运作的难度和不确定性，同时也增加了供应商配置资源的不确定性。"牛鞭效应"会使用户需求得不到及时满足,服务水平差。扭曲失真的信息会使各节点企业很难对市场需求做出准确预测和正确决策,使企业产品拥有量不稳定,时而产生短缺时而过剩,甚至出现产品过时的现象,无法充分满足客户需求,导致对客户得服务水平降低。

6.3.2.2 供应链上库存管理"牛鞭效应"的解决策略

"牛鞭效应"是供应链下库存管理的特点,采用传统的库存管理方法也不能很好地解决这一问题,只有采用创新的供应链库存管理办法才能解决。可以通过以下四个措施来减少"牛鞭效应"。

（1）实现信息共享。

由于"牛鞭效应"主要是供应链各阶段按订单而不是按顾客需求进行预测造成的,而供应链的唯一需求是满足最终客户的需求,如果零售商与其他供应链成员共享 POS 数据,就能使各成员对实际顾客要求的变化做出响应。因此,在供应链上实行销售时点数据（POS）信息共享,使供应链每个阶段都能按照顾客要求进行更加准确的预测,从而可减少需求预测变动性,减少"牛鞭效应"的产生。

（2）改善操作作业。

改善操作作业,缩短提前期和减少订购批量来减少"牛鞭效应"。通过先进的通信技术缩短订单处理和信息传输的信息提前期,通过直接转运缩短运输提前期,通过柔性制造缩短制造提前期,通过实行事先送货预告缩短订货提前期。提前期缩短了,需求的变动性就相对减少了。要减少订购批量就要减少与固定订购费用有关的运输、订购、验收的费用,利用电子订货系统（EOS）和 EDI 减少订购费用,订购批量减少可以降低供应链上相邻两阶段积累起来的变动量,从而减少"牛鞭效应"。

（3）稳定价格。

制定相应的价格策略,鼓励零售商进行小批量订购并减少提前购买行为以减少"牛鞭效应"。例如,把基于批量的折扣策略改为基于总量的折扣策略,即在特定时期内（如一年内）按总的采购量来制定折扣策略,可以使得每次的批量减少；实行天天平价策略和限制促销时采购量等方法,使价格稳定,减少预先购买行动,从而减少"牛鞭效应"。

（4）建立战略伙伴关系和信任。

通过建立战略伙伴关系,建立相互信任,实现信息共享,使供应链上的每个阶段供应与需求都能很好的匹配,降低交易成本。

本章小结

库存管理是供应链管理的核心内容之一,在本章中,我们探讨库存管理的基本原理和方法,重点介绍了确定型库存模型和随机型库存模型的原理和控制方法,在供应链环境下阐明了企业运作组织和管理模式的变化对库存管理产生的影响；介绍了供应链环境下的三种库存控制模式,即供应商管理库存（VMI）、联合库存管理（JMI）,以及协同计划、预测与补充管理（CPFR）,这些库存控制策略与方法体现了一种完全不同于传统的库存管理思想。

关键术语

经济订货批量（Economic Order Quantity，EOQ）

供应商管理库存（Vendor Managed Inventor，VMI）

联合库存管理（Joint Managed Inventory，JMI）

协同计划，预测与补充管理（Collaborative Planning, Forecasting and Replenishment，CPFR）

复习思考题

1. 举例说明库存管理在供应链管理中的地位和作用？
2. 供应链环境下的库存成本主要包括哪些？
3. 简述 VMI、JMI、CPFR 的基本思想。
4. 已知某种物资的订货提前期需求量 D_{Li} 的分布如下表，求库存满足率为 87.5% 的订货点？

D_L	$P(D_L)$	P	D_L	$P(D_L)$	P
30	0.025	0.025	70	0.200	0.875
40	0.100	0.125	80	0.100	0.975
50	0.200	0.325	90	0.025	1.000
60	0.350	0.675			

5. 某制造商销售一种零件，每天的平均需求为 100 件，订货提前期为 4 天。

（1）设需求呈正态分布，且需求相互独立，需求的标准差为 30 件，当客户服务水平为 99% 时，其安全库存量为多少？再订货点是多少？

（2）若需求稳定，但是订货完成周期服从正态分布，并且其标准差为 4 天，当客户服务水平为 99% 时，该企业需要持有的安全库存量是多少？再订货点是多少？

（3）若需求服从标准差为 30 的正态分布，并且提前期也是变化的，提前期的标准差为 4 天，当客户服务水平为 99% 时，该企业需要持有的安全库存量是多少？再订货点是多少？

6. 报亭经营期刊杂志，每册进货价格 $C=0.80$ 元，售出价格 $p=1.00$ 元。如过期，价格 $g=0.50$ 元；缺货时无罚款，即 $s_2=0$。根据多年统计表明，需求服从均匀分布，最高需求量 $b=1\,000$ 册，最低需求量 $a=500$ 册，问应进货多少才能保证期望利润最高？

讨论案例

苏泊尔库存管理秘诀

苏泊尔股份有限公司（以下简称"苏泊尔"）是中国最大、全球第二的炊具研发制造商。1998 年"苏泊尔"开始投放自主研发的压力锅，在原有一个安全窗的基础上增加限压阀和另外一个安全窗,双安全窗的概念帮助"苏泊尔"打开了中国炊具市场。早年"苏泊尔"进驻沃尔玛、家乐福等大型连锁卖场,伴随着这些大型连锁超市在全中国范围内的跑马圈地,"苏泊尔"也在全国市场获得了更为广泛的品牌认知度。

经过10多年的发展,中国炊具行业的格局基本已经形成,高端市场有德国品牌菲仕乐、双立人、WMF等,中端市场则被国产品牌苏泊尔和爱仕达牢牢占据,与此同时,中国炊具市场也逐渐开始饱和。在与炊具小家电行业全球品牌排名第一的SEB公司合并后,"锅王"苏泊尔开始扩张产品品类。

截至2012年年底,"苏泊尔"的产品已经从压力锅、不粘锅、电磁炉等早年明星炊具产品扩展到电水壶、电饭煲等厨房小家电和厨卫电器3大领域的600多个规格品种。2012年,苏泊尔以68.89亿元的年营业收入位居中国炊具品牌第一位,其中小家电营业收入就达38亿元,已经超过炊具产品的营业收入。

在2012年网商价格大战时,不少小家电制造业面对网络渠道商的强硬降价策略,不得不采取自损毛利跟进降价,但"苏泊尔"并没有盲目跟进,而是根据库存系统当日报表中呈现的各项数据分析,选择部分品类去跟进促销。这种应对策略有效地避免陷入价格战后造成的多输局面,使"苏泊尔"既避免了流失客户,又守住了利润。

"苏泊尔"还将库存系统应用进一步扩展,帮助管理层做及时准确的数据分析。管理层可以及时准确地获得每天的销量数据、达成比例、毛利状况等。"苏泊尔"CIO王波在搭建库存系统初期做了顶层设计,要求分析框架标准化,销售日报、损益日报、费用报表、工艺指标分析等所有报表的分析框架都要标准化处理,以保证不同部门不同领域的主管都能看得懂。

除此之外,报表中还会反映出采取措施的信息,比如当某个区域的品类达成率降低到60%以下,报表中会做出分析,给出一系列可采取的措施,相关负责人就可以马上行动。针对竞争对手随时推出的促销政策,报表也会给出一系列分析和解决方案,为迅速调整营销策略提供"数据弹药"。

"每天打开电脑就能够看到实时的数据,对做具体业务的管理者非常有意义。想看哪个数据,想控制哪个节点,随时都可以看到和管控。这个是管理时效性的价值。"王丰禾说,现在库存系统已经成为"苏泊尔"50多个高管每天必看的经营指南。

在小家电行业,生产制造商把产品推送给各地经销商,再由经销商把产品推送到各个卖场。生产制造商可以清楚地管理自己的账目,但是却不能有效管理经销商的库存状况,保证生产制造的库存状况最低且提供及时的配送服务。对终端市场的把控已经成为越来越多零售制造企业亟须攻坚的难题,"苏泊尔"也在面临这个难题。

从2009年开始,王波开始对"苏泊尔"已有系统进行优化,建立新的集团管控模式,从最底层的生产基地层面实现对财务、流程体系的标准化和优化,统一口径,强化流程的一致性和数据的及时性。这保证了一线数据的准确,并实现了一线数据迅速准确地上传下达并有效分析,支持总部迅速调整策略以应对市场竞争。

但在三四级终端市场的管控上,要想找到市场衡量指标很难。目前,"苏泊尔"通过覆盖率和直营比例作为控制点,了解三四级市场的数据。同时,"苏泊尔"也在探索卖场直配模式,未来由经销商做配送服务和技术支持,再对各个销售渠道做合理区分管理。另外,王波也在针对三四线市场做调研,除了从有规模的卖场和连锁店获取市场数据外,希望能从诸如个体经营的小商店中获取对"苏泊尔"库存管理有指导意义的数据。

资料来源：http://www.chinacasestudy.com/firmioi/548_21014/233.html

思考题

1. "苏泊尔"如何对库存进行管理？
2. "苏泊尔"库存有何特点？

第 7 章

供应链信息管理

学习目标

- 了解供应链中信息的作用和特点
- 熟悉供应链中的主要信息技术
- 掌握电子商务下的供应链管理

【引导案例】

条码应用对焦移动电商

近日,淘宝网再现新规:不允许商品标题、商品详情、店铺、旺旺等中使用导购、团购、促销类网站的名称、Logo 等信息。众所周知,以互联网为运营基础的企业相当看重流量,在巨头圈地凸显化的互联网江湖,企业的引流对平台、搜索引擎等的依赖性非常强烈,一旦平台之间互相封锁或者规则稍动,对企业的重创可想而知。

相对于线上流量最大来源于平台和搜索,线下最大的流量是扫码。尤其是微信 5.0 对扫一扫的功能进行了强化之后,扫描条形码可以了解商品信息甚至跳转至购买页进行购买,使得最初作为流通商品的唯一认证码,更多是官方给予企业及商品归属、唯一标示等的认证的条形码,由幕后走向台前,条形码的其他功能前景逐渐被挖掘。

国内较早研究二维码、条形码的企业之一的北京"灵动快拍"历经三年对条码的研究,在积累 1 500 万条形码数据库的基础上,认为条形码除了本身的认知价值以外,在信息延展、交互、用户黏度等方面具有独特的价值,不仅为企业在条形码的利用方面增添更多的附增价值,更多的为电商增添新的入口,带来革命性的意义。基于以上背景,"灵动快拍"推出条码通服务方案,开放条形码电商入口。

对于"条码通"这个新概念,"灵动快拍"所推出的条码通,主要是通过"灵动快拍"旗下的"快拍二维码"超过 6 000 万安装量为数十万家企业的商品提供移动电商的入口,一方面用户通过快拍二维码识码软件可以获取该条形码对应的商品信息,并可了解该商家及商品的近期动态;另一方面,企业在条形码上负载的信息可根据需求增加,以与用户更好地互动。除了快拍二维码客户端,在识别入口方面,"灵动快拍"已经陆续展开和微信、中国移动、360 安全卫士、百度、搜狗等知名互联网公司合作,为商家及消费者打造一个便捷的安全购物通道。

通过使用条码通条码扫码结果在用户扫描之后获取的信息，犹如进入一个胡同里隔墙看到面馆名字，但是找不到去面馆的道路和门槛。而条码通正是通过"灵动快拍"自身积累的条码库资源，将从微信、快拍二维码、百度等所有入口进来的扫码用户引流至企业页面，为企业与用户之间搭建亲密接触平台。

条形码的价值意义已经从原有的简单认知过渡到更多价值的累积，在信息延展、互动、增添用户忠诚度和作为移动电商新入口等方面具有独特的价值，在信息延展方面，企业可以增添视频介绍、官网、微博等相关信息，通过"灵动快拍"条码通连接至条形码本身，这样用户只需通过扫条形码，即可了解到商家的信息介绍，从多层面、多维度为用户体现立体企业信息。

企业可以设置抽奖、优惠券、新品促销等相关活动通过"灵动快拍"条码通连接至条形码本身，这样用户只需要扫条形码，即可参与到企业设置的活动中来，有效地为企业和用户的互动搭建平台，完成了很好的信息互动。企业可以设置用户扫条形码获取积分等营销手段，通过"灵动快拍"条码通连接至条形码本身，用户扫条形码即可获取积分等，提升用户的黏度与忠诚度，并且可以通过"灵动快拍"条码通，将用户导引至电商页面，直接引导用户实现购买。在扫码习惯已然形成的当下，条码通无疑是最有效且最防其他平台封锁的入口。

较之互联网时代的搜索引擎、电商平台和门户网站几家独大的局面，移动互联网的发展更是风云变幻，淘宝、京东、苏宁的电商平台都相对独立的存在，通过流量得以生存的电商对于平台的封锁政策，只能说电商的寒冬真的到来。条码通较之当下众多电商通过直通车、线上广告、导购网站等高昂付费引流的固有模式，更能有效利用企业商品包装这一独特渠道，通过O2O，打通线下和线上，具备更便捷、更安全、成本更低廉、覆盖移动网民更广泛等特性，未来将成为移动电商的最大入口之一。

（资料来源：http://www.china.net.com.cn/code/20130925/446.html）

7.1 供应链中信息共享

7.1.1 供应链中信息的作用

7.1.1.1 信息的概念

信息就是一种对不确定性的消除。事物不确定性被消除得越彻底，信息量就越大。如果从信息与数据的关系方面去论述，则信息是经过加工、解释以后的数据。人们对信息的理解，得出以下结论：

1）信息是表现事物特征的一种普遍形式；
2）信息是数据加工的结果；
3）信息是系统有序的度量；
4）信息是表现物质和能量在时间、空间上的不均匀分布；
5）信息是数据的含义，数据是信息的载体；
6）信息是帮助人们做出决策的知识。

无论信息的定义如何，但对信息的理解必须掌握两点：一是信息在客观上是反映某一客观事物的现实情况的；二是信息在主观上是可以接受、利用的，并指导我们行动的。

7.1.1.2 供应链信息

每一笔商业交易的背后都伴随着有关产品运动的信息。供应链上的贸易伙伴需要这些信息，以便对产品进行接收、跟踪、分拣、存储、配送、包装等。随着商品贸易量的扩大，信息数量增加，供应链上合作伙伴的组织费用、数据处理费用及支持人员费用也会大幅度增加。对信息进行精确、可靠及时的采集、传输和处理变得越来越重要。而供应链管理的信息技术支持系统，正是为了降低供应链全过程的行动成本，优化业务流程以及信息处理自动化、共享化。

信息共享是实现供应链管理的基础。供应链的协调运行建立在各个节点企业高质量的信息传递与共享的基层之上（见图7-1），因此，有效的供应链管理离不开信息技术提供可靠的支持。IT的应用有效地推动了供应链管理的发展，它可以节省时间和提高企业信息交换的准确性，减少了在复杂、重复工作中的人为错误，因而减少了由于失误而导致的时间浪费和经济损失，提高了供应链管理的运行效率。因此，现在所说的整合的供应链管理，实际上就是在信息技术下的供应链管理。

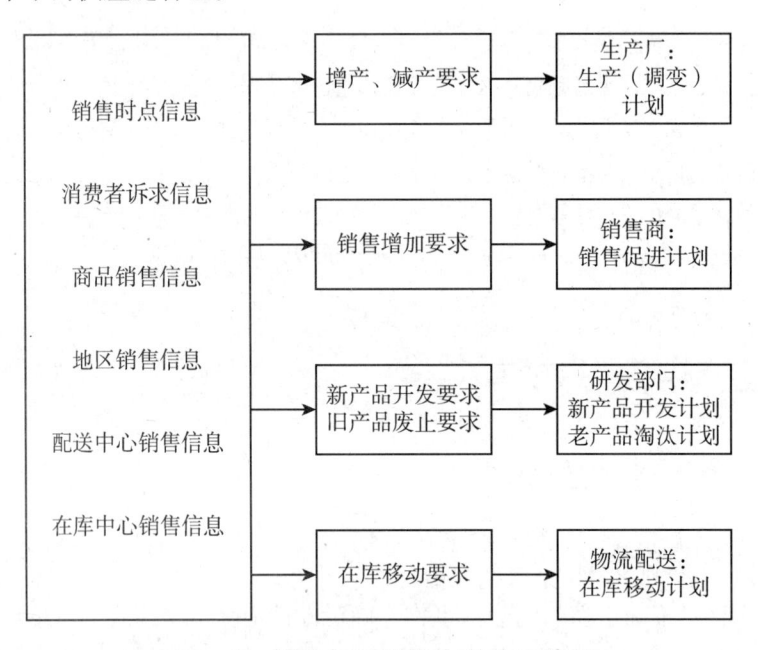

图7-1 销售与物流信息共享示意图

7.1.1.3 供应链管理中信息的作用

（1）消除"牛鞭效应"。

因为供应链的协调运行建立在各个节点企业高质量的信息传递与共享的基础之上，信息在供应链中各节点企业传输不顺畅，造成供应链中的信息扭曲。"牛鞭效应"是信息扭曲中最常见的一种现象，指沿着供应链向上游移动，需求变动程度不断增大的现象。信息共享是解决"牛鞭效应"的最有效的方法。供应链中各节点企业共享所有客户的信息，共享程度越高，"牛鞭效应"越不明显。同样，各节点企业还可以共享关于库存水平、生产能力和交货计划等方面的信息,以使各节点企业知道彼此的情况,共担风险,共享利益,形成有效的供应链管理,从而降低整个供应链的成本。

(2) 保持现有的客户关系。

随着信息技术和电子商务的发展,集成供应链信息管理系统给企业带来新的竞争者。为吸引、保留企业的现有客户,该系统将给企业提供更快捷、更廉价的商务运行模式,保持与发展和客户达成的密切关系,给企业带来新的业务增值,提升客户的满意度和忠诚度,维持现有的客户关系。

(3) 促进管理技术和管理思想的更新。

信息系统在供应链管理中的运行,可以推动信息管理技术如 EDI、CAD、Web 和互联网等的运用和推广,同时可以推动人们对第三方物流、集成供应链等思想的理解。

(4) 可以使企业提高业务量。

可以实现企业及相关企业对产品和业务进行电子化、网络化管理,企业的科技化、有组织、有计划的统一管理,减少流通环节,降低成本,提高效率,使企业供应链管理通过信息系统达到更高的水平,与国外先进企业接轨,促进企业提高业务量。

(5) 可以使企业吸引新客户,拓展新业务。

可以实现企业的业务流程重组,提高企业供应链运行效率。随着集成供应链信息管理系统的实施,企业所提供的更多的功能和业务必然吸引新客户,促进业务量的增长。同时,企业和用户都会从供应链管理系统中受益,降低成本。企业与企业、企业与客户、企业与竞争对手间将形成灵活、高效、智能化的虚拟企业集团。

7.1.2 供应链中信息的特点

(1) 信息量大。

供应链信息随着供应链活动以及商品交易活动展开而大量发生,零售商广泛应用 POS 系统读取销售时点的商品品种、价格、数量等即时销售信息,并对这些销售信息加工整理,通过 EDI 向相关企业传送。同时,为了使库存补充作业合理化,许多企业采用电子订货系统(Electronic Ordering System,EOS)系统。随着企业间合作倾向的增强和信息技术的发展,供应链信息的共享信息量在今后将会越来越大。

(2) 更新快。

多品种少批量生产、多频度小数量配送、利用 POS 系统的即时销售,使得各种作业活动频繁发生,从而要求供应链信息不断更新,而且更新的速度越来越快。

(3) 来源多样化。

供应链信息不仅包括企业内部的信息(如生产信息、库存信息等),而且包括企业间的信息和与物流活动有关的基础设施的信息。企业竞争优势的获得需要供应链各参与企业之间相互协调合作,协调合作的手段之一是信息即时交换和共享。许多企业把信息标准化和格式化,利用 EDI 在相关企业间进行传送,实现信息分享。

7.2 供应链管理中的主要信息技术

7.2.1 信息追踪与定位

信息追踪与定位主要是指 GIS/GPS 技术，本节将针对这两种技术详细介绍。

7.2.1.1 GIS 技术

地理信息系统（Geographic Information System，GIS）的发展经历了三个阶段：GIS 的开拓期（20 世纪 60 年代），注重于空间数据的地理学处理；GIS 巩固发展期（20 世纪 70 年代），注重于空间地理信息的管理；GIS 技术大发展期（20 世纪 80 年代），注重于空间决策支持分析。GIS 是多种学科交叉的产物，它以地理空间数据为基础，采用地理模型分析的方法，适时地提供多种空间和动态的地理信息，是一种为地理研究和地理决策服务的计算机技术系统。

（1）GIS 的特点。

与一般的管理信息系统相比，GIS 具有的特征如下：

1）GIS 使用了空间数据与非空间数据，并通过数据库管理系统将两者联系在一起，共同管理、分析和应用信息；而一般的管理信息系统只有非空间数据库的管理，即使存储了图形，也往往以文件形式机械存储，不能进行有关空间数据的操作。

2）GIS 强调空间分析，通过利用空间解析式模型来分析空间数据。

3）GIS 的成功应用不仅取决于技术体系，而且依靠一定的组织体系（包括实施组成、系统管理员、技术操作员和系统开发设计者等）。

（2）GIS 的功能。

1）数据输入；

2）数据编辑与处理；

3）数据存储与管理；

4）空间查询与分析；

5）可视化表达与输出。

其中，数据的有效组织和管理，是 GIS 系统应用成功与否的关键。空间查询与分析是 GIS 的核心，是 GIS 最重要的和最具魅力的功能，也是有别于其他信息系统的本质特征（见图 7-2）。

（3）GIS 的分类。

GIS 系统分为工具型地理信息系统和应用型地理信息系统。

1）工具型地理信息系统是一种通用型 GIS，具有一般的功能和特点，向用户提供一个统一的操作平台，一般没有地理空间实体，而是由用户自己定义。此系统具有很好的二次开发功能，如 Arc Info、MapInfo 和 GeoStar 等。

2）应用型地理信息系统是在较成熟的工具型 GIS 软件基础上，根据用户的需求和应用目的而设计的用于解决一类或多类实际问题的地理信息系统。它具有地理空间实体和解决特殊地理空间分布的模型，如 LIS、CGIS 和 UGIS 等。

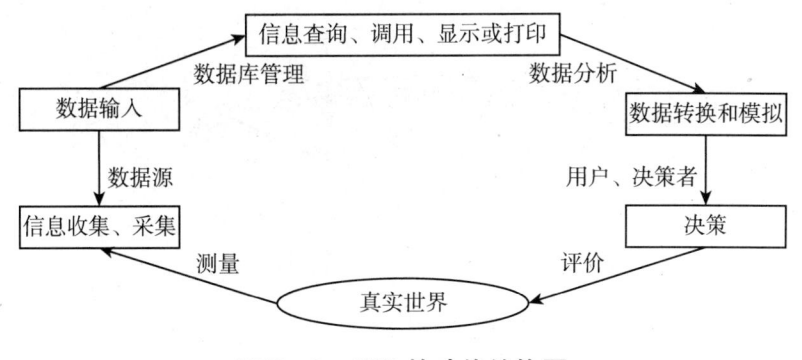

图 7-2　GIS 的功能结构图

7.2.1.2　GPS 技术

全球定位系统（Global Positioning System，GPS）是利用卫星星座（通信卫星）、地面控制部分和信号接收机对对象进行动态定位的系统。我国在继美国的全球定位系统（GPS）和苏联的全球导航卫星系统（GLONASS）后，在世界上第三个建立了完善的卫星导航系统——北斗卫星导航系统（Compass Navigation Satellite System，CNSS）。第二代北斗卫星系统包含 4 颗同步卫星、12 颗中轨道卫星和 9 颗高轨道卫星，形成一个覆盖全球的庞大卫星网。第二代北斗卫星的部分尖端技术取自欧盟的"伽利略"卫星计划，性能上接近 GPS。

（1）GPS 的组成。

GPS 包括空间部分、地面监控部分和用户接收设备三部分。

1）空间部分（由高度 12 000 公里的 24 颗卫星组成（21 颗工作，3 颗备用），记做（21 + 3）GPS 星座）的作用是：保持良好定位以便解算精确的几何图形，提供了在时间上和空间上的全球导航能力。

2）地面监控部分：主要负责卫星星历的计算和卫星的监控。由一个主控站、三个注入站和五个监测站组成。

3）用户接收设备：主要由接收机硬件和处理软件组成，用于接收 GPS 卫星发射的信号，经信号处理而获得用户的位置、速度等，再通过数据处理完成导航和定位。

（2）GPS 的工作原理。

GPS 的工作原理是利用了几何与物理上的基本原理。首先我们假设卫星的位置为已知，而我们又能准确测定我们所在地点 A 至卫星之间的距离，那么 A 点一定是位于以卫星为中心、所测得距离为半径的圆球上。进一步，我们又测得点 A 与另一卫星的距离，则 A 点一定处在前后两个圆球相交的圆环上。我们还可以测得与第三个卫星的距离，就可以确定 A 点只能在三个圆球相交的两个点上。根据一些地理知识，可以很容易排除其中一个不合理的位置，那么 A 点的位置就确定了（见图 7-3）。

（3）GPS 的应用。

典型的应用有车辆定位调度系统和货运车辆监控系统等。

1）车辆定位调度系统。GPS 车辆定位调度系统一般包括车载终端、信息服务中心和客户车辆调度系统三部分。系统的工作过程是：车载终端设备将采集到的车辆位置及状态等行驶信息发送至信息服务中心；信息服务中心处理后通过网络将信息发送到客户终端，客户可

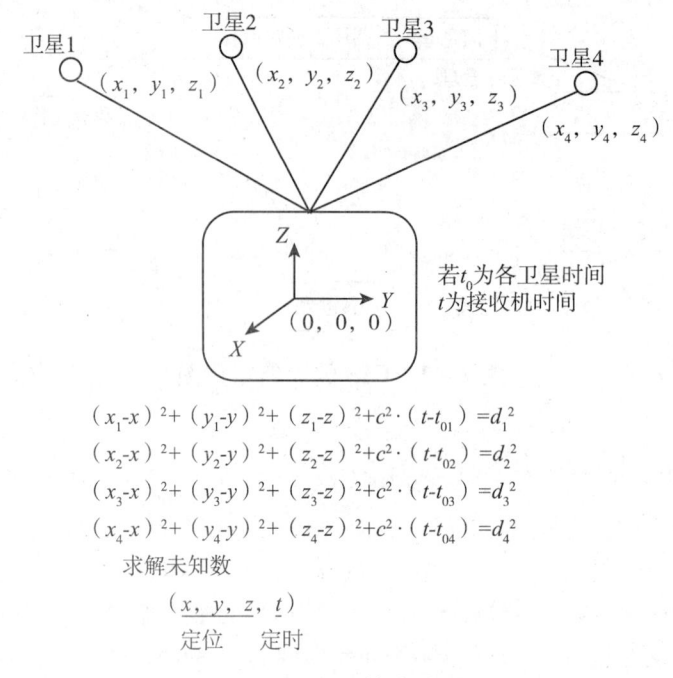

$$(x_1-x)^2+(y_1-y)^2+(z_1-z)^2+c^2\cdot(t-t_{01})=d_1^2$$
$$(x_2-x)^2+(y_2-y)^2+(z_2-z)^2+c^2\cdot(t-t_{02})=d_2^2$$
$$(x_3-x)^2+(y_3-y)^2+(z_3-z)^2+c^2\cdot(t-t_{03})=d_3^2$$
$$(x_4-x)^2+(y_4-y)^2+(z_4-z)^2+c^2\cdot(t-t_{04})=d_4^2$$

求解未知数

($\underline{x}$, $\underline{y}$, $\underline{z}$, $\underline{t}$)
定位　　定时

图 7-3　GPS 的定位原理

以在车辆监控中心的数字地图上看到车辆行驶状态；同时，客户通过信息服务中心向车辆发送指令，实时调度和指挥车辆的行驶。

2) 货运车辆监控系统。物流公司的货运车辆监控系统主要由移动货运车辆的车载终端、公司的车辆监控中心和 GSM 网络以及 GPS 系统构成。该系统可实现对车辆、司机和货物的安全管理，实时监控车辆和货物的位置和状态，向车辆和司机发送调度和监护指令（见图 7-4）。

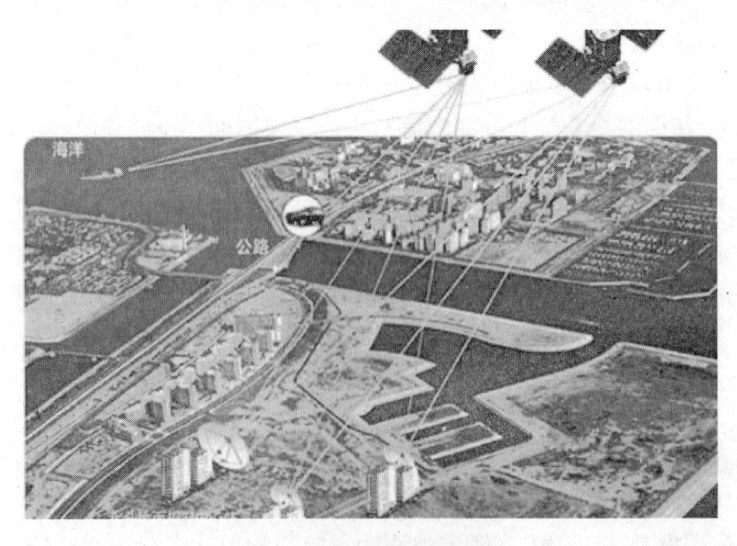

图 7-4　GPS 的应用

7.2.2 信息传输技术

信息传输技术的发展为办公环境带来了一场深刻的革命,而在供应链领域中主要应用的是 EDI 技术,本节将重点介绍。

7.2.2.1 EDI 的概念

电子数据交换(Electronic Data Interchange,EDI)简单地说,就是企业的内部应用系统之间通过计算机和公共信息网络,以电子化的方式传递商业文件的过程。它通过计算机通信网络将贸易、运输、保险、银行和海关等行业信息用一种国际公认的标准格式,实现各有关部门或公司与企业之间的数据交换与处理,并完成以贸易为中心的全部过程。它是 20 世纪 80 年代发展起来的一种新颖的电子化贸易工具,是计算机、通信和现代管理技术相结合的产物。国际标准化组织(ISO)将 EDI 描述成"将贸易(商业)或行政事务处理按照一个共认的标准变成结构化的事务处理或信息数据格式,从计算机到计算机的电子传输"。由于使用 EDI 可以减少甚至消除贸易过程中的纸面文件,因此 EDI 又被人们通俗地称为"无纸贸易"。EDI 最初由美国企业应用在企业间的订货业务活动中,其后应用范围从订货业务向其他业务扩展,如 POS 销售信息传送业务、库存管理业务、发货送货信息和支付信息的传送业务等。

EDI 包含了三个方面的内容,即计算机应用、通信、网络和数据标准化。其中计算机应用是 EDI 的条件,通信环境是 EDI 应用的基础,标准化是 EDI 的特征。这三方面相互衔接、相互依存,构成 EDI 的基础杠架。EDI 系统模型如图 7-5 所示。

图 7-5 EDI 系统模型

EDI 最大的特点就是利用计算机与通信网络来完成标准格式的数据传输,不需要人为的数据重复输入。在物流领域,数据是在物流企业的应用程序(如采购系统)与货物业主的应用程序(如订单输入系统)之间电子化转移的,没有另外的人为干预或重复输入。数据不仅在物流企业与货物业主之间电子化流通,而且在每一个物流公司和货物业主内部的应用程序之间电子化流通,同样不需要重新从键盘输入。如物流企业的订单进入货物业主的订单输入系统后,同样的数据就会传递到货主的仓储、运输、加工、财会等应用程序,并由各程序自动相应产生加工安排表、库存记录更新、货运单、发票等。数据在一个组织内部的应用程序之间的电子化流通称为"搭桥"。

7.2.2.2 物流 EDI

近年来,EDI 在物流中广泛应用,被称为物流 EDI。所谓物流 EDI,是指货主、承运业主以及其他相关的单位之间通过 EDI 系统进行物流数据交换,并以此为基础实施物流作业活动的方法。物流 EDI 参与单位有货主(如生产厂家、贸易商、批发商、零售商等)、承运业主(如独立的物流承运企业等)、实际运送货物的交通运输企业(铁路企业、水运企业、航空企业、公路运输企业等)、协助单位(有关政府部门、金融企业等)和其他的物流相关单位(加仓库业者、配送中心等)。

以应用物流 EDI 系统为例,下面是一个由发送货物业主、物流运输业主和接收货物业主组成的物流模型,如图 7-6 所示。这个物流模型的动作步骤如下:

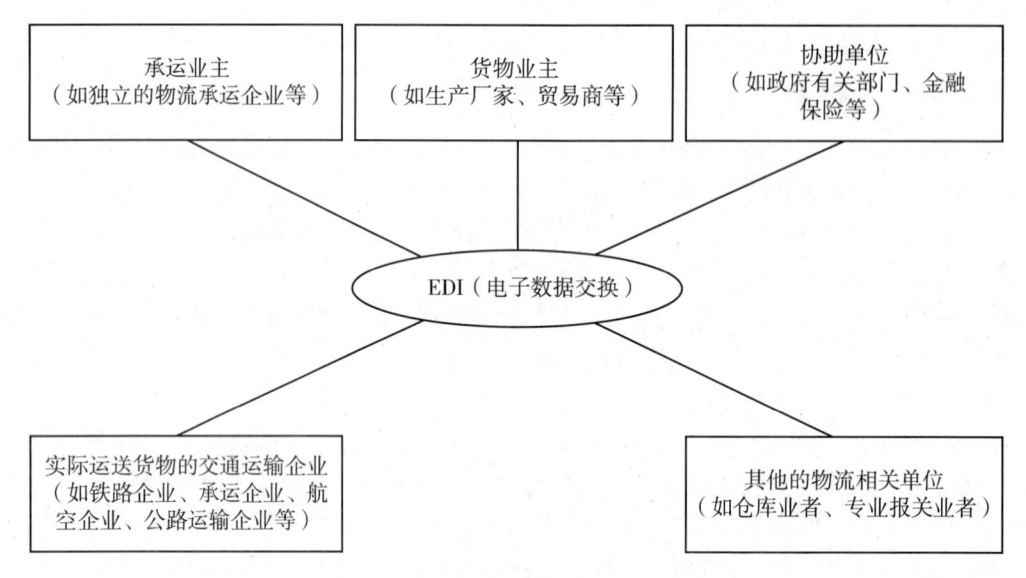

图 7-6 物流 EDI 的框架结构

1) 发送货物业主(如生产厂家)在接到订货后制订货物运送计划,并把运送货物的清单及运送时间安排等信息通过 EDI 发送给物流运输业主和接收货物业主(如零售商),以便物流运输业主预先制订车辆调配计划和接收货物业主制订货物接收计划。

2) 发送货物业主依据顾客订货的要求和货物运送计划下达发货指令、分拣配货、打印出物流条形码的货物标签(即 SCM 标签,Shipping Carton Marking)并贴在货物包装箱上,同时把运送货物品种、数量、包装等信息通过 EDI 发送给物流运输业主和接收货物业主,依据请示下达车辆调配指令。

3) 物流运输业主在向发货货物业主取运货物时,利用车载扫描读数仪读取货物标签的物流条形码,并与先前收到的货物运输数据进行核对,确认运送货物。

4) 物流运输业主在物流中心对货物进行整理、集装,做成送货清单并通过 EDI 向收货业主发送发货信息。在货物运送的同时进行货物跟踪管理,并在货物交纳给收货业主之后,通过 EDI 向发送货物业主发送完成运送业务信息和运费请示信息。

5) 收货业主在货物到达时,利用扫描读数仪读取货物标签的物品条形码,并与先前收到的货物运输数据进行核对确认,开出收货发票,货物入库;同时通过 EDI 向物流运输业主和发送货物业主发送收货确认信息。

7.2.2.3 EDI 联结方式

运用 EDI,物流领域各贸易伙伴之间的联结方式可以分成两大类:一类是直接联结,一类是通过第三方网络联结。

直接联结的方式也有多种,图 7-7 显示的是一对一的直接联结方式,也就是一家物流企业的计算机与其客户、货物业主等的计算机直接联结。这种直接联结的概念包括两个公司计算机之间专门设立线路或通过电话线路、调制解调器的方法。前者投资大，但相对比较安全。后者是利用现有的电话线路，当发送方需要传单据给对方时，只需拨通对方，然后从计算机把单据的数据传到调制解调器，调制解调器把计算机送来的电子信号转变成可以通过电话线路传递的信号，然后通过电话线路传到对方的调制解调器，这个调制解调器再将信号变回计算机接受的电子信号，送到接受方的计算机，这样单据就传递到了接受方计算机了。这种方法投资少，但不安全，数据在传递过程中容易被窃取、遗失或受到干扰。

图 7-7　一对一的直接联结方式

图 7-8 显示的是"广播"式直接联结。即以物流公司为中心，由它与其客户等建立一对多的直接联结。这种直接联结的缺点是，不能同时向所有的客户传递数据。

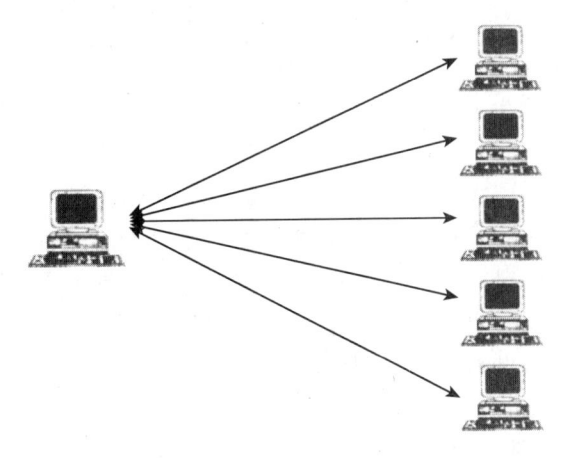

图 7-8　"广播"式直接联结

图 7-9 显示的是网络型的直接联结，一般都有专用的 EDI 网络。这种专用的 EDI 网络一般都采用专用的 EDI 标准，只有这个网络中的成员之间才能进行 EDI 通信。

在 EDI 的早期，如美国的凯马特与它的供货商之间就是建立这样的通信方式。另外，如美国通用汽车公司、通用机械公司等凭借着雄厚的经济实力，也都与它们的供货商建立这样的通信网络。这种网络型的直接联结要求排出一张严密的通信时刻表，因为一台计算机不能同时与两台或两台以上的计算机进行通信，一台计算机不能同时发送与接受信息。因此，这种网络型的直接联结在参与者不多的情况下才能够正常工作的，但当客户数量增多时就会产生许多困难，如维护线路的困难、协调交易时间的困难、确保通信兼容的困难（有的客户不只参加一个网络的通信），以及维护通信机密的困难，等等。

综上所述，直接联结的主要缺点是：
1）在供应商、客户等之间必须预先安排好精确的单据交换时间；

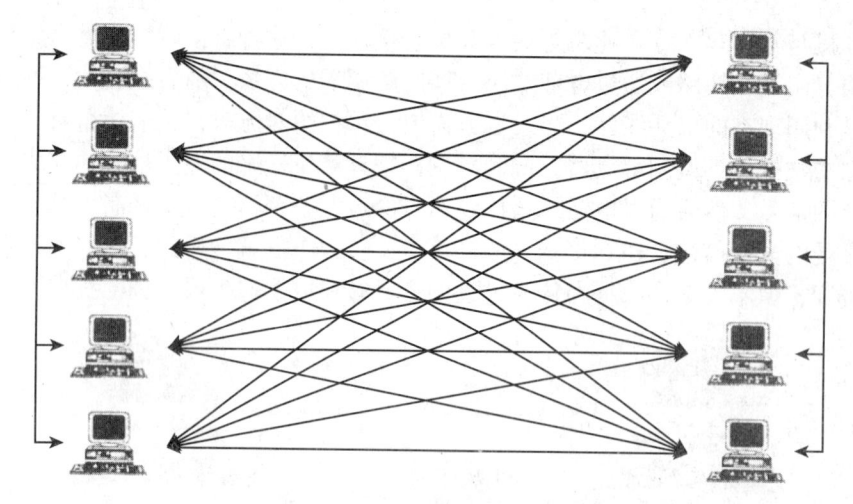

图 7-9　网络型的直接联结

2) 对不同供应商、客户等的单据必须分别传递，从而增加了相应的接通和断开工作；

3) 许多 EDI 标准是行业化的，有的公司还有自己的专用 EDI 格式，这样显然要增加翻译能力；

4) 在物流公司、供应商、客户等之间的数据通信必须兼容，这包括线速度及纠正错误协议等；

5) 限制了客户等的数量。

图 7-10 所示的就是通过第三方网络的联结方式。所谓通过第三方网络联结的方式，是指各物流公司的计算机不是与其他客户的计算机直接联结，而是通过一个或几个中间的通信网络联结的。这种联结方式的特点是利用第三方网络提供各种服务，如邮箱功能、翻译功能和通信协议的转换功能等，使用各物流公司自己的格式标准就可以与其他任何客户进行 EDI 的通信，而且不受时间表的限制，不受客户数量的限制，不受客户地理位置的限制。

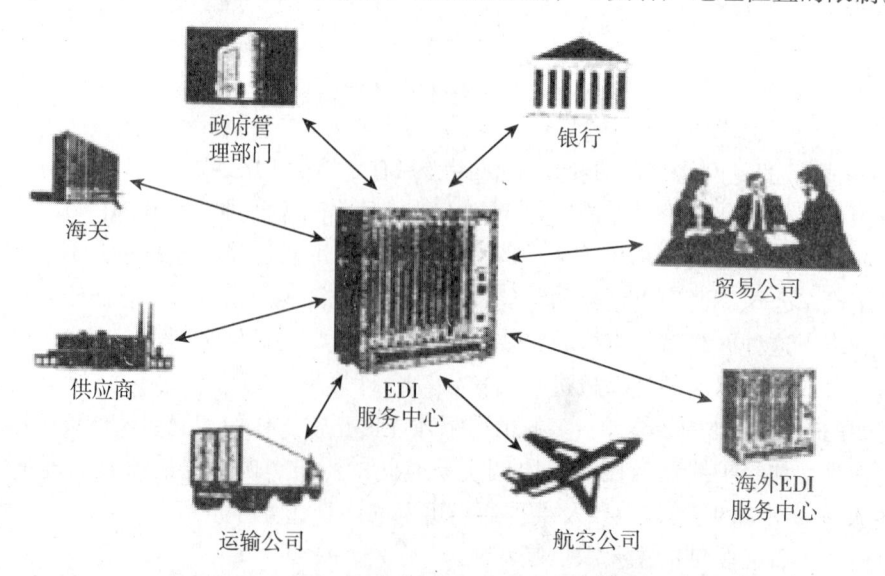

图 7-10　EDI 服务中心第三方网络的联结方式

7.2.3 信息编码与识别

7.2.3.1 条码及条码技术

(1) 概念。

条码（Barcode）是由一组规则排列的条、空以及对应的字符组成的标记，"条"指对光线反射率较低的部分，"空"指对光线反射率较高的部分，这些条和空组成的数据表达一定的信息，并能够用特定的设备识读，转换成与计算机兼容的二进制和十进制信息。条码的外观如图7-11所示。

图7-11 条形码的外观

我国于20世纪90年代相继制定了《通用商品条码》和《商品条码》等条码标准，这些条码标准与国际标准相兼容。由于在条码这一领域的技术发展非常迅速，今后，条码技术将更好地与计算机技术、通信技术和光电子技术结合，朝着更高精度、更多应用的方向发展，并更广泛应用到供应链管理实践中来。

(2) 条码的特点。

不论哪一种条码，都具有以下的共同点：

1）条形码图形结构简单。

2）每个条码字符由一定的条符组成，占有一定的宽度和印制面积。

3）每种编码方案均有自己的字符集，每种编码方案与对应的阅读装置的性能要求密切配合。

(3) 条码的原理。

在技术上，条形码是一组黑白相间的条纹，这种条纹由若干个黑色"条"和白色的"空"的单元所组成，其中，黑色条对光的反射率低而白色的空对光的反射率高，再加上条与空的宽度不同，就能使扫描光线产生不同的反射接收效果，在光电转换设备上转换成不同的电脉冲，形成了可以传输的电子信息。由于光的运动速度极快，所以可以准确无误地对运动中的条码予以识别。一个完整的条码的组成次序依次为：静区（前）、起始符、数据符、（中间分割符，主要用于EAN码）、校验符、终止符、静区（后），如图7-12所示。

静区（前）	起始符	数据符	校验符	终止符	静区（后）

图7-12 条码符号的构成

1）静区：是指条码左右两端外侧与空的反射率相同的限定区域，是没有任何符号的白色区域，提示条码阅读器准备扫描。

2）起始符：是指条码符号的第一位字符，标志符存在后开始处理扫描脉冲。

3）数据符：是指位于起始符后面的字符，标志允许进行双向扫描。

4）校验符：是阅读器在对条码进行解码时，对读入的各字符进行规定的运算，如运算结果与校验符相同，则判定此次阅读有效，否则不予读入。

5）终止符：是指条码符号的最后一个字符，标志着一个条码符号的结束，阅读器确认此字符后停止处理。

（4）条码技术。

条码是一种信息记录形式，根据不同规定的编码规则所提出的条码编号方案多达 40 余种，目前应用最为广泛的有交叉二五码、三九码、UPC 码、EAN 码、128 码等，近年来又出现了按矩阵方式或堆栈方式排列信息的二维条码。若从印制条码的材料、颜色分类，可分黑白条码、彩色条码、发光条码（荧光条码、磷光条码）和磁性条码等。

条码系统是由条码符号设计、制作及扫描识读组成的自动识别系统。条码识读装置是条码系统的基本设备，它的功能是译读条码符号，即把条码条符宽度、间隔等信号转换成不同时间长短的输出信号，并将该信号转化为计算机可识别的二进制编码，然后输入计算机。识读装置由扫描器和译码器组成。扫描器又称光电读入器，它装有照亮被读条码的光束检测器件，接收条码的反射光，产生模拟信号，经放大、量化后送译码器处理。扫描器可以是一支光笔或激光枪，由人手持作业，也可以是一种安装在某部位的自动扫描器，典型的有固定光束扫描器、直线扫描器、远行扫描器和全方位扫描器。译码器存储有需译读的条码编码方案的数据库译码算法。早期的识别设备，扫描器和译码器是分开的，近年推出的设备大多已合成一体，整个设备完整、方便、灵巧。

（5）条码类型。

1）商品条码。商品条码是以直接向消费者销售的商品为对象、以单个商品为单位使用的条形码。商品条形码由一组黑白相间、粗细不同的条状符号组成，条码隐含着数字信息、字母信息、标志信息、符号信息，主要用以表示商品的名称、产地、价格、种类等，是全世界通用的商品代码的表述方法。

EAN 条码是国际上通用的商品代码，我国通用商品条码标准也采用 EAN – 13 条码结构。标准码是由 13 位数字码及相应的条码符号组成，在较小的商品上也采用 8 位缩短数字码及其相应的条码符号。EAN – 13 码的组成结构如表 7 – 1 所示。

表 7 – 1　　　　　　　　　　EAN – 13 码组成结构

结构种类	厂商识别代码	商品项目代码	校验码
结构一	$X_{13}X_{12}X_{11}X_{10}X_9X_8X_7$	$X_6X_5X_4X_3X_2$	X_1
结构二	$X_{13}X_{12}X_{11}X_{10}X_9X_8X_7X_6$	$X_5X_4X_3X_2$	X_1
结构三	$X_{13}X_{12}X_{11}X_{10}X_9X_8X_7X_6X_5$	$X_4X_3X_2$	X_1

注：X_i（i = 1 ~ 13）表示从右至左的第 i 位数字代码

例如，商品条形码 6902952880041 中，690 代表中国，2952 代表贵州茅台酒厂，88004 代表 53%（V/V）、106PRCXDF、500 毫升的白酒。

2) 物流条码。物流条码是在物流过程中的以商品为对象、以集合包装为单位使用的条形码。物流条码用在商品装卸、仓储、运输和配送过程中的识别符号，通常印在包装外箱上，用来识别商品种类和数量，也可用于仓储批发业销售现场的扫描结账。

物流条码符号的应用面向国内储运业界（制造商、批发商、零售商）。零售店以配送包装单位当做销售单位时（如家电或整箱销售的商品），即可用外箱上的物流条码扫描结账；批发业或零售业在进货、点货或库存盘点作业时，对以配送单位包装的商品可扫描物流条码，对以零售单位包装的商品则扫描商品条形码。总之，其应用的场合包括自动装卸货、拣货、分货、进舱自动登录与传输，以及订单收货作业。

物流条码包括14位标准码与16位扩大码两种，若以重量计算的商品，还可追加使用6位加长码。如DUN-14码为标准码，其代码组合如图7-13所示。

图 7-13 DUN-14 代码组合

物流条码的基本结构为商品条码，当同一商品的包装数量不同或同一包装中有不同商品组合时，就必须加上储运标识码加以识别。它们之间的区别如表7-2所示。

表 7-2　　　　　　　　物流条形码与商品条形码的区别

	应用对象	数字构成	包装形式	应用领域
商品条形码	向消费者销售的商品	13位数字	单个	POS、补充订货
物流条形码	物流过程中的商品	14位数字（标准）	集合（纸箱、集装箱）	出入库管理、运输保管、分拣管理

3) 二维条码。随着条码应用领域的不断扩展，传统的一维条码渐渐表现出了它的局限。首先，使用一维条码必须通过连接数据库的方式提取信息，才能明确条码所表达的信息含义，因此，在没有数据库或者不便联网的地方，一维条码的使用就受到了限制。其次，一维条码表达的只能为字母和数字，而不能表达汉字和图像，在一些需要应用汉字的场合，一维条码便不能很好地满足要求。另外，在某些场合下，大信息容量的一维条码通常受到标签尺寸的限制，也给产品的包装和印刷带来了不便。

二维条码的诞生解决了一维条码不能解决的问题，它能够在横向和纵向两个方位同时表达信息，不仅能在很小的面积内表达大量的信息，而且能够表达汉字和存储图像。二维条码如图7-14所示。

二维条码可以分为堆叠式二维条码和矩阵式二维条码。堆叠式二维条码形态上是由多行短截的一维条码堆叠而成。矩阵式二维条码以矩阵的形式组成，在矩阵相应元素位置上用点的出现表示二进制"1"，空的出现表示二进制"0"，由点的排列组合确定了代码所表示的

图 7-14 二维条码

含义。堆叠式二维条码中包含附加的格式信息，信息容量可以达到 1K，例如，PDF47 码可用来为运输/收货标签的信息编码，它作为 ANSI MH10.8 标准的一部分，为"纸上 EDI"的送货标签内容编码，这种编码方法被许多工业组织和机构采用。矩阵式二维条码带有更高的信息密度（如：Data Matr5x、Maxicode、Aztec、QR 码），可以作为包装箱的信息表达符号。在电子半导体工业中，将 Data Matdx 用于标识小型的零部件。矩阵式二维条码只能被二维的 CCD 图像式阅读器识读，并能以全向的方式扫描。

二维条码的特性主要有：高密度；纠错功能；表示多种语言文字；可表示图像数据；引入加密机制。

2007 年 8 月 23 日，国家标准化委员会批准发布了 GB/T21049 汉信码国家标准。这是我国第一个具有自主知识产权的二维条码码制标准。汉信码是唯一一个全面支持我国汉字信息编码的二维码制。作为一种矩阵式二维条码，它具有汉字编码能力强、抗污损、抗畸变、信息容量大等特点，具体外观如图 7-15 所示。

图 7-15 汉信码外观

表 7-3　　　　　　　　　　　　汉信码的数据容量

数　字	最多 7 829 个字符
英文字符	最多 4 350 个字符
汉　字	最多 2 174 个字符
二进制信息	最多 3 262 字节

（6）条码技术在供应链管理中的应用。

标准物流条码在零售业、制造业和运输业得到广泛的应用，通过标准物流条码的利用，有助于提高供应链物流的效率。

1) 销售作业。利用销售信息系统（POS 系统），在商品上贴上条码就能快速、准确地利用计算机进行销售和配送管理。其过程为：对销售商品进行结算时，通过光电扫描读取并将信息输入计算机，然后输进收款机，收款后开出收据，同时，通过计算机处理，掌握进、销、存的数据。

2) 订货作业。在零售商店的货架上，每种商品陈列处都贴着价格卡，其用途有二：一是向顾客告知商品价格；二是可按卡上所注的订货点，指引工作人员计算商品所剩的陈列量是否低于设定的订货点，若需订货，即以手持式条形码扫描器读取价格卡上的商品条形码，就可自动输入商品货量。连锁总部定期将订货簿发给各零售分店，订货簿上有商品名称、商品货号、商品条形码、订货点、订货单位、订货量等，工作人员拿着订货簿巡视各商品以确认所剩陈列数，记入订货量。回到办公室后，用带条形码扫描器的掌上终端机扫描欲订商品的条形码并输入订货量，再用调制器传出订货数据。

3) 配送中心的进货验收作业。对整箱进货的商品，其包装箱上有条形码，放在输送带上经过固定式条形码扫描器的自动识别，可接收指令传送到存放位置附近。对整个托盘进货的商品，叉车驾驶员用手持式条形码扫描器扫描外包装箱上的条形码标签，利用计算机与射频数据通信系统，可将存放指令下载到叉车的终端机上。

4) 补货作业。基于条形码进行补货，可确保补货作业的正确性。有些拣货错误源于前项的补货作业错误。商品进货验收后，移到保管区，需适时、适量地补货到拣货区。避免补货错误，可在储位卡上印上商品条形码与储位码的条形码，当商品移动到位后，以手持式条形码扫描器读取商品条形码和储位码条形码，由计算机核对是否正确，这样即可保证补货作业的正确。

5) 拣货作业。拣货有两种方式：一种是按客户进行拣取的摘取式拣货；另一种是先将所有客户对各商品的订货汇总，一次拣出，再按客户分配各商品量，即整批拣取，二次分拣，称为播种式拣货。对于摘取式拣货作业，在拣取后用条形码扫描器读取刚拣取商品上的条形码，即可确认拣货的正确性。对于播种式拣货作业，可使用自动分货机，当商品在输送带上移动时，由固定式条形码扫描器判别商品货号，指示移动路线与位置。

6) 交货时的交点作业。交货时的交点作业通常分为两种形式：一种是由配送中心出货前即复点数量；另一种是交由客户当面或事后确认。对于配送中心出货前的复点作业，由于在拣货的同时已经以条形码确认过，就无须进行此复点作业了。对于客户的当面或事后确认，由于拣货时已用条形码确认过，无须交货时双方逐一核对。

7) 仓储配送作业。商品的自动辨识方法也可以采用磁卡、汇卡等其他方式来达成。但对于物流仓储配送作业而言，由于大多数的储存货品都备有条码，所以用条码做自动识别与资料收集是最便宜、最方便的方式。商品条形码上的资料经条码读取设备读取后，可迅速、正确、简单地将商品资料自动输入，从而达到自动化登录、控制、传递、沟通的目的。

7.2.3.2 无线射频识别技术

无线射频识别（Radio Frequency Identification，RFID）系统能够在复杂的多步骤供应网络中跟踪产品供应情况，是理想的高效供应链管理解决方案，使众多的行业受益匪浅。与旧的条形码印刷相比，RFID 具有资料可更新、方便辨识、资料储存容量更大、可重复使用、可同时读取数种资料以及更高安全性的优点。目前，RFID 技术已经被广泛应用于各个领域，从门禁管制、牲畜管理,到物流管理,皆可以见到其踪迹。

(1) RFID 系统的组成。

物流和供应链管理中使用的 RFID 设备由应答器、阅读器、天线和其他周边设备组成。

1) 应答器。应答器即所谓的电子标签,放置在要识别的物体上,里面包含该物体的产品电子编码 EPC 码(Electronic Product Code)属性信息(见图 7-16)。通常应答器没有自己的供电电源,只是在阅读器的响应范围之内应答器才是有源的,应答器工作所需能量通过其自带的耦合元件获得。

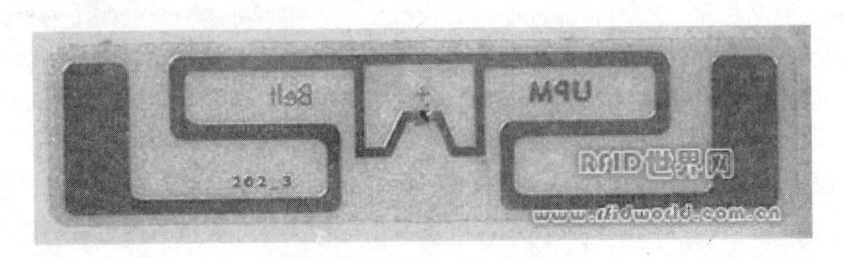

图 7-16　RFID 应答器外观

2) 阅读器。阅读器又称扫描器,扫描应答器获取电子标签数据,取决于所使用的结构和技术,可以是读或者写/读装置,可分为固定阅读器和手持阅读器。

3) 天线。天线是应答器和阅读器的耦合元件,阅读器通过天线发射和接收电磁波信息。为了确保处于不同角度的标签都能够被阅读器扫描到,通常一个阅读器可以接多个天线。

4) 其他设备。如识别结果提示装置,此装置可以以发声或灯光显示提示识别结果正确与否,方便管理人员及时对识别结果进行判断;标签打印机,用于在电子标签表面打印所需要的文字和条形码,有时可能仍然需要对此条形码进行扫描。

对于供应链中的企业而言,只有 RFID 设备是不够的,还需要购买或开发支持 RFID 技术的应用信息系统,通过系统接口和 EDI、XML 等技术与外部应用系统集成,实现信息的双向流动。

(2) RFID 系统的工作原理。

阅读器通过发射天线发送一定频率的射频信号,当射频卡进入发射天线工作区域时产生感应电流,射频卡获得能量被激活;射频卡将自身编码等信息通过卡内置发送天线发送出去;系统接收天线接收到从射频卡发送来的载波信号,经天线调节器传送到阅读器,阅读器对接收的信号进行解调和解码后送到后台主系统进行相关处理;主系统根据逻辑运算判断该卡的合法性,针对不同的设定做出相应的处理和控制,发出指令信号控制执行机构动作(见图 7-17)。

(3) RFID 技术的特点。

RFID 技术和条形码从概念上来说,两者很相似,目的都是快速准确地确认追踪目标物体。但 RFID 技术与条形码是两种不同的技术,有着不同的适用范围。两者之间最大的区别是条形码是"可视技术",扫描仪在人的指导下工作,只能接收它视野范围内的条形码。相比之下,RFID 识别不要求看见目标,RFID 标签只要在接收器的作用范围内就可以被读取。条形码本身还具有其他缺点:如果标签被划破、污染或是脱落,扫描仪就无法辨认目标;条

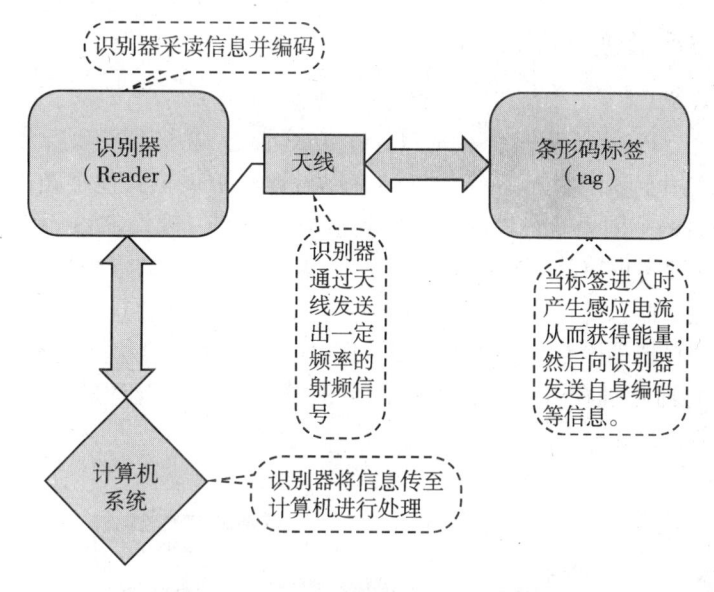

图 7-17 RFID 的工作原理图

形码只能识别生产者和产品，并不能辨认具体的商品；贴在所有同一种产品包装上的条形码都一样，无法辨认哪些产品先过期，等等。

具体来说，与条形码对比，RFID 技术的特点主要集中在以下几个方面：

1）快速扫描。条形码一次只能有一个条形码受到扫描；RFID 辨识器可同时辨识读取数个 RFID 标签。

2）体积小型化、形状多样化。RFID 在读取上并不受尺寸大小与形状限制，不需为了读取精确度而配合纸张的固定尺寸和印刷品质；此外，RFID 标签更可往小型化与多样形态发展，以应用于不同产品。

3）抗污染能力和耐久性。传统条形码的载体是纸张，因此容易受到污染，但 RFID 对水、油和化学药品等物质具有很强的抵抗性。此外，由于条形码是附于塑料袋或外包装纸箱上，所以特别容易受到折损；RFID 卷标是将数据存在芯片中，因此可以免受污损。

4）可重复使用。现今的条形码印刷上去之后就无法更改；而 RFID 标签则可以重复地新增、修改、删除 RFID 卷标内储存的数据，方便信息的更新。

5）穿透性和无屏障阅读。在被覆盖的情况下，RFID 能够穿透纸张、木材和塑料等非金属或非透明的材质，并能够进行穿透性通信；而条形码扫描机必须在近距离而且没有物体阻挡的情况下，才可以辨读条形码。

6）数据的记忆容量大。一维条形码的容量是 50Bytes，二维条形码最大的容量可储存 2~3 000 字符，而 RFID 最大的容量则有数 MB。随着记忆载体的发展，数据容量也有不断扩大的趋势。未来物品所需携带的资料量会越来越大，对卷标所能扩充容量的需求也相应增加。

7）安全性。由于 RFID 承载的是电子式信息，其数据内容可经由密码保护，使其内容不易被伪造及变造。

7.2.3.3 POS 技术

(1) POS 的定义。

销售时点系统（Point of Sale System，POS）包含前台 POS 系统和后台 MIS 系统两大基本部分。它最早应用于零售业（见图 7-18），以后逐渐扩展至其他金融、旅馆等服务性行业，利用 POS 信息的范围也从企业内部扩展到整个供应链。现代 POS 系统已不仅仅局限于电子收款技术，它要考虑将计算机网络、电子数据交换技术、条形码技术、电子监控技术、电子收款技术、电子信息处理技术、远程通信、电子广告、自动仓储配送技术、自动售货、备货技术等一系列科技手段融为一体，从而形成一个综合性的信息资源管理系统。同时，它必须符合和服从商场管理模式，按照对商品流通管理及资金管理的各种规定进行设计和运行。

图 7-18 超市收银处的 POS 系统

(2) POS 系统的结构。

POS 系统的结构主要依赖于计算机处理信息的体系结构。结合商业企业的特点，POS 系统的基本结构可分为：单个收款机，收款机与微机相连构成 POS，以及收款机、微机与网络构成 POS。目前大多采用第三种类型的 POS 结构，它包括硬件和软件两大部分。

POS 系统的硬件主要包括收款机、扫描器、显示器、打印机、网络、微机与硬件平台等（见图 7-19）。

POS 系统的软件部分由前台 POS 销售系统和后台 MIS 信息管理系统组成。

前台 POS 系统是指通过自动读取设备（如收银机），在销售商品时直接读取商品销售信息（如商品名、单价、销售数量、销售时间、销售店铺、购买顾客等），实现前台销售业务的自动化，对商品交易进行实时服务和管理，并通过通信网络和计算机系统传送至后台，通过后台计算机系统（MIS）的计算、分析与汇总等掌握商品销售的各项信息，为企业管理者分析经营成果、制定经营方针提供依据，以提高经营效率的系统。

后台管理信息系统又称 MIS（Management Information System）。它负责整个商场进、销、调、存系统的管理以及财务管理、库存管理、考勤管理等。它可根据商品进货信息对厂商进行管理，又可根据前台 POS 提供的销售数据控制进货数量，合理周转资金，还可分析统计各种销售报表，快速准确地计算成本与毛利，也可对售货员、收款员的业绩进行考核，是职

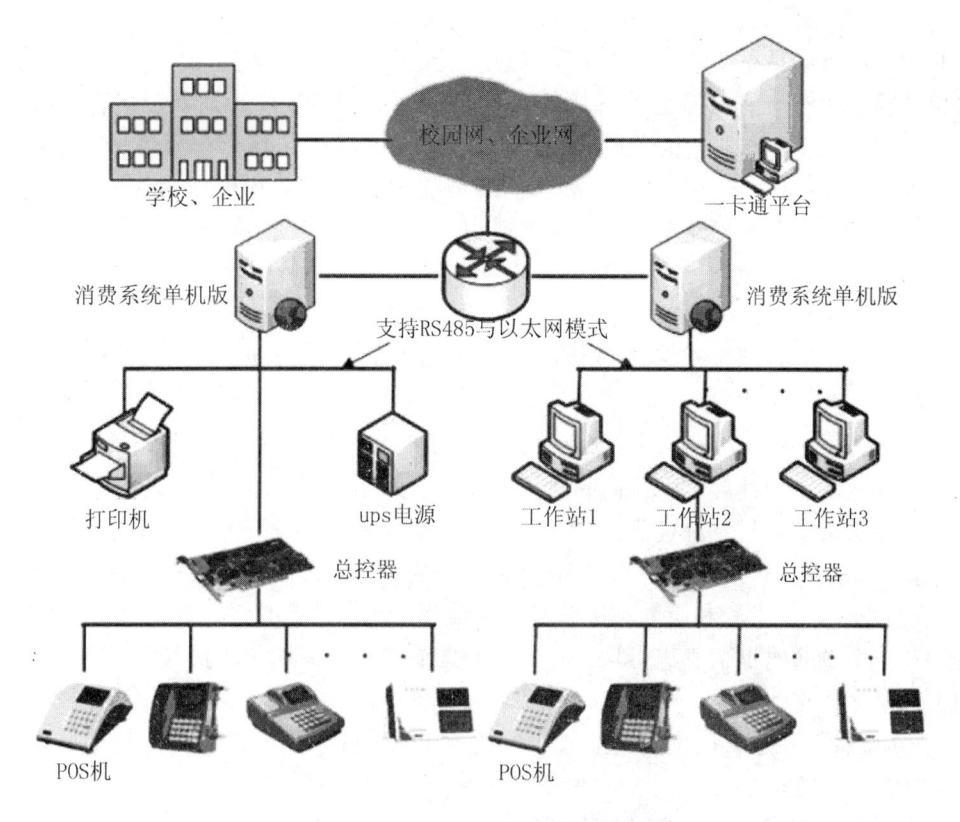

图7-19　POS系统的硬件结构

工分配工资、奖金的客观依据。因此，现代化管理系统中前台POS与后台MIS是密切相关的，两者缺一不可。

（3）POS的特征。

1）单品管理、职工管理和顾客管理。零售业的单品管理是指对店铺陈列展示销售的商品以单个商品为单位进行销售跟踪和管理的方法。由于POS信息即时准确地反映了单个商品的销售信息，因此POS系统的应用使高效率的单品管理成为可能。职工管理是指通过POS终端机上的记时器的记录，依据每个职工的出勤状况、销售状况（以月、周、日甚至时间段为单位）进行考核管理。顾客管理是指在顾客购买商品结账时，通过收银机自动读取零售商发行的顾客ID卡或顾客信用卡来把握每个顾客的购买品种和购买额，从而对顾客进行分类管理。

2）自动读取销售时点的信息。在顾客购买商品结账时，POS系统通过扫描器自动读取商品条形码标签或OCR标签上的信息。在销售商品的同时获得实时的（Real Time）销售信息是POS系统的最大特征。

3）信息的集中管理。在各个POS终端机获得的销售时点信息以在线联结方式汇总到企业总部，与其他部门发送的有关信息一起由总部的信息系统加以集中并进行分析加工，以把握畅销商品以及新商品的销售倾向，对商品的销售量和销售价格、销售量和销售时间之间的相互关系进行分析，对商品店铺陈列方式、促销方式、促销期间、竞争商品的影响进行相关分析。

4）连接供应链的有力工具。供应链与各方合作的主要领域之一是信息共享,而销售时点信息是企业经营中最重要的信息之一,通过它能及时把握顾客需要的信息,供应链的参与各方可以利用销售时点信息并结合其他的信息来制订企业的经营计划和市场营销计划。目前,领先的零售商正在与制造商共同开发一个整合的物流系统,即整合预测和库存补充系统(Collaboration Forecasting and Replenishment, CFAR),该系统不仅分享POS信息,而且一起联合进行市场预测,分享预测信息、POS信息。

(4) POS的运行步骤。

以零售环节为例,POS的运行步骤包括以下五步:

1）店面销售商品都贴有表示该商品信息的条形码（Barcode）或OCR标签（Optical Character Recognition）。

2）在顾客购买商品结账时,收银员使用扫描器自动读取商品条形码或OCR标签上的信息,通过店铺内的微型计算机确认商品的单价,计算顾客购买总金额等,同时返回收银机,打印出顾客购买清单和付款总金额。

3）各个店铺的销售时点信息通过VAN以在线联结方式即时传送给总部或物流中心。

4）在总部,物流中心和店铺利用销售时点信息来进行库存调整、配送管理、商品订货等作业。通过对销售时点信息进行加工分析来掌握消费者购买动向,找出畅销商品和滞销商品,以此为基础,进行商品品种配置、商品陈列、价格设置等方面的作业。

5）在零售商与供应链的上游企业（批发商、生产厂商、物流作业等）结成协作伙伴关系（也称为战略联盟）的条件下,零售商利用VAN以在线联结的方式把销售时点信息即时传送给上游企业。这样,上游企业可以利用销售现场及时准确的销售信息制订经营计划,进行决策。例如,生产厂家利用销售时点信息进行销售预测,掌握消费者购买动向,找出畅销商品和滞销商品,把销售时点信息（POS信息）和订货信息（EOS信息）进行比较分析来把握零售商的库存水平,以此为基础制订生产计划和零售商库存连续补充计划CRP（Continuous Replenishment Program）。

7.2.4 信息集成与处理

7.2.4.1 物流信息系统的概念

物流信息系统（Logistics Information System, LIS）是为进行计划、操作和控制而为物流经理提供相关信息的人员、设备和过程相互作用的系统。图7-20所示是物流信息系统及物流环境的基本要素,以及物流决策过程之间的关系。图中给出了组成物流信息系统的四个主要子系统,它们是:订单处理系统、调查和情报系统、决策支持系统,以及报告和输出系统。这些子系统整合起来,就可以为物流经理进行计划、操作和控制等基本管理提供及时、准确的信息。

物流信息系统协调与管理如图7-21中所示的两类活动中的信息流,即协作活动流和业务活动流,每种流中的主要活动在图中给出。构成协作流的活动包括那些贯穿整个公司及与时间表制订和需求计划制订相关的一些活动;业务流则与制单、跟单、存货分配、校补货订单和客户订单进行运输等活动相关。补货订单是指由工厂向配送中心供货的订单,而客户订

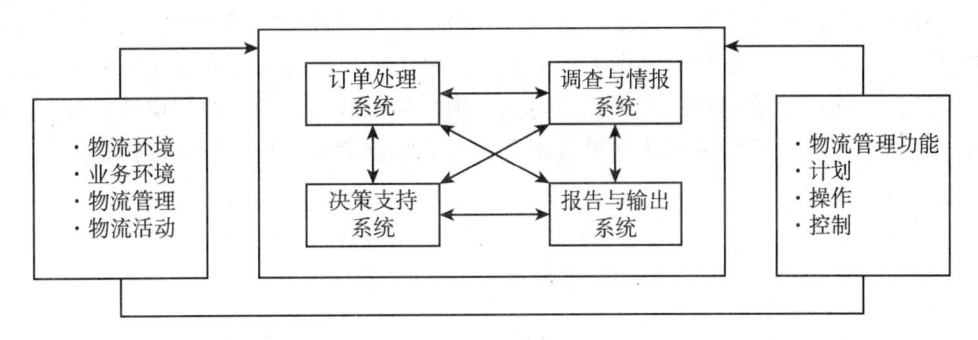

图 7-20 物流信息系统示意图

单指的是配送中心向客户供货的订单。在这两种情形下,完成订单需要经历一系列的活动,例如发出订单、处理订单、按订单备货、按订单发货,等等。存货管理的职责是确保业务活动与协调活动一致进行,这就要求在完成订单的过程中使生产和向上、向下的信息流同时进行。

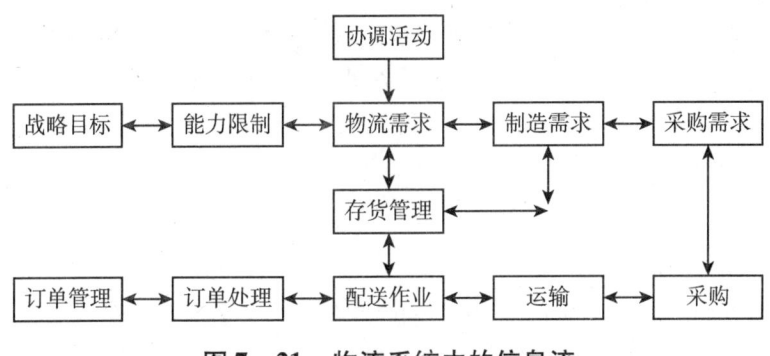

图 7-21 物流系统中的信息流

7.2.4.2 物流信息系统的功能层次

物流信息系统有四个功能层次。物流信息系统从本质上讲,是把各种物流活动与某个整合过程连接在一起的通道。整合过程应建立在四个功能层次上:交易、管理控制、决策分析和制订战略计划系统。

第一层次是交易系统,是用于启动和记录个别的物流活动的最基本的层次。交易活动包括记录订货内容、安排存货任务、作业程序选择、发运、定价、开发票,以及客户查询等。交易系统的特征是:格式规则化、通信交互化、交易批量化,以及作业逐日化,强调了信息系统的效率。

第二层次是管理控制,要求把主要精力集中在功能衡量和报告上。功能衡量对于提供有关服务水平和资源利用等的管理反馈来说是必要的,因此,管理控制以可评价的问题为特征,它涉及评价过去的功能和鉴别各种可选方案。当物流信息系统有必要报告过去的物流系统功能时,物流信息系统是否能够在其被处理的过程中鉴别出异常情况也是很重要的。

第三层次是决策分析,主要把精力集中在决策应用上,协助管理人员鉴别、评估和比较物流战略和战略上的可选方案。决策分析也以战略上的和可评价的问题为特征。与管理控制不同的是，决策分析的主要精力集中在评估未来战略上的可选方案，并且它需要相对松散的结构和灵活性，以便做范围较广的选择。因此，用户需要有更多的专业知识和培训去利用它的能力。既然决策分析的应用要比交易应用少，那么物流信息系统的决策分析趋向于更多地强调有效，而不是强调效率。

第四层次是制订战略计划，主要精力集中在信息支持上，以期开发和提炼物流战略。这类决策往往是决策分析层次的向上延伸，但是通常，更加抽象、松散并且注重于长期。

7.3 电子商务与供应链管理

随着市场竞争的逐渐加剧，使得市场需求的不稳定性变得更加剧烈：产品的生命周期缩短，产品更新要求更快；全球经济一体化的日益加快，使得企业突破原有的国籍界限，从而导致企业供应半径的拉长、仓储时间的加大、等待加工的时间增多。这些都对供应链管理提出了更高的要求。要满足这些要求，只有依赖互联网和现代信息技术有效地整合整个供应链，快速应变市场。在此现实环境下，电子商务供应链管理也就应运而生了。

7.3.1 电子商务概述

7.3.1.1 电子商务的概念

电子商务（Electronic Commerce，EC）的内容包含两个方面：一是电子方式，二是商贸活动。电子商务是在网络环境下，特别是在因特网上所进行的商务活动。从广义的角度来看，电子商务就是指人们应用电子手段从事商务活动的一种方式，其目的是通过电子数据信息完成商贸过程中的事务处理，以及将商品和服务的信息通过电子交换把企业、消费者和其他相关的社会团体连接起来。

从贸易活动的角度分析，电子商务可以在多个环节实现，由此也可以将电子商务分为两个层次，较低层次的电子商务如电子商情、电子贸易、电子合同等；最完整的也是最高级的电子商务应该是利用互联网技术进行全部的贸易活动，即在网上将信息流、商流、资金流和部分的物流完整地实现。要实现完整的电子商务还会涉及很多方面，除了买家、卖家外，还要有银行或金融机构、政府机构、认证机构、配送中心等机构的加入才行。由于参与电子商务中的各方在物理上是互不谋面的，因此，整个电子商务过程并不是物理世界商务活动的翻版，网上银行、在线电子支付等条件和数据加密、电子签名等技术在电子商务中发挥着重要的不可或缺的作用。

7.3.1.2 电子商务的特性

1）普遍性。电子商务作为一种新型的交易方式，将生产企业、流通企业以及消费者和政府带入了一个网络经济、数字化生存的新天地。

2）方便性。在电子商务环境中，人们不再受地域的限制，客户能以非常简捷的方式完成过去较为繁杂的商务活动,如通过网络银行能够全天候地存取资金查询、账户信息等,同时使得企业对客户的服务质量可以大大提高。

3) 整体性。电子商务能够规范事务处理的工作流程,将人工操作和电子信息处理集成为一个不可分割的整体,这样不仅能提高人力和物力的利用,也可以提高系统运行的严密性。

4) 安全性。在电子商务中,安全性是一个至关重要的核心问题,它要求网络能提供一种端到端的安全解决方案,如加密机制、签名机制、安全管理、存取控制、防火墙、防病毒保护等,这与传统的商务活动有着很大的不同。

5) 协调性。商务活动本身是一种协调过程,它需要客户与公司内部、生产商、批发商、零售商间的协调,在电子商务环境中,它更要求银行、配送中心、通信部门、技术服务等多个部门的通力协作,往往电子商务的全过程是一气呵成的。

7.3.2 电子商务下的供应链管理

7.3.2.1 电子商务供应链优势

(1) 更个性化的服务。

在电子商务模式下,企业突破了时空的界限,生产过程和消费过程达到了和谐的统一,使得企业的供应链更加简洁、高效、开放和灵活,为个性化服务创造了完美的条件。应用电子商务交换有关消费者的信息成为企业获得消费者和市场需求信息的有效途径。

(2) 信息高度共享和信息集成。

电子商务使整个交易过程实现电子化、数字化、网络化。电子商务系统包含三个关键组成要素——信息网、金融网和运输网,对应的信息流、资金流、物流交换的质量和效率是实施供应链管理的关键,三者之间的动态联系,为建立基于供应链管理的虚拟企业提供了前提和基础。供应链管理的运作在很大程度上依据于网链上的信息交换质量,电子商务的运用为实施供应链管理提供了信息处理的有效手段。电子商务极大地提高了信息传递的效率和准确率。

(3) 高效率的营销渠道。

企业利用电子商务与它的经销商协作,建立零售商的订单和库存系统。通过它的信息系统可以获知有关零售商商品销售的消息,在这些消息的基础上进行连续库存补充和销售指导,从而与零售商一起改进营销渠道的效率,提高顾客满意度。

(4) 节约交易成本。

用互联网整合供应链将大大降低供应链内各环节的交易成本,缩短交易时间。

(5) 降低存货水平。

通过扩展组织的边界,供应商能够随时掌握存货信息,组织生产,及时补充,因此企业已无必要维持较高的存货水平。

(6) 降低采购成本,促进供应商管理。

由于供应商能够方便地取得存货和采购信息,采购管理人员等都可以从这种低价值的劳动中解脱出来,从事具有更高价值的工作。

(7) 减少循环周期。

通过供应链的自动化，预测的精确度将大幅度提高，这将导致企业不仅能生产出需要的产品，而且能减少生产的时间，提高顾客满意度。

(8) 收入和利润增加。

通过组织边界的延伸，企业能履行他们的合同，增加收入并维持和增加市场份额。

7.3.2.2 电子商务供应链管理的核心思想

电子商务供应链管理的核心思想主要表现为三方面，即"CEO"。C 表示协同商务（Collaborative Commerce），E 表示电子企业（E‐business），O 表示业务外包（Outsourcing）。协同商务意味着不仅要将企业内部部门之间，而且要将企业的合作伙伴、供应商、分销商和零售商甚至终端客户联系起来，统一计划，形成动态联盟和统一协同的模式。所有供应链成员在统一计划的运作下进行产品的协同开发、物料的协同采购、生产、分销和交付。

7.3.2.3 电子商务供应链管理的主要内容

供应链管理主要由信息流管理、资金流管理和物流管理三部分组成。而电子商务的出现和广泛使用，可以在很大程度上改善供应链管理中信息流和资金流管理两部分，使信息和资金都能迅速、准确地在供应链各节点之间传递。同时，电子商务只有进一步做好物流管理，大量缩减供应链中物流所需的时间，使物流管理符合信息流和资金流管理的要求，才能真正建立起一个强大的、快速反应的供应链管理体系。

供应链管理包括外部供应链管理和内部供应链管理两部分。要做好物流管理，缩短物流时间，必须从企业外部和企业内部共同努力。

1) 采用第三方物流方式改善企业外部物流情况。

2) 改革企业内部供应链管理模式，缩短企业内部物流时间。如进行业务流程重组（BPR），实施 ERP 系统；采用 JIT 生产方式；做好客户关系管理（CRM）。

3) 建立战略合作伙伴关系。

7.3.2.4 电子商务供应链的主要技术手段

(1) EDI 销售点和预测。

EDI 是一种在合作伙伴企业之间交流信息的有效技术手段，它是在供应链中连接节点企业的商业应用系统的媒介。供应链环境中不确知的是最终消费者的需求，必须对最终消费者的需求做出好的预测。供应链中的需求大都来源于这种需求预测。虽然预测的方法有上百种，但通过预测，可以最有效地减少供应链系统的冗余性，这种冗余可能导致时间的浪费和成本的增加。通过利用预测信息，用户和供应商可以一起努力缩短订单周期（循环时间）。

(2) 财务技术手段。

1) 电子资金转移系统（Electronic Funds Transfer，EFT）。财务 EC 广泛应用于业务和它们的财务机构之间，用户可以通过汇款通知系统结账，而不是通过支票。汇款通知数据包括银行账号、发票号、价格折扣和付款额，用户的财务机构将用 EFT 系统将汇款通知信息传递给供应商的财务机构，供应商的财务机构将付款确认信息传送给供应商，并收款结账，供应商则根据付款信息更改应收账款等数据。

2）评定现金收据系统 ECR（Evaluated Cash Receipt）。ECR 是一种有效地减少发票的技术手段。用户可以在接收到产品或服务时自动地以共同商定的单位价格付款给供应商。通过 ECR 可以改善现金流管理和减少纸面工作。

(3) 非技术型企业的 EC。

大企业不希望同时拥有具有相同功能的多个系统，所以希望通过 EC 实现商业交流的标准化，而忽略了商业伙伴的 EC 能力。没有 EC 系统的小企业将采用电子邮件（E-mail）或传真的服务实现 EC 功能。

1）电子邮件。企业内部的电子邮件系统通过因特网与其他企业的电子系统连接在一起，可以发送文本、图像，如 CAD 和 Word 处理的文件。

2）电子会议。在世界不同地点的人可以通过因特网实现实时的电子会议，可以通过网上中继会话 Internet Relay Chat（IRC）系统实现基于文本的讨论，Multi-User Dimension（MUD）可以用于讨论文本、高精度图像和声音（通过 WWW 客户服务器系统）。

3）电子市场营销（电子广告）。企业可以通过因特网在网络上发布产品和服务的促销广告，包括高精度图像、文本、声音的超文本文件等可以建立在 WWW 服务器上并连接到因特网上。这种广告可以被世界各地的网络客户浏览到（通过客户端浏览程序软件等）。计算机软件生产商还可把产品演示版软件挂在网络上让用户下载试用。

4）电子用户支持系统。许多企业都把最常见问题（Frequent Asked Question，FAQ）的解答挂在网络上，而当用户需求得到更多的信息时，用户可以把问题或需求通过 EDI 发给企业的用户支持领域。

5）用户网上采购。在浏览企业的广告之后，用户可以通过网络进行订购。在 WWW 服务上，用户只要输入信用卡账户、名字、地址和电话号码等信息就可以直接实现网上购物，而订购信息通过网络传递到供应商服务器上，确认信息将通过 E-mail 返回给用户，同时货运通知或服务信息也将随后通过网络传递给用户。

(4) 共享数据库技术。

战略合作伙伴如果知道需要相互之间的某些快速更新的数据，他们将共享部分数据库。合作伙伴可以通过一定的技术手段在一定的约束条件下相互共享特定的数据库。如有邮购业务的企业将与其供应商共享运输计划数据库，JIT 装配制造商将与他们的主要供应商共享生产作业计划和库存数据。

7.3.3 电子商务下的供应链物流

(1) 电子商务下供应链物流协同的框架。

在电子商务环境下，将代表实体流动的供应链物流各环节的协同与供应链各成员间无形合作过程相融合，共同构成了供应链物流协同的内容。以企业物流为例，电子商务下一种比较有效的供应链物流协同框架构造如图 7-22 所示。

在这种以供应链协同为主体活动的动态联盟中，电子商务企业、3PL、4PL 及 IT 服务提供商都以各自的核心能力参与进来，组成一个建立在共同利益基础上的虚拟企业。供应链中大部分的物流实行外包，企业外部物流协同的具体运作主要依靠 4PL 提供全方位的供应链及物流信息管理，并对 3PL 的资源进行有效整合和管理，4PL 通过对整个物流市场及供应链

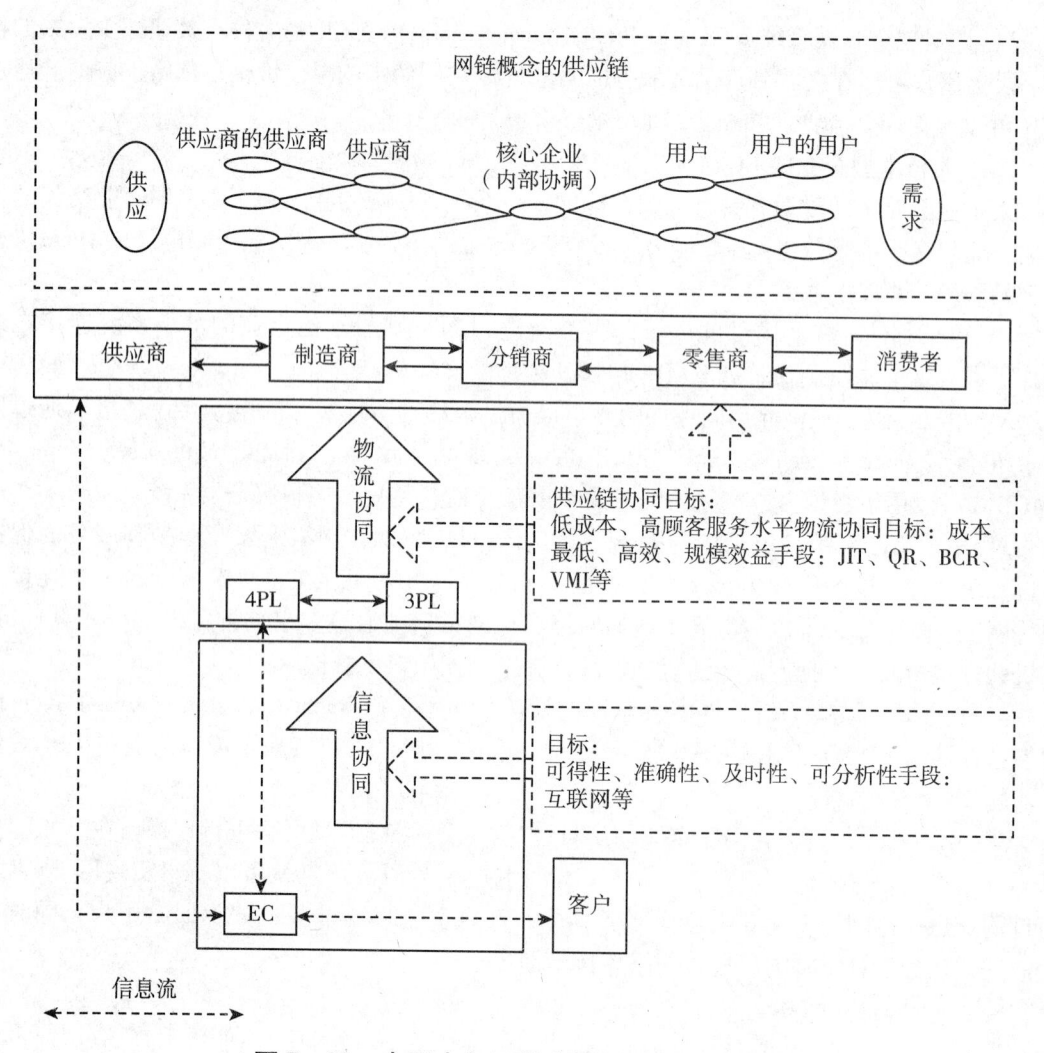

图 7-22　电子商务下供应链物流协同的框架

各个环节的信息掌握和共享，建立起强大的物流信息平台。这个平台同时能够和现有的商业服务平台无缝拼接，为整个供应链提供以信息为基础的、实时的物流服务，实现电子商务活动下的物流畅通。

当然，根据电子商务操作的不同类型和供应链运作的具体情况，我们可以构建出多个类似的框架，其基本思路都是依靠信息协同基础上的物流协同，从而为供应链协同服务，进而实现整体利润最大化。

（2）供应链物流协同运作策略。

1）合作伙伴的选择。合作伙伴的选择是建立供应链物流协作关系的前提。供应链物流合作关系中，物流合作伙伴的选择不仅要考虑价格因素、优质服务、技术革新、产品设计等方面也是良好合作伙伴选择的重要条件。

2）供应链成员间的利益分割。供应链各成员间的利益差异必将对供应链目标共识产生影响，首先要保证协作后所获得的网络整体利益大于不协作状态下各企业利益的总和，并在利益分配中应保证各成员能够获得的利益大于非协作情况下各企业的收益。

3）供应链达成目标共识。组成供应链各方的共同利益是维持系统稳定的基石，而各成员协调后达成的目标共识则是实现供应链协作的开始。高效的供应链物流系统需要以组织成员间目标共识为前提，在此基础上利用供应链成员间稳定的战略合作伙伴关系进行物流资源的整合、物流信息的共享、物流风险的共担、物流收益的共得等物流协作。同时，基于供应链目标共识，可以指导成员协调不同利益带来的供应链物流合作中的矛盾和冲突。这需要依靠联盟各成员间的彼此信任和关心、及时沟通、权力均衡、文化交流，以及信息协同的契合。

4）以供应链管理和客户服务为中心的思想进行流程再造。供应链管理的目的在于通过优化以物流为中心的业务流程的速度和准确性，进而提升企业物流运营速度，降低总体交易成本，保证参与各方的运作效率和效益，实现电子商务环境下商流、物流、信息流、资金流的同步化目标。进行流程再造，必须充分发挥领导企业或组织的作用，坚持整体最优和低成本原则，合理设计供应链流程。

5）供应链成员间协作监督与激励。以有效的方式建立对物流协同具体运作的监督机制，可以及时发现运作中的失误并反馈信息，从而保证良好的协同效益。供应链物流协作激励策略是一种建立在共同利益上的可靠支持，可以是物质实质流程的激励，也包括涉及的其他相关领域协作激励。例如，生产商对其供应商的技术更新予以资助的激励方式。

本章小结

信息共享是实现供应链管理的基础。供应链的协调运行是建立在各个节点企业高质量的信息传递与共享的层面之上，因此，有效的供应链管理离不开信息技术提高和可靠的支持。本章先说明了供应链中信息的作用和特点，然后阐述了供应链管理中的主要信息技术：GIS、GPS、EDI、条码技术和信息集成处理技术。最后，系统分析了电子商务下的供应链管理的方法和内容。

关键术语

地理信息系统（Geographic Information System，GIS）
全球定位系统（Global Positioning System，GPS）
电子数据交换（Electronic Data Interchange，EDI）
条码（Barcode）
无线射频识别（Radio Frequency Identification，RFID）
销售时点系统（Point of Sale System，POS）
电子商务（Electronic Commerce，EC）

复习思考题

1. 供应链下的信息有何特点？
2. 条码技术和 RFID 技术在供应链中的应用有何异同点？
3. 电子商务下的供应链物流如何进行协同？

讨论案例

信息化助欧莱雅整合供应链

2003年9月，欧莱雅集团苏州工厂开始了Sage ERP X3项目的实施，将生产制造和财务管理进行集成信息化。由于该项目是欧莱雅集团在国内的第一个项目，整个实施周期达一年之久。其间，在宜昌的工厂，IT基础设施与办公自动化等基础项目的规划、需求分析和实施也在同步进行。

2005年，原欧莱雅集团宜昌工厂的Sage ERP X3系统也开始实施。在一年的时间内，宜昌工厂实现了从无到有，搭建起完整的信息化系统，并与欧莱雅集团亚洲运营总部实现高效的信息共享。

2006年4月，欧莱雅集团建立了亚洲市场供应物流部，并基于X3系统搭建了一个通用的信息平台，将以前各个工厂供货业务由独立面向各自国家和地区的现象改变为统一信息流程，平衡产能和市场需求，从而大大降低了成本，提高了效率。

2007年年底，在整合了整个营运框架后，欧莱雅集团把亚洲营运总部从法国迁移到上海，把信息化工作统一到亚洲营运层面，做好系统分析和统一规划，开发了基于Sage ERP X3的多种应用系统；同时，基于X3开发数据接口，建立了从供应商到客户的信息沟通平台，通过电子数据交换，把亚洲所有工厂的业务整合起来。

2007年9月，欧莱雅上海浦东工厂启动了Sage ERP X3项目，与4年前宜昌工厂的整合不同的是，一开始的时候，上海浦东工厂的物流、供应链体系的建设都被融合到了ERP的进程中来，而不是后续再做改造。从具体实施过程来看，首先对用户进行基础培训工作，告诉用户，数据的含义和项目组对于数据的需求，分析欧莱雅集团和本地工厂管理模式的差异，以及实施信息化的目的；2007年12月，开展流程培训工作，对初步准备好的一些数据进行真实情况下的模拟演示和差异分析，解决实施过程中的数据不匹配问题；2009年2月底开始初步上线工作。为减轻后期核心业务上线时的压力，项目组从相对独立的成品管理模块开始，期间构建了IT基础设施和生产设备，创建了报表，设计了标签和用户权限，完善了日常数据库的备份与恢复制度，2009年4月最后一次核实真实数据，将所有的问题的集中起来加以改进，5月1日进行了功能性的测试模拟上线，6月上线一次完成。

资料来源：http://www.CLP.gov.cn/case/20110453_67/541.html/

讨论问题

1. 欧莱雅集团的信息化建设有何特点？
2. 欧莱雅如何利用信息来整合其供应链？

第 8 章

供应链的风险管理

学习目标

- 了解供应链管理风险的特征和内涵
- 理解供应链风险的类别
- 掌握供应链风险管理策略

【引导案例】

商业模式创新： 应专注于风险管理

　　INSEAD 商学院技术和运营管理学教授吉罗特拉和奈特西的最新研究指出，企业经营存在着根本性风险。他们提到美国吉普卡租车公司（Zipcar）和美国最大的电话呼叫中心 LiveOps 的例子，Zipcar 和 LiveOps 的成功不在于产品和服务的突破，而是以创新商业模式来提供产品和服务。

　　Zipcar 颠覆传统模式，以按小时付费的租车模式取代传统的按天付费租车模式，为短途旅行者提供方便。公司灵活的租车方式成功吸引了大量顾客，其平均每小时的盈利大大超越竞争对手，而年营业额已增长到接近 2 亿美元。

　　LiveOps 把传统的在低成本国家（如印度）设立呼叫中心的模式转变为设立分布式呼叫中心，采用了由分散在各地的自由职业者在家办公和接听客户电话的远程工作模式。公司则按自由职业者与客户的通话时间支付他们酬劳。

　　两家公司并未开发新的市场领域，也未运用科技开发新产品，但它们从同行中脱颖而出依靠的是商业模式创新，也就是通过创新的模式提供既有的产品或服务，运用既有的技术满足既有的顾客需求，从而赢得市场竞争优势。

　　在吉罗特拉看来，在企业经营的过程中，新产品的开发并不困难，困难的是如何配备相应的创新商业模式来实现产品的价值，使企业得以生存和立足。然而，商业模式的哪一部分需要创新？如何规避风险？这是一大挑战。

　　一、如何实现模式创新？

　　公司在创造价值时，通常关注三项因素——营业收入、成本结构和资源利用率，但通常忽视了相应的商业风险因素，这些因素包括需求、供给、技术、质量及资产利用率等方面。

两位教授指出，企业经营存在着根本性风险，公司可借以由创新商业模式来降低经营风险，也可由承担更多风险来创造价值。在吉罗特拉看来，商业价值总是存在内在风险，通过商业模式的创新来应对风险。同时，通过承担更多风险，公司可能获取更多意想不到的价值。

公司可从包括客户和供货商在内的供应链着手，辨别供应链各环节中的风险，然后确定是否能降低风险或把风险转移出去。换句话说，公司在设计创新模式时，要以风险管理为基础。公司必须自问，供应链的各个环节，包括生产、供应到消费，到底哪个环节存在风险。

二、如何降低风险？

两位教授提出了降低风险系数的几个技巧。其一，加快流程。不过，这可能牵扯到运营地的搬迁。与大多数服装工厂转移到第三世界国家以追求低成本的做法恰好相反，比如 Zara 公司开创了极速供应链的经营方式，颠覆了传统，并证明了对市场变化具备快速响应能力，比在第三世界建立工厂能够创造更高的效益。很多传统的服装零售商可能没有考虑到把生产工序外包给低生产成本国家所带来的风险。他们一下子需要考虑到很长远的事情，譬如需要考虑生产什么产品、生产多少、在哪里生产等一系列问题，而决定一旦做出，就很难再更改，因为整个流程需要很长的时间。

其二，转移风险。通过调整与员工、供货商或顾客等利益相关者的关系，将风险转移出去。电话呼叫中心 LiveOps 就是一个很好的例子。公司与员工的关系从传统的长期聘用转成特约聘用，这样一来，传统呼叫中心低效或怠工的风险就转移到员工身上，而员工为了赢得工作时间的自主和在家工作的方便，也愿意承担风险。

除了缩短流程和转移风险，另一种降低风险的技巧是，提高客户信息准确度以配备相应商业模式。例如，网络家具零售商盟尚家具设计公司提供设计图目录，让顾客投票选出最受欢迎的式样再进行生产，然后由工厂直接送到买主家里。如此一来，公司避免了缺少货源或囤积存货等风险。

不过，如未能考虑新的风险因素，以上策略可能适得其反。对 LiveOps 来说，自由职业者和独立承包商的可靠性便是公司必须考虑的新风险因素。在这种情况下，新的风险管理能力可以转化为企业的竞争优势。

风险并不总是一件坏事，优秀的经理人应该敢于承担更大的风险。好比在汽车租赁行业，最主要的风险因素是作为固定资产的汽车未能得到充分使用。传统租车公司按日计算租车费用，而 Zipcar 公司颠覆传统，按小时租车，从而省却了需要配备更庞大的车队和设置更多营运点所带来的费用。

在两位教授看来，专注于以风险管理为基础的商业模式创新不仅具有可预测性，也可节省庞大的研发费用。商业模式的创新通过系统有效的程序，以较少的资金创造相对明朗和可信的利益。此外，与技术创新不同，商业模式创新无须蓝本，也无须投入大量的测试。

（资料来源：http://www.insead business school.com.cn/case/5674_67.html）

8.1 供应链的风险

供应链风险和其他任何事物的风险一样，它是客观存在的。所以，明确风险以及风险管理的内涵和特征，是实施风险管理的基础和前提条件。

8.1.1 风险的内涵

风险是指面临和遭遇损失的可能性。它是指某个事件或行动对组织实现其商业目标或成功实施其战略的能力所产生的负面影响。

风险主要来源于不确定性。风险的大小决定于不确定事件发生的概率和发生后果的损失程度。所以，风险是指在生产过程当中由于各种事先无法预测的不确定因素所带来的影响，使企业实际收益与预期收益发生偏差，从而有受损的风险和可能性。

风险既然是客观存在，但风险也是可以进行估测的。任何风险都是未来收益值小于期望值的负偏差，所以可以通过数学工具来进行估算和测度，比如通过数理统计、计算机仿真等技术来进行。因此，可预测的风险就能被人们控制，也就是说，风险能被人们所管理，可将其所带来的损失降低到最小的程度或可以接受的程度。1983年，日本学者武井勋在其著作《风险理论》中将风险含义归纳为四个基本因素：风险源于不确定性；风险是客观存在的；风险是可以被测算的；风险是可以控制的。

8.1.2 供应链风险的特征

供应链作为一种生产运作范式，在运作的过程中也必然遇到很多的不确定因素的影响，这些不确定性因素可能源于供应链系统的外部，比如市场需求的不确定性、行业政策的不确定性等；也可能来自系统的内部，比如生产提前期的不确定性、上游企业向下游企业交货的不确定性、外包业务质量的不确定性等。这些不确定性的存在都会给供应链运作来带风险。考虑到供应链的运作环境，其与一般企业风险相比，供应链的风险有着自身的特征。

（1）传导性。

供应链风险的传导性主要表现在两个方面：时间传导性和环节传导性。时间传导性是指供应链受到不确定性因素的影响，会随着生产时间的延续，原来隐性和潜在的风险转变为现实和显性风险；环节传导性是指供应链是由诸多环节企业沿着价值链方向形成的动态网络，某个环节企业受到不确定性因素的影响，必然随着生产流程的进行，将在该环节企业产生的风险传递到下游企业并影响到上游企业。比如在供应链中的"牛鞭效应"就是典型的例子。

（2）动态性。

供应链是一个动态联盟组织和开放系统，特别是外层松散合作层的链外企业，经常处于变动之中。除了组织结构经常变动外，影响供应链运作的风险因素也是复杂多变的。在供应链各个环节运作过程的各个阶段中，多种因素的综合作用使得供应链的风险发生频率、强度和作用的范围都是不尽相同的。在某个时段可能是某风险发生可能性最大或是强度最大；而在另外时段时，其风险发生的可能性较低，或是强度较弱，损失较少，影响范围不大。所以，根据供应链风险的变动规律，采用动态的方式对风险进行管理，而不是一种以"不变应万变"的处理风险的方式来看待问题。

（3）多源性。

供应链的风险多源性是指不确定因素很多、源头分布较广。这些源头有的是发展过程中存在的不确定性，有的在所构建的供应链结构面临的不确定性；有供应链系统外部的不确定性和系统本身的不确定性，有来自供应链核心层企业所遭遇的不确定性，以及外层合作企业所引起的不确定性等。正是由于供应链风险的多源性，所以在对供应链进行管理时就需要对各种风险类型进行识别、归类和分析，不能笼统进行监控；否则可能造成在控制某类风险的同时，却放松了另类风险的发生。

（4）层次性。

供应链是由核心层、协作层和外部松散层构成，因此供应链的风险管理可以按照涉及层次的深度的大小和影响程度，可以分别进行基于核心层的风险管理、基于协作层的风险管理，以及基于外部松散层的风险管理。同时，由于供应链企业所涉及这些不同合作层次，其风险管理中核心层的企业之间的风险可能是一种战略风险，协作层企业的风险是一种策略风险；而外部松散层企业的风险是一种运作层的风险。

8.2 供应链风险的类别

供应链的风险很多，为了便于识别和管理，这里我们将供应链的风险进行归类，以便在对供应链的风险管理过程中认识、分析和有效控制。以供应链为一个系统，其风险来源于系统内外两个方面，所以其风险可以分为两大类——系统内部风险和系统外部风险，具体如图8-1所示。

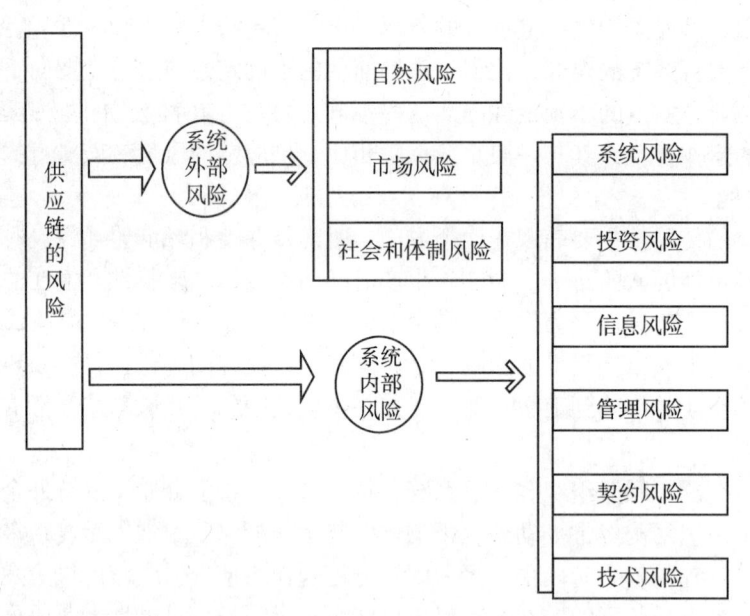

图8-1 供应链系统的风险类别

8.2.1 系统外部风险

供应链系统的外部风险是指系统外部客观环境的变化给供应链带来受损的可能性。供应链的外部风险包括三大类：自然风险、市场风险，以及社会和体制风险。

（1）自然风险。

自然风险是指由于自然界形成的各种灾害给供应链企业带来的可能经济损失。比如天气、地质灾害或灾害性事故等不可抗力因素所造成的供应链的延时、中断或终止等。在现有的科技水平下，对于水灾、火灾、雷电、地震、台风等天气和地质自然灾害等还不能做出及时有效的预报，对于其他事故，如交通事故、断电等也是很难进行预防性控制。自然风险的后果可能是暂时性的、损失较小的，也可能是长期的、灾难性的、具有不可抗拒性，对于这类风险，可以提前采取防范的措施以尽量减少损失。

（2）市场风险。

市场风险主要来自两方面的因素：一是经济波动的间接风险，二是市场竞争的直接风险。在全球经济日益融合发达的今天，任何国家经济必然受到世界经济的影响，而供应链在构建过程中不仅会受国内经济波动的影响，还会受到国际经济波动的波及效应的影响。国际范围的汇率、利率和股市的波动，或是全球范围和区域范围的经济危机，将会影响到供应链生产产品的市场供求情况，从而对供应链上游各个环节企业的生产造成风险。虽然我国在外汇汇率、股市国际化程度上不是很高，受到影响有限，但是从长远的眼光来看，随着我国对外的依存度的提高，汇率和股市与全球接轨是必然趋势，所以这种对供应链所带来的风险也将越来越大。

（3）社会和体制风险。

我国目前正处于经济转型时期，新旧体制的交替及体制的不完备，增加了供应链的风险。比如投融资体制改革的滞后及资本市场监管能力的薄弱，增加了供应链投资及筹集资金的成本和风险。尽管我国的产权制度正日趋完善，但是产权混乱、所有者缺位等现象仍然存在；特别是在我国政府干预经济还是较为普遍，产业的发展也难免受到政府大力扶持和宏观经济的人为干预，故供应链也难免受到相关政府体制的影响，可能导致供应链不能按照市场规则来进行运作。社会和体制风险不像自然风险那样不可抗拒性，是可以采取回避的措施来减少损失的。

8.2.2 系统内部风险

供应链系统的内部风险主要是指来源于供应链企业之间或企业内部的风险，主要包括：契约风险、信息风险、系统风险、管理风险、技术风险和资金风险七大类。系统内部风险相对于供应链系统外部风险来说，更容易出现，更容易被识别和监控，所以往往是供应链风险管理的重点。

8.2.2.1 契约风险

供应链的契约风险是指供应链的核心主导企业在与其他环节企业进行合作中，虽然其合作基础是基于信任/依赖（trust/dependency）的合作，但也有着正式的契约来联合各个上下游企业。在合作的企业中，基于核心层合作的单链式供应链企业都是基于战略合作，契约风险较低；而对于协作层和松散合作层的企业来说，都是基于策略和操作层的合作，其契约风险较大，所以这里的契约风险主要是指对协作层和松散合作层的企业来说。根据与供应链核心企业所签契约的对象不同，其契约风险有两种形式：3PL 契约风险和外包企业契约风险。

（1）3PL 的契约风险。

供应链核心主导企业与 3PL 之间的法律责任主要体现在双方所签订的合同。合同承担的责任是从 3PL 货物接收到货物最终交付到客户手中的整个过程中，无论何时何处，无论货物是否在其实际控制之下，或转由其他公司运输或保管，也无论是否属于其自身责任，对 3PL 来讲，只要货物发生问题，均由其承担赔偿责任。在签署这类合同时，供应链核心主导企业凭借自己雄厚的经济实力，在谈判中往往凭借有利的地位提出一些特别的要求与条件，3PL 则常常迫于商业上的压力而接受某些苛刻的条款。契约中如果订立了此类极不合理的条款，一旦产生纠纷，3PL 必定处于被动地位，而且很有可能会导致破产。

传统物流对时间的要求不高，一般协议无约定；而现代物流对时间性的要求很高，货物运到客户手中太晚了不行，太早了也不行。也就是说，现代物流要求协助客户控制好存货与配送，做到在正确的时间内将完整无缺的产品以精确的数量送到准确的地点，甚至直接上架出售，所运的货物不仅要数量正确，还要保证质量，无短少或残损。如未能做到按时、按质、按量提供货物，则直接影响到客户的信誉、形象和市场，给客户带来经济损失。所以，一般合同中都对物流服务的时间和质量以明确的条款加以规定。此外，传统物流业务通常为一票货、两票货或一船货、两船货的协议，而现代物流服务的协议往往涉及数年之久的长期协议。所以，3PL 企业在与核心企业进行交易中承担着潜在的某种合同风险。这种风险虽然暂时被 3PL 所承担，但由于供应链的风险的传导性，将最终导致核心企业面临着没有完备服务的 3PL 的潜在风险。

（2）外包商的契约风险。

供应链的核心企业是所有"供应链"企业的组织者，其中有的业务由"供应链"自己负责，有的业务需要委托链外的外包商来具体实施。实践中供应链核心企业常常会遭遇到这样的问题，外包商将核心企业给予的业务又转包给其他企业，当然，与资信情况好的转包商合作，不仅能降低经营成本，也可使责任风险降到最低；反之，如遇到一个资信情况不好的转包商，甚至转包商突然宣布破产或倒闭，供应链核心企业和外包商的损失将是巨大的，其风险是可想而知的。在外包商与转包商合作时，当发生损失时，无论是外包商的过失还是转包商的过失，都要由外包商先承担对外赔偿责任。尽管外包商在赔付后尚可向负有责任的转包商进行追偿，但供应链核心企业与外包商和转包商所签合同分别是背对背的合同，因此所适用的法律往往是不一样的，其豁免条款、赔偿责任限额及诉讼时效也是不一样的，致使外包商常常得不到全额赔偿的风险存在，从而也使得供应链核心企业的受到连带风险。

8.2.2.2 信息风险

信息风险实际上就是由于信息的不对称或不完全，而对组织实现其商业目标或成功实施其战略的能力产生的负面影响。其特征实际上是信息原因导致的不确定性，这就涉及委托代理问题。

委托代理在经济学上泛指任何一种涉及非对称信息的交易，交易中具有信息优势的一方称为是代理人，处于信息劣势的一方为委托方。简单地说，知情者为代理人，不知情者为委托人，知情者的私人信息（行动或知识）影响不知情者的利益，或者说不知情者不得不为知情者的行为承担风险。信息的非对称性可以从两个角度划分：一是从非对称发生的时间；二是非对称信息的内容。从非对称发生的时间看，非对称可能发生在当事人签约之前，也可能发生在签约之后，分别称为事前非对称和事后非对称。研究事前非对称信息博弈的模型称为逆向选择模型，研究事后非对称信息的模型称为道德风险模型。从非对称信息的内容看，非对称信息可能是指某些参与人的行动，也可能是指某些参与人的知识。研究不可观测行动的模型称为隐藏行动模型，研究不可观测知识的模型称为隐藏知识模型或隐藏信息模型，但委托代理理论习惯上是指"隐藏行动道德风险模型"的别称。逆向选择问题通常采用信号理论的方法来解决，道德风险问题则通过激励机制来解决。

供应链是不同企业的采购、制造、组装、分销和零售等过程，将原材料转换成最终产品配送到最终用户手中，在供应链的上游企业向下游企业提供产品。可以看出，供应链企业之间的关系实际上是一种委托代理关系，事实上就是处于信息优势与处于信息劣势的市场参与者的相互关系。由于信息非对称性现象在经济活动中相当普遍，其合作多是在信息非对称条件下进行的。从理论上讲，信息技术的运用可以实现供应链的信息共享，但一方面，节点企业往往从自身利益出发，认为自己的信息是商业秘密并加以封闭，不愿与上下游企业共享，以至于各企业内部信息系统虽然很先进，但只是一个个的信息孤岛；另一方面，供应链参与多为中小企业，资金的限制影响其对信息技术的采用，结果导致整个供应链的信息不能顺畅流通，信息不对称与信息流阻塞客观存在，信息风险随之产生。其主要产生风险有"牛鞭风险"、逆向选择风险、道德行为风险和信任风险。

（1）"牛鞭风险"。

牛鞭风险是供应链的最终用户的需求随着向供应链上游前进的过程中放大的现象，需求变化程度的增加导致了供应链中各企业被迫增加库存，并且越远离终端市场，其库存水平也越高的风险现象。这也是供应链核心企业为了满足下游零售商的服务水平，导致批发商被迫持有比零售商更多的库存，随着这种波动的信息在供应链中传递，其库存被不断放大，造成信息的严重扭曲或失真，导致整个供应链上的企业都维持更高的库存水平，发生更高的成本，降低了运作的效率。

（2）逆向选择风险。

供应链核心企业以及其他合作企业多是一种弹性专精的组织，为了增强核心竞争力，常常以供应链的动态模式组合在一起，将自身不擅长的业务交由环节企业运作，自己将更多的精力集中于企业的核心能力上，也就是将自己掌握信息少的业务环节委托其他掌握信息多的代理企业生产，共同服务顾客。供应链核心企业在选择合作者时，由于不能完全鉴别代理人的实际情况，只能以一个市场平均质量水平标准出价，结果导致高质量的代理人退出市场，留在市场中继续交易的只是那些低品质的代理人，这样就在供应链系统中生产了逆向选择的风险，导致所选择的代理人的核心竞争力越来越低。

（3）道德行为风险。

供应链作为一个整体动态组织体系，其运作都是基于所有企业的共同目标，但在实际运作中，各自企业的利益又很难逃脱"双边效应"的影响，会潜意识地损害上下游企业的利益而为自己带来好处，加之供应链如果又缺乏有利的监督与控制机制，往往导致成员企业之间容易出现隐藏信息，在事后做出不利于对方的道德行为。如签成契约后，因制造商无法观察到供应商的某些行为，供应商推后供货或降低产品质量，等等，都会损害制造商的利益，也会降低供应链的服务水准，而顾客的不满必然伴随着利益的流失。

（4）信任风险。

信任风险是从信息风险衍生出来的一种风险。供应链是基于不同链节企业的合作，由于各个企业之间信息的不对称性，要想使得各个环节企业按照共同目标进行合作，就必须建立在信任的基础上才能维持，特别是供应链合作层次和环节，与传统单链式供应链相比要复杂得多，没有信任很难以建立多层次和跨链间的合作可能。但现实环境下，信息不对称性和产业中的机会主义难免会产生信任风险问题。

8.2.2.3 系统风险

系统风险指由供应链系统结构决定的、使系统不能有效发挥其功能并遭受损失的可能性。由于供应链系统是由彼此相关的部分或元素企业组成，具有一定功能的结构，相互之间是相互联系、相互影响。如果在构建和演化的过程中出现偏差，就可能对整个系统带来风险。供应链的系统风险主要有："柠檬"市场风险和锁定风险。

（1）"柠檬"市场风险。

供应链企业专业化程度较高，其资产的专用性也较高，以及由于卖方比买方对产品的质量有更多的信息，都极易引发"柠檬"市场风险。在美国俚语中，"柠檬"表示"次品"，"柠檬"市场（Lemon Market）是阿克拉夫引入信息经济学研究中的重要概念，是指低质量的产品将驱逐高质量的产品，从而使市场上产品的质量持续下降的情形。

供应链作为一个网络体系，参与者众多。每个环节企业相当一个中间产品生产部门，而且每个供应链相同的部门企业的产品分别是同质的，并由若干个相同的企业进行生产。如果进入一个新的生产者，最终产品的定价就会降低一点，最终导致供应链内企业以低价作为竞争策略。这些企业处在高度的专业化分工状态，固定资产专用性程度很高，一旦出现行业不景气，经营者很难处置专用设备，所以企业只能勉强维持经营或偷工减料极力降低成本，导致市场上产品质量不断退化，出现所谓的"柠檬市场"。在"柠檬市场"上，就会有违背法律、社会基本道德规范的企业不良行为，如在产品方面以次充好、欺骗客户，在社会责任和义务方面欺骗政府和员工；在商业信誉方面骗取银行贷款和其他渠道的投资资金，以及拖欠债务，等等。当这种低价、低质的商品大量涌进国际市场时，很容易被进口国视为倾销行为而启动"反倾销法案"进行回击。

（2）锁定性风险。

供应链系统内企业之间在系统中会进行十分频繁的信息、知识、人员、策略以及行为模式等许多方面的交流，同时也会排斥与系统外部的交流。在供应链形成的初期，这种内部交流无疑对提高系统内企业的创新能力和市场竞争力等会起到积极促进作用，但是长期下去将可能形成很强的趋同效应，使得供应链内企业都具有相似趋同性，也逐渐使得供应链系统转变为一个封闭自守的系统结构，从而使整个系统不能迅速地与外界进行信息、能量的交换，对外部环境的应变能力不断减弱，形成锁定性风险。

所谓"锁定"，是指供应链一旦捕获某种机遇，而形成区位优势由前向和后向关联效应，产生累积效果就会沿着这种轨迹发展下去，但这也可能是一种非最优资源配置，只是根据经验和习惯选择一种熟悉的发展路径。锁定风险将抑制供应链的创新能力的持续提高，整个供应链系统就会普遍陷入低效状态，整体上应对市场环境变化的能力弱化，即产生所谓的锁定效应和路径依赖。锁定效应就是指系统失去活力的效应，美国学者格拉伯赫把它分为三种：功能性锁定，即锁定本地企业间的关系；认知锁定，即将会有周期性低迷的长期倾向；政治锁定，即保留原有传统产业结构的很强的制度组织，影响到本地的内生、潜力和创造力的发挥。路径依赖是指一个具有正反馈机制的体系，一旦在外部偶然事件的影响下被系统采纳，便会沿着一定的路径发展演进，而很难被其他潜在的甚至更优的体系所取代，即系统如果因为某种原因发生了变化，即使导致这种变化的力量已经消失，系统也不会回到初始状态。

路径依赖说明了锁定效应和次优行为可以持久存在，路径依赖和这三种锁定之一种或三种同时存在，将会阻碍供应链的结构重组与供应链企业创新。

8.2.2.4 管理风险

供应链作为一个系统，需要协调管理客户、上下游企业、外包商以及信息技术服务商等各个环节和层次企业的关系。由于在协调中，各合作方之间的经营策略、利润分配、能力及技术等其他方面的差异会影响整合的效果，从而给供应链带来合作上的风险，导致供应链管理的低效或供应链中断。根据供应链管理的环节，管理风险有两种：单链内管理风险和跨链间管理风险。

（1）单链内管理风险。

单链内管理风险是指在供应链中单个单链内部，管理其上下游企业所产生的由于管理方法和机制缺位或不当所给供应链带来的负面影响。比如在单链内，零售商与其供应商之间实行供应商管理库存（Vendor Management Inventory，VMI）。VMI是指供应商在用户的允许下管理用户的库存，由供应商决定每一种产品的库存水平和维持该库存水平的策略。它突破了传统的"库存是由库存拥有者管理"的模式，不仅可以降低供应链的库存水平，降低成本，还能为用户提供更高水平的服务，加速资金和物资周转，使供需双方能共享利益，实现双赢。VMI成功实施的范例当属沃尔玛与宝洁公司的合作，从1985年开始的伙伴关系显著改善了宝洁公司对沃尔玛的响应速度，使沃尔玛的库存周转率提高了30%，销售额上升了50%。

但是在单链内企业之间，合作管理风险是经常存在的。如果各方承担的风险与获得的收益不匹配或激励措施不当时，会导致伙伴积极性降低，相互推诿。比如在VMI管理中，对于存货所有权，过去零售商收到货物时，所有权也同时转移了；现在变为寄售关系，供应商拥有库存直到货物被售出。由于供应商管理责任增大，成本增加了，如果供应商没有得到公正合理的收益分配，将使零售商与供应商共享系统整体库存难以实施。同时，实施VMI战略需要采用先进的信息技术，如EDI技术、条码技术等，需要合作企业在管理上所采用的技术和软件相匹配，才能保证数据传递的及时性和准确性。当然，在单链内其他环节之间也存在这类管理风险问题。

（2）跨链间管理风险。

跨链间管理风险是指在多供应链中单链与单链之间由于管理方法和机制缺位或不当所给供应链带来的不确定性影响。比如，供应链系统的两个单链式供应链由于生产的同质性，其各自下游的经销商之间建立跨链间库存互补合作，各个单链式供应链的经销商的库存水平通过信息系统连接起来，每个经销商可通过该系统查看其他经销商的库存，在缺货的条件下可以进行补充和交换，同时，经销商们在供应链核心企业的协调下达成协议，承诺在一定条件下支付一定报酬。这样，不仅改善每个经销商服务水平的同时也使其库存降低，从而降低整个系统所需库存的总成本；同时，也使每个单链式供应链上游制造商能集中精力搞好生产，维持产生的稳定性，提高产品质量。

但是，这类跨链间管理风险同样也是客观存在。虽然各个经销商由于相互的地理位置相近，但企业文化、管理模式以及沟通问题方式不同，导致相互合作出现问题，加大了管理协作风险，有可能造成合作失败，需要建立供需协调的管理机制。在跨链间管理风险中，供应链的核心企业要担负起责任，提供必要的资源与担保，使经销商相信承诺，协调其经销商的工作（有时可能是相互竞争的经销商），建立共同的合作目标和利益分配、激励机制，在各个经销商之间创造风险共担和资源共享的机会。上述只是跨链间的经销商管理风险，跨链间其他环节的管理风险与此类似，也存在着相似的管理风险问题。

8.2.2.5 技术风险

技术风险指供应链企业由于没有创新或引进先进技术，或者技术本身的先进性、可靠性、适用性和可得性与预期的方案发生重大变化，以及合作过程中技术外泄而导致生产能力利用率降低，生产成本增加，产品质量达不到预期的要求从而形成的损失和风险。

供应链的创新是一种基于网络的创新，该模式主要创新信息是指内部的隐含知识、技术甚至经营理念，都具有很强的外部性，常常被看作是一种公共产品。所以，一旦有新的产品或工艺技术出现，很快会传播、溢出和渗透，将一个技术创新活动发展成一群创新活动。由于技术进步和产品创新具有一定的周期，导致在这个过程中不少有创新能力企业的创新产权得不到有效保护，其创新行为所产生的外部经济不能内部化，以致创新者的私人收益率大大低于社会收益率，加上技术创新的成本高、风险大，而模仿的费用低、风险小，因而技术创新的积极性受到影响。此外，由于系统内大多数企业的技术趋同化，使得企业间的学习机会和协作机会大为减少，导致内部的分工效应弱化，出现核心技术创新乏力，进而限制了系统优势的发挥。一旦出现大面积技术革新或者竞争对手提高技术壁垒，而供应链的企业不能及时完成创新蜕变，整个系统将遭到很大风险。另外，技术风险还包括供应链内部核心技术外泄风险，当系统企业无意中可能将自身的核心能力或市场知识泄露，导致企业的竞争优势被削弱甚至消失，使企业在竞争中处于不利地位。所以，供应链的合作伙伴要签订保密协议，规定信息共享的范围和内容，每个合作企业必须尊重供应链所提供数据的保密性，以防止企业的核心技术外泄和核心能力丧失。

8.2.2.6 投资风险

供应链系统的构建和运作，都需要进行投入。在投入中必然会遇到投入的预期产出和实际产出的差异，使得供应链的投资面临很大风险。比如物流管理是供应链管理的内容之一，现代物流是智能型、一体化的过程管理，现代化程度较高，需要投入一定资金，因而具有投资风险。比如供应链的物流运作，不管是自己运作还是外包出去，供应链在整个生产流程中都会面临风险，因为物流运作需要有物流运作平台，如组建一些自动化、功能性的配送中心，建立信息网络的软件配套升级，储运各类物品所需设备及运输工具的购置。如一时无法被客户使用，势必造成巨大投资的风险损失。

另外，供应链中的协作企业，如物流服务提供商，在进行提供物流服务的同时还提供和投资多种多样的金融服务，例如：以托运人的应收账款冲抵物流费用；货在途中就可向托运人支付货款，以使托运人资金周转加快，购买更多的货物，并提前向供应商支付费用，让供应链迅速周转；将一个长期合同的费用化整为零，多次支付，客户可以多次获得收入，直接给予贷款服务。现在物流商为了从头到尾控制供应链，保证特殊产品的运输质量与长期稳住客户，都开始关注资本运作和金融服务，但同时也面临着此种服务中断的风险。

8.3 供应链风险管理

供应链风险管理过程包括四个阶段：风险识别、风险评估、风险处理和风险监控。其四者之间的关系如图 8-2 所示。通过前面对供应链在运作中所存在的风险类别的了解，为供应链的风险管理提供了前提基础。因为只有先对供应链的风险种类有了一个概览之后，才可能进一步对风险进行识别，然后对其进行评估。同样，只有在对供应链风险的大小有正确地认识和评估之后，才能选择合适的方法对其进行处理以及后续风险监控。

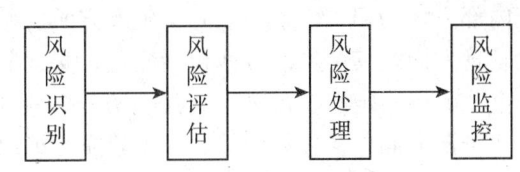

图 8-2 风险管理过程

8.3.1 供应链风险识别

供应链风险识别是风险管理的第一个基本环节，它是指风险管理者通过对大量的供应链信息、资料、数据现象等进行系统分析，来认清供应链中存在的各种风险因素，进而确定供应链所面临的风险及其性质。供应链风险中存在着表现明显的风险，风险管理者可能易于识别；但对那些隐藏潜在的风险，需要付出仔细分析才能识别。隐藏潜在的风险带来的风险损失可能会更大。识别风险并了解风险存在的原因，才能对症下药，有利于风险的及时解决、风险的分担和进行公平的风险补偿。

供应链的风险类别较多，涉及的环节和企业较广，要识别供应链的风险，不管是外在风险还是内部风险，不管是显性风险还是潜在风险，需要一一梳理出来，防止出现遗漏和偏差，就必须采用必要的风险识别技术来辅助和支持，这样才能达到预期效果。

8.3.1.1 SWOT 识别法

SWOT 分析最早是由勒尼德等人于 1965 年提出，并制定企业战略的方法。在这里我们可以借用 SWOT 法来对供应链的风险进行识别。在 SWOT 中，S 代表企业内部条件的优势（Strengths），W 代表企业内部条件的劣势（Weakness），O 代表外部环境为企业提供的有利机会（Opportunities），T 代表外部环境的威胁（Threats），将上述四项内容组合起来就形成一个四象限的矩阵图,如图 8-3 所示。

	Opportunities	Threats
Strengths	第一象限 SO象限	第二象限 ST象限
Weakness	第三象限 WO象限	第四象限 WT象限

图 8-3　SWOT 分析象限图

供应链系统的优势与劣势,主要考虑引起系统内风险的相关因素;机会和为威胁,主要考虑系统外部的风险因素。因为只有系统内外相关因素相互作用的条件下,供应链的风险才会产生和爆发。

对于供应链引起系统内部风险的相关因素一般有:生产方面、财务方面、经营方面、人力资源方面、研发方面和管理方面。其中生产方面包括质量、交货期、生产成本和生产柔性等;财务方面包括流动资金、财务稳定性、盈利性;经营方面包括市场占有率、企业形象、质量形象、经营成本;人力资源方面包括领导素质、员工素质、组织效率、组织弹性;研发方面包括技术创新性、技术经济性和技术配套性;管理方面包括激励机制、合作机制、约束机制等。通过对供应链的上述因素的分析来确定供应链的优势和弱点,以及其在这些因素中可能出现的风险有哪些,在什么条件下出现,出现的外部环境是什么,系统外部固有的机会和威胁是否匹配等,这为下一步对外部环境分析指明了方向。

供应链外部的机会与威胁的影响因素包括:政治环境、社会环境、经济环境、行业环境、市场环境和竞争环境。其中,政治环境包括国内政治环境和国外政治环境;社会环境包括国内社会环境和区域社会环境;经济环境包括国际经济环境、国内经济环境和区域经济环境;行业环境包括国内行业发展趋势和国外行业发展趋势等;市场环境包括国际市场环境、国内市场环境和区域市场环境;竞争环境包括国际竞争环境、国内竞争环境。

SWOT 识别首先是对供应链企业可能生产的风险进行相关因素分析,来判断是否是系统优势和劣势,将其归为两类;然后在优势和劣势的风险相关因素中,分析其外部环境激发的可能性(即机会和威胁),来对供应链的风险进行识别。

第一象限表明外部环境中出现有利于供应链发展的机会,与此同时系统内部刚好具备利用这些机会的优势条件,此时供应链的内部条件和外部条件处于最佳状态,也就是说,供应链内部相关因素指标较为理想,而且外部环境稳定,引诱和爆发相关风险的可能性最小;第二象限表明某些风险对于环境对其来说存在一定不利和威胁,但供应链系统内部具备相关的优势条件,风险的源头在于外部环境;第三象限表明环境中存在有利于供应链系统转好的外部机会,外部引发风险可能性较小,但供应链内部相关因素的实力较弱,相关因素的指标处于风险状态,所以风险的源头主要在于供应链的内部;第四象限表明供应链中某些风险在内外部环境和条件都是处理随时激发的状态,供应链面临该类风险最大。

所以，SWOT 识别法的实质是通过比较分析供应链的内部条件和外部环境的相互关系，确定供应链的风险所发生种类和影响状况，从而采取有针对性的风险防范措施。

8.3.1.2 鱼刺图识别法

鱼刺图法原本是用来寻找造成质量问题产生主要成因的有效方法。在这里我们借用该种方法的原理来识别供应链的风险。由于在上面我们将供应链所有的风险类别都一一列举出来，那么这些风险是否是供应链在未来将会面临的风险，可以通过分析这些类别风险产生的原因来进行识别。

鱼刺图识别法应先明确要分析各类风险问题的特性，先提出问题，然后召集同该风险问题有关的人员对该问题各抒己见，集思广益，一般应将影响风险的主要因素确定下来。在供应链运作过程中，影响风险的主要因素可从七个方面着手归纳：生产方面、财务方面、经营方面、人力资源方面、研发方面、环境方面和管理方面。在具体鱼刺识别法中，以上七大因素不一定全部存在，有时也要依据具体情况来进行增减，然后按照由粗到细、由浅入深、由表及里的步骤逐项原因逐项分析，分别找出每个大原因中所包含的中原因、小原因，或更小原因。一个大因素上的各种原因要找清，不能忽略。然后对照这些原因，并比较供应链是否真正存在这些原因，来识别供应链这些风险类别，并判定其潜在发生可能性的高低。

鱼刺识别法是在鱼刺分析图的基础上进行的，其画法分为如下几个步骤：
1) 选择风险类别，把它放在箭头所对的方框内；
2) 画一主干线（水平向），箭头指向右边框内；
3) 确定影响的大枝，分别画在主干的两侧；
4) 进一步分析每一大枝所包含的中原因、小原因，分别以中枝、小枝的形式画出，中枝指向大枝，小枝指向中枝；
5) 反复讨论，将所有问题罗列清楚；
6) 对于可直接确定的主要因素可直接在图上加以特殊标记。

画鱼刺识别图所确定的原因分析要针对性强，有的放矢。在实际活动中，鱼刺图中的各种因素可通过矩阵图把主要原因确定下来。因果图常用排列图、对策表配合使用，也称为二图一表，使得供应链的风险和相关的对策一目了然。

如在对供应链的牛鞭风险进行识别时，就可以利用鱼刺识别法来进行识别，如图 8-4 所示，在鱼刺图中标出下面的五个主要原因：

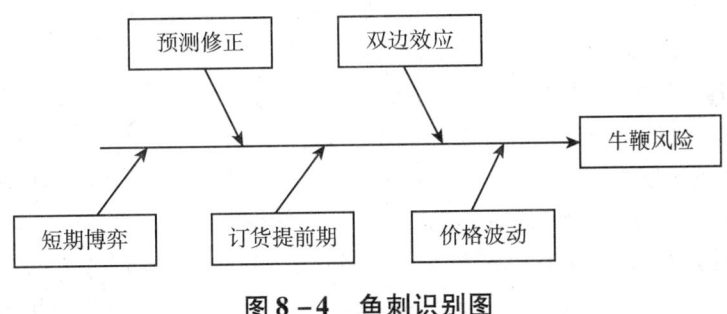

图 8-4 鱼刺识别图

1) 供应链成员企业的"双边效应"。供应链中每一个成员都是理性人，为了保证自己的利益最大化，就会隐瞒一些敏感的信息，比如为了满足顾客的需求，就会夸大一些公有的信息，如顾客的订货量，使信息失真。

2）需求预测的修正。供应链上各层企业的库存管理都要进行需求预测，而预测方法如指数平滑法就是对技术观测的数据进行修正，数据越多，调整企业越多，其需求的变动性就会越大。

3）订货的提前期存在。由于供应链上下游各级企业从订货到收货存在"时滞"，使订货量的信息得不到及时的修正，因此各级企业在预测库存的时候都计入了提前期，而提前期越长，微小的需求变动就意味着库存和订货点的越大的变化。

4）价格的波动。价格波动是由于一些促销手段造成的，如价格折扣、数量折扣等，这些手段促使零售商、推销人员或顾客在低价时采购的订货量大于实际的需求量。因为如果库存成本小于由价格折扣所获得的利益，他们都乐于预先多买，这样的订货没有真实反映需求的变化，产生了需求放大现象。

5）短缺时博弈。下游的经营者在预期某种产品的供应将短缺，而供应商供应的货物量只能是订货量的一个百分比，这时他们为了获得更大份额的配给量会故意夸大订货量，当短缺期过后，他们又回到原来的正常订单，而他们的短缺期的博弈导致需求预测的歪曲和变动。

然后对照上述五个原因进一步分析，分析出产生该五个主要原因的原因，依此类推下去，然后考察供应链是否存在该风险类别的深层次的各种原因来进行判定。

上述两种风险识别方法在适用条件和操作上不尽相同，但在供应链的风险管理过程中可以结合使用，共同构成供应链风险的识别技术体系，为综合判定和识别较为复杂的系统模糊和潜在风险提供了一种识别和分析工具。

8.3.2 供应链风险评估

供应链风险评估是对某一特定的供应链风险的测量。风险评估必须考虑两个方面——风险发生概率的大小和风险发生所造成损失的程度，然后计算出各类风险的风险值；再根据这些风险值的大小，以及所有风险种类的占总比重的大小，来进行分类监控。具体方法步骤如下：

1）识别供应链的各种类型风险；
2）利用德尔菲法，估算出各种风险出现的概率大小 p_i；
3）估算出各种风险出现的可能损失大小 s_i；
4）计算出各个风险的损失期望值大小 $E_i = p_i \cdot s_i$；
5）运用 ABC 法将供应链的风险进行分类，并针对不同的风险进行分类管理和监控。

ABC 分类法是按照 2-8 原则指导思想来进行的。所谓 2-8 原则，简单说来，20%的产品为企业带来80%的利润；20%的顾客为企业带来80%的订单，等等。同样，对于供应链来说，20%供应链的风险带来80%风险损失。因此 2-8 原则作为一个统计规律表明了少数的关键，多数的不关键。因此，在管理时，只是对供应链的少数的关键的风险进行严格管理，其他的风险可以降低管理层次，避免在风险管理中"胡子眉毛一把抓"的现象产生，导致浪费了人力、物力和财力。

运用 ABC 分类法分类时，其对供应链的风险的分类标准有三个类型：

A：65%~80% 风险损失是由 15%~20% 的风险所带来的，则将这些风险划为 A 类。
B：15%~20% 风险损失是由 30%~40% 的风险所带来的，则将这些风险划为 B 类。
C：5%~15% 风险损失是由 40%~55% 的风险所带来的，则将这些风险划为 C 类。

在此基础上，就可以对上述所计算出的各个风险损失期望值进行分类，并进行管理。其处理步骤可按照如下进行：首先，将各个风险损失期望值按降序排列；然后计算出累计损失期望值，并按降序排列；最后依据 ABC 分类的标准，找出对应的分属于 A、B 和 C 的风险类型。其处理过程如表 8-1、8-2 所示。

表 8-1　　　　　　　　　　　风险值排序表

风险项目	p_i	s_i	$E_i = p_i \cdot s_i$	排序
M	50 000	0.08	4 000	5
X	200 000	0.12	24 000	2
K	6 000	0.10	600	9
G	120 000	0.06	7 200	3
H	7 000	0.12	840	8
N	280 000	0.09	25 200	1
Z	15 000	0.07	1 050	7
U	70 000	0.08	5 600	4
V	15 000	0.09	1 350	6
W	2 000	0.11	220	10

表 8-2　　　　　　　　　　　风险累值计排序表

风险项目	$E_i = p_i \cdot s_i$	累计 E_i	累计风险比重（%）	风险类别
N	25 200	25 200	36	A
X	24 000	49 200	70	A
G	7 200	56 400	81	B
U	5 600	62 000	88	B
M	4 000	66 000	94	B
V	1 350	67 350	96	C
Z	1 050	68 400	98	C
H	840	69 240	99	C
K	600	69 840	99	C
W	220	70 060	100	C

8.3.3 供应链风险处理

风险处理是供应链风险管理的核心。识别风险、评估风险都是为了有效地处理风险，减少供应链风险发生的概率和造成的损失。在对供应链的风险进行分类和评估后，针对 A 类的风险是重点管理，B 类次之，而 C 类风险由于种类较多，但对供应链的运作影响不是很大，可以放松管理。目前处理供应链风险有以下四种方法：供应链风险规避、供应链风险控制、供应链风险转移和供应链风险自担。

8.3.3.1 供应链风险规避

这是彻底规避供应链风险的一种做法。在供应链合作的各个阶段，对各种可能发生的风险进行估计、分析和识别，判断导致其实现的条件和因素，以便及时断绝风险的来源。供应链风险规避的方法是放弃或终止某项供应链合作，或改变供应链合作环境，尽量避开一些外部事件对企业造成的影响。当然，回避供应链风险在某种程度上意味着丧失可能获利的机会。

（1）分层法。

供应链管理是基于合作基础上的运作，在运作过程中合作层次较多，为了规避风险，供应链的合作可以按照分层的方式逐步展开，不可操之过急。也就是说，供应链在合作中不应是完全基于信任和深层战略合作，为了规避风险的发生，而是在合作中首先是核心层企业的紧密生产合作，然后是技术合作，最后过渡到战略合作。再将这些合作层次向协作层和松散合作层推广，将适合条件的企业及时纳入紧密合作层，同时将原来紧密合作层中存在着风险的企业从紧密层中分离和淘汰出来，以规避供应链随时可能生产的风险。所以，分层法可以将风险慢慢地释放出来的同时，可以及时发现并及时规避。

（2）分阶段法。

供应链的风险规避也可以通过分阶段法来进行。分阶段法是指供应链合作可以分不同阶段进行，比如可按照部分试运作阶段、整体试运作阶段和实质运作阶段进行，通过分阶段，一步步逼近现实的运作环境和状态，将供应链的风险分阶段释放出来。供应链可将这些风险在其生成之前通过各种措施规避，防止供应链的诸多风险一起出现，使得规避风险难以为继，所以分阶段的方法可以将风险消除在萌芽状态，为后续的现实运作创造了条件。

分层法和分阶段法可以分开使用，也可以同时运用来规避风险。当然，除了分层法和分阶段法外，还有其他方法和规避技术。

8.3.3.2 供应链风险控制

这是在对供应链风险进行识别和评估的基础上，有针对性地采取积极防范控制措施的行为，供应链风险控制的目标是为了在风险发生之前降低风险发生的概率，风险发生之后降低风险发生造成的损失，从而使风险发生所造成的损失降低到最低的程度。

（1）风险隔离法。

风险隔离法是指将供应链的某一风险的因子从时间和空间上隔离起来，以减轻这一风险可能造成的损失对整个供应链的运作效果的影响。比如供应链通过网络技术创新，产生几种新产品类型，有些新产品市场前景很好，但有些新产品市场前景仍然不明朗，如果对市场前景仍然不明朗的新产品进行投资就会产生风险，所以可以将市场前景不明朗的新产品分离出来，单独进行市场开发和培育，并实施风险管理，如果一旦市场前景不妙，风险管理失败，也不会影响企业市场前景好的新产品的市场品牌。

（2）风险组合法。

风险组合是与风险隔离相对应的一种风险管理手段，即通过增加风险承担单位的数量，将一定量的风险分散到更多的风险单位，通过风险组合加以分散风险。比如在供应链的管理风险中，制造商向上游供应商采购时，为了防止供应商的缺货，往往对上游的供应商的选择不只一个，而是6~10个之间，所以万一其中几个供应商由于某种原因导致物料短缺，也不会使这种采购管理上的风险生产。

（3）风险止损法。

风险止损法是指设立风险止损点，即在供应链运作效果与预期目标相差较大时，及时采取有效措施并将风险控制在可以承受的范围之内，以避免风险管理不力造成的资源的浪费。比如供应链在发展初期，有相关污染企业参与其中的合作，但是随着供应链的产品向国外出口，却又面临国外市场绿色贸易壁垒的阻碍，导致对外出口不畅通，但是该污染企业在价格和质量上能满足供应链的需求（国内市场），并且替代企业在这些方面有着一定差距。当供应链在运作中的出口期望值与实际值相差低于某个水平时，即超过风险值时，供应链才会终止与污染企业的合作关系，以较少风险损失，避免风险进一步扩大。

8.3.3.3 供应链风险转移

这是将供应链中可能发生风险的一部分转移出去的防范方式。风险转移可分为保险转移和非保险转移两种。保险转移是向保险公司投保，将供应链中部分风险损失转移给保险公司承担；非保险转移是将供应链中一部分风险转移给供应链以外的企业，或风险由整个供应链企业来共同承担。在供应链中，常用的风险转移的方法有以下几种。

（1）外包法。

供应链将自己经营有风险或自己不擅长的业务和环节外包给专业化企业来运作，让这些专业企业经营这些外包业务，对这些外包企业来说恰恰是风险较低。比如在供应链进行大规模定制化生产中，往往将定制程度较高、需求量不是很大的定制件外包给企业来生产，使得自己的投资风险和技术风险较小，同时也为自己赢得了时间和效率。外包法是供应链转移风险的最有效和最普遍的方法。

（2）转包法。

转包法只是外包商将业务向下一个层次的企业再外包。由于供应链所在的各个环节企业分工非常精细，所以为转包提供了天然的平台，所以转包可以说是风险转移的再转移，进一步转移了外包商所承担的风险。这样，通过供应链的外包和外包商的转包，最终使得每个企业承担的风险就被分散。这在形式上有些和风险组合法相似。

（3）保险法。

保险转移是指专职保险机构利用其丰富的风险评估与处置经验，替代管理和控制供应链运作过程中的风险。供应链复杂的运作环境使得其有着潜在的风险问题，比如各种契约风险、支付风险等。由于供应链涉及的环节企业很多，存在着跨时间、跨组织和跨空间的问题，而且业务流程是连续不断地进行，所以风险很大，有时也难以认定风险应该由谁来承担，承担多少，往往导致业务难以进行下去，这样一来就需要中立的第三方机构来评估和判定。

8.3.3.4 供应链风险自担

这是供应链中企业将可能的风险损失留给自己承担，对于企业而言，可能已知风险存在，但因为可能获得高利回报而甘愿冒险；另一种原因是供应链系统风险，可能无法回避，供应链各个企业只能通过系统吸纳来接受风险。

（1）预先准备法。

供应链在确定自己承担风险时，应该有着充分的准备，可以建立风险基金等手段来应对可能发生的自担风险。但承担风险和冒险不同，首先承担风险应该是在评估风险的基础上进行的，对风险的大小以及风险所带来的后果都有着充分认识；其次是即使供应链在风险管理中失败，组织有能力承担风险，不会因风险导致组织的破产和解散。所以，供应链应对风险不仅在认识上加以重视，并且从最坏的打算出发，来预先准备风险在发生时的各种措施和手段。

（2）政府介入法。

供应链组织的行为往往与地方政府有着密切的关系。地方政府考虑到中小企业防范风险能力有限，需要政府给予相应的扶持，所以供应链可以利用该种渠道来寻求风险的化解。比如政府对于一些高风险、投资大、短期收益不是很明显的项目，往往在资金等方面大力支持。因为这些项目往往是单个或多个企业承担，或供应链难以承担，需要政府组织牵头来进行。其实这就是政府介入来化解供应链在某些风险的有效方法。

总之，在供应链网络中，风险处理方法较多，有时需要组合使用上述的方法，通过使用这些方法来对风险进行协作管理。因为有些风险可以事前防止，有些风险是不可抗拒的，有些风险可以控制减少它，但不能消除它，系统内部忍受是很必要的。故处理供应链风险的方法选择是一种科学决策，要对供应链的企业内部情况、外部环境有充分的了解，同时还要注意方法的适用性和效果。

8.3.4 供应链风险监控

供应链的风险管理，就是通过一套风险处理流程来降低风险发生的概率，以及风险所带来的损失。所以在管理风险过程中，最好的管理方法就是防止风险的发生。也就是需要对风险进行监控和防范，对风险因素的发展变化情况进行跟踪，并对风险处理建立反馈机制，以提高风险处理的能力，使得人们能有效地对风险进行控制，减少风险发生的概率，减少风险发生的损失。

为了有效监控和防范风险，供应链各个类别风险就应该采取相应的监控和预防措施和方法，具体如表8-3所示。

表 8-3　　　　　　　　　　　　供应链的风险监控和防范

风险项目	风险名称 风险大类		监控和防范的措施
系统外风险	自然风险		大部分自然风险很难防范，是不可抗拒风险
	市场风险		建立预警机制；建立信息收集中心；强化自身的核心竞争能力；加强对竞争对手的动态跟踪和分析
	社会和体制风险		加强与研究机构和咨询机构合作，增强预见性；加强与政府部门的沟通，增加社会和政府的支持和重视
风险项目	风险大类	子风险	监控和防范的措施
系统内风险	契约风险	3PL契约风险	建立战略合作关系；在选择3PL时应考虑其信息处理能力和信息共享能力的大小和经济实力
		外包企业契约风险	选择外包企业时要考虑其信用情况、实力和财务风险；采用动态灵活契约；建立动态跟踪监测机制
	信息风险	牛鞭风险	保证上下游企业共享需求、库存和交货信息；缩短提前期；减少顾客需求稳定性；建立战略合作关系
		逆向选择风险	减少和控制合作企业数量；全面了解代理人的信息，在相互之间建立多样化的沟通渠道；建立战略合作关系
		道德行为风险	设计出合理的激励模型，制定公正合理的收益分配方法；动态考察代理人的行为；制定处罚机制来进行约束
	系统风险	"柠檬"市场风险	建立由政府主导的公共信息平台，对企业的信誉、质量和实力进行分类管理和披露；建立长效奖惩机制
		锁定风险	通过税收等优惠政策吸引外部企业进驻；将经营不善和淘汰的产业企业及时清出；营造好吸引外部高质量人才进驻的环境和条件
	管理风险	单链内管理风险	建立以核心企业的主导组织来进行协调管理；核心层企业管理既要稳定，又要引入淘汰机制
		跨链间管理风险	建立系统综合协调机构，来协调跨链间的信息和业务协作合作，以及解决所产生的冲突问题
	技术风险		建立技术创新循环运转机制；统一技术创新网络的技术标准；建立技术共享和保密协议
	投资风险		加强投资前的可行性分析和评估；建立动态检查和监控措施

本章小结

本章首先对风险的内涵和特点进行说明，然后对供应链风险特征进行阐述。在此基础上，总结出供应链存在系统外部风险和系统内部风险。最后，在风险管理中，就如何对供应链风险进行风险识别、风险评估、风险处理和风险监控进行了阐述。

关键术语

风险管理（Risk Management，RM）

风险识别（Risk Identification，RI）

风险转移（Risk Transfer，RT）

复习思考题

1. 如何识别供应链风险？
2. 供应链风险产生的原因，如何进行防范？
3. 如何评估和测度供应链风险？

讨论案例

诺基亚"休克疗法"

1998年，诺基亚推出了现代意义上的移动电话。它历史性地超越摩托罗拉，以27%份额成为世界最大手机制造商；到2000年4月，它的市值高达2 500亿美元，是所有欧洲公司的市值冠军。

但真正令人惊讶的事儿发生了：仅花了7年，美国公司就实现了一场"完美复仇"。2007年6月上市的iPhone重新定义了整个手机业的规则；基于Google Android系统的手机在2008年10月正式推出，仅18个月就成为智能手机里增长最快的平台。

现在轮到诺基亚成为商学院的负面案例了。根据Gartner数据，诺基亚全球市场份额由2009同期的30.6%跌至25%，创14年新低。iPhone刚上市时，诺基亚在全球智能手机份额达50%，如今降至24%。过去4年里，诺基亚市值缩水75%，后起的中国台湾智能手机制造商HTC如今市值都比其多逾百亿美元。

盛衰更迭如此之快，诺基亚不得不壮士断腕，在2009年9月炒掉时任CEO康培凯，聘请来自微软的加拿大人艾洛普掌舵。2月，还没把位子坐热的艾洛普宣布了一个令业界震惊的计划：诺基亚将在智能手机领域放弃延用多年的塞班系统，转用微软的Windows Phone操作系统。4月，诺基亚又宣布了历史上最大规模裁员计划，总数达7 000人，其中4 000人来自研发部门。

一艘航空母舰，若不借助外力，完成180度转弯大约需10分钟；而诺基亚这艘行驶了146年的航母，完成此角度转弯仅花了5个月。现代公司史上，从IBM到摩托罗拉，还从未有一家大公司能像诺基亚这样如此迅速而决绝地与历史包袱说再见，其挑战也自不同以往，艾洛普能找到对诺基亚重生的密码吗？

一、风险来临

在解决所有麻烦之前，艾洛普得面对一个有些尴尬的质疑，他的背景让人们不禁怀疑诺基亚投向Windows Phone阵营的动机——在加盟诺基亚之前，他负责微软的"皇冠上的明珠"、年收入190亿美元的office业务。

艾洛普并非一张白纸型的空降兵，他在微软时常和诺基亚谈判合作。接受诺基亚任命之前，他特意听取了人们关于诺基亚文化的建议。作为一家地道的芬兰公司，诺基亚董事会成员里没有一名美国人，却有38%股份被美国人持有；没有一名中国人，但中国是其最大市场。

艾洛普认为，诺基亚首先要改变的就是思维方式，长期称霸让诺基亚考虑问题时很容易从自身出发，看不到挑战者。

外界常把诺基亚对竞争激烈态势的无动于衷解读为大公司的傲慢心态使然。但诺基亚内部则认为，这是一种忽略性的自满感，而非傲慢自大的自满感。

但这种忽略并非简单的为成功所累，面对挑战，本能地否认现实的特性并非诺基亚独有。不过，对多年来以易用性招牌征服全球消费者的它来说，一下子站在用户体验的对立面，的确很难接受。

一个著名的例子是早在苹果发布iPhone前，诺基亚已有触摸屏产品，但内测表明消费者并不是很喜欢。这种迎合消费者需求而不是去创造需求的心态使得诺基亚在很长时间内都对市场的变化不以为然。它当时的智能手机旗舰N95仍大受市场欢迎，而第一代iPhone不但无法单手使用，甚至没有彩信。

另一个障碍在于，前任管理层认为，诺基亚已在转型路上。2005年出任CEO的康培凯力推互联网战略，完整收购塞班操作系统并将其免费开源，81亿美元收购美国数字导航公司Navteq，以及对游戏、广告和音乐等细分领域初创公司的收购。

"局面已经很清晰了，我们其实不需要既有力量也能颠覆网络业。"康培凯曾这样表态。而诺基亚N系多媒体手机功臣、前任执行副总裁万约基则不忘提醒媒体："别忘了，我们卖过纸制品、汽车轮胎、靴子、电缆……我们总是能正确转型。"

但诺基亚并未为其应用商店等转型之举匹配充足营销资源。它看到了地图等基础应用的重要性，却执行了错误的策略，在Google地图免费的情况下，诺基亚地图却长期收费，结果乏人问津。诺基亚一直自豪对硬件的理解力，但旗舰机型在CPU主频、屏幕、运行内存等配置上已无法与竞争对手比肩。万约基不得不公开承认，智能手机旗舰N97尽管让诺基亚赚了不少钱，但"用户体验令人非常失望"。

根源在于老旧笨重的塞班系统。尽管它不乏应用，但要经过复杂的认证签名程序才能安装，这几乎把普通用户挡在门外。其应用商店是为了解决此问题而生，但糟糕的用户界面让用户较难找到想要的应用。当诺基亚试图对塞班系统进行修补时，各种各样的小问题就出现了。而不同塞班系统版本的操作界面不同，以及各款手机的不同机器配置，也让开发者大伤脑筋。

二、面对风险

任职第一天，艾洛普给全体员工发了一个邮件，问哪些是诺基亚应改变的，哪些是要坚持的，以及哪些是大家害怕CEO不理解的。他收到了2 000多个反馈，并亲自回复了每一个邮件。印象最深的意见是，在诺基亚，看似所有人都在负责，其实没有人负责。背后症结在于决策能力低下，但又讲究政治正确。

艾洛普看起来正是适合解决这一顽疾的人，他在微软以善于面对挑战和化解内部冲突闻名。艾洛普并未像一些空降CEO常做的那样，把诺基亚高管进行大规模洗牌。他在人事上最大的调整也就是新设了一个让美国人担当的首席营销官职位。

上任3周后，艾洛普发起了代号为"海鹰"的公司战略重估行动，让高管真正意识到诺基亚到底面临哪些问题，能否很快生产出非常好的产品是评估重点。艾洛普将整个公司变成会议室，和团队进行坦诚沟通。他也喜欢和员工直接交流，发现问题时就找到相关负责人一起讨论解决方案。

在参观了很多工厂之后，艾洛普也看到了诸多令人欣喜的创新。但当问起为何不能将创新推向市场时，回应是"塞班太慢、太脆弱，很难修改"。塞班已成了诺基亚快速应对市场转变的绊脚石。

另一个选项是诺基亚和英特尔联合开发的 MeeGo 操作系统，它被视为诺基亚应对苹果和安卓的救星。但艾洛普很快发现，按照既定开发节奏诺基亚在 2014 年才能拿出 3 款 MeeGo 手机，这个速度简直令人绝望。

棋局已很明朗，要么加入安卓阵营，要么选择艾洛普的老东家微软的智能手机操作系统。与两个阵营的密集谈判迅速展开，选择的关键标准也很简单，诺基亚不能被视为只是另一家合作伙伴，因为它押上了全部赌注。

热得发烫的安卓系统看起来是顺理成章的选择，更何况还有摩托罗拉靠安卓自救的前例。但艾洛普在谈判中发现，安卓的增长是如此迅速，以至于 Google 认定已胜券在握，不愿意做一点让步，尽管诺基亚仍是全球最大手机制造商。

"安卓竞争非常激烈，所有安卓产品外观和功能都很相似，我们很担心是否能差异化。如无法实现差异，就会引发价格战，我们很容易就会成为只是安卓众多 OEM 厂商中的一员。"艾洛普说。

微软的问题在于，尽管 Windows Phone 7 在 2009 年推出时好评颇多，但其份额不足 5%。微软一开始也不愿把诺基亚当做特殊伙伴，为此谈判几近破裂。诺基亚的筹码是，如果它选择安卓，Windows Phone 就几无翻身可能。

艾洛普知己知彼的背景派上了用场，最终，诺基亚赢得了自由定制 Windows Phone 手机的权利，以及让诺基亚的技术，尤其是 Navteq 的导航技术成为 Windows Phone 平台的技术基础之一。此外，微软还向诺基亚支付数十亿美元的资金支持。

"我们依赖彼此。好的协议让双方一荣俱荣，一损俱损。"艾洛普说，"我们要打造第三个生态系统。当你看到第一款搭载 Windows Phone 的诺基亚手机时，你会发现我们做的独特功能。"

但与微软结盟只是艾洛普重振诺基亚的第一阶段，第二阶段他会把放弃塞班每年节约的 14 亿美元用来投资亚非的新兴经济体。在被称为"新破坏性创造"的第三阶段，诺基亚计划开发出可以彻底击垮苹果、安卓乃至 Windows Phone 的全新一代产品。

资料来源：http://www.goblecompany.com.cn/cmo_67/391.html

讨论问题
1. 从供应链角度分析诺基亚风险产生的原因？
2. 诺基亚是如何管理风险的？你认为效果如何？

第9章

供应链绩效管理

> **学习目标**
> - 了解供应链绩效管理的内涵
> - 理解供应链绩效管理的方法
> - 掌握供应链绩效管理的内容

【引导案例】

百分之百合格的降落伞的启示

第二次世界大战中期,美国空军的降落伞都由降落伞生产商生产供应。最初,降落伞的安全性能不够好,在训练和实战中时不时地会发生安全事故。后来,经过生产商的努力,合格率逐步提升到99.9%。不过,军方对这个合格率并不满意,他们要求降落伞的合格率必须达到100%。对于军方的要求,生产商不以为然。他们认为,能够达到99.9%的合格率已经接近完美,没有必要再改进。他们一再强调,任何产品也不可能达到绝对的100%合格,除非奇迹出现。

然而,这个0.1%的隐患对空降兵来说却是要命的!因为,0.1%的降落伞不合格,就意味着每1 000个伞兵中,将有一个人可能会因为降落伞的质量问题在跳伞中送命。这显然会影响伞兵们的士气。

为了迫使生产商进一步提高降落伞的合格率,军方制定了新的产品质量检验方法——他们要求降落伞生产商老板亲自试跳。具体办法是,从生产商前一周交货的降落伞中随机抽取一个,由该老板装备上身,再亲自从飞机上往下跳。新的质检方法实施后,奇迹出现了,降落伞的合格率立刻变成了100%。

案例分析点评:

1. 从供应链的角度来看,供应链的整体绩效必须进行有效测评,以确保用户的满意。不站在用户的角度,供应链的测评仍然会对每1 000名伞兵中有可能因为降落伞的质量问题而摔死1人的现象表现漠然。

2. 供应链的激励制度设计应该将供应链的利益与风险与主要合作伙伴共享。让生产商老板亲自试跳的制度安排,将降落伞的合格率与生产商老板的生命联系到了一起,这就迫使他们绞尽脑汁提高产品质量。

我们可以合理推测生产商为了确保100%而对供应链每一环节的全力改善。

（资料来源：http://www.peoplenet.com.cn/supplychain/6543_217.html）

9.1 供应链绩效管理概述

9.1.1 绩效

绩效的内涵可简要概括为：绩效是实践活动所产生的、与劳动耗费有对比关系，是可以度量的对人们有益的结果。绩效是指那些经过评价的工作行为、方式及其效果。从这个概念中我们可以看出，绩效包括了工作行为、方式以及工作行为的结果；另外，绩效必须是经过评价的工作行为、方式及其结果，没有经过评价的工作行为及其结果不能被视为绩效。

绩效的科学内涵包括以下几个方面：

1）绩效是客观存在的，是人们实践活动的结果。人们有目的实践活动是从确定目标、制订计划开始的，经过实施而达到目标或部分达到目标，这是一个过程。绩效不是这个过程开始阶段设定的目标，也不是实现目标过程中的未完成的实践，而是人们实践活动的结果。

2）绩效是产生了实际作用的实践活动结果，有实际效果。人们的实践活动有的有实际效果，有的没有实际效果，而只有有实际效果的活动结果才是绩效，无实际效果的活动结果不叫绩效。绩效包括当前绩效与潜在绩效。

3）绩效是一定的主体作用于一定的客体所表示出来的效用，绩效根据表示出来的效益又分正绩效和负绩效。

4）绩效体现投入与产出的对比关系。绩效的获得是以一定的人、财、物的投入获得的，投入多必然相对投入少的产生的绩效高，因此，在绩效衡量时宜采用比值的相对比较，而不易采用绝对值来比较。

5）绩效有一定的可度量性。它是个量值，完全没有度量意义的东西不是绩效。绩效应当是个量化值，完全没有度量意义或完全无法度量的东西就不是净绩效。

绩效一般可以从组织、团体、个体三个层面来定义，层面不同，绩效所包含的内容、影响因素及其测量方法也不同。从个体层面讲，目前有两种观点：一种观点认为"绩效是结果"，即工作所达到的结果，表示结果的相关概念有职责、责任、任务、目的、目标、生产量，等等。另一种观点认为"绩效是行为"，即绩效由个体控制下的与目标相关的行为组成，不论这些行为是认知的、生理的、心智活动的或人际的。在绩效管理的具体实践中，应采用较为广泛的绩效概念，即包括行为和结果两个方面，行为是达到结果的条件之一。

9.1.2 绩效管理

美国国家绩效评估中的绩效衡量小组对绩效管理下的经典定义为：利用绩效信息协助设

定同意的绩效目标，进行资源配置与优先顺序的安排，以告知管理者维持或改变既定目标计划，并且报告成功符合目标的过程。

绩效管理一般包括四个最基本的功能活动——绩效计划目标、绩效测评、绩效考核、绩效提升，具体过程如图 9-1 所示。

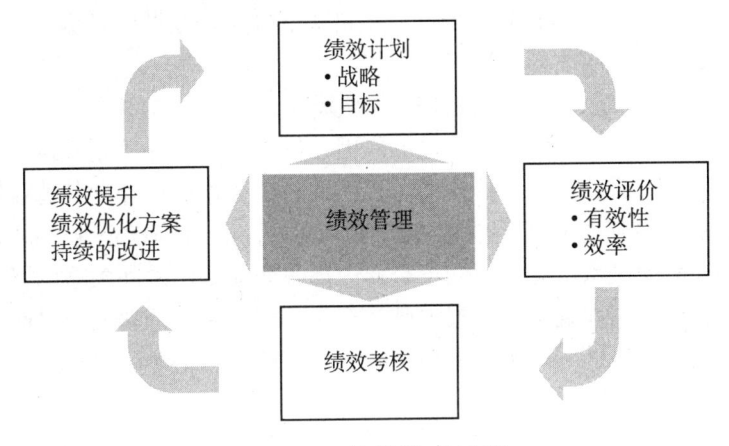

图 9-1 绩效管理过程

绩效管理是一种管理过程，是把战略转变为计划，制定绩效目标，然后实施绩效计划；绩效评价对是否达成目标进行系统化评估；然后根据绩效评价的结果对相关方实施考核，进行奖惩；最后，根据考评结果制订绩效改善、提升的计划。这是一个循环的、持续改进的过程。

进行绩效管理的首要条件是能够对绩效进行测量和评价，但绩效测评得出的是一个结果，它只是绩效管理的一个环节，而绩效管理是一个过程。绩效管理包括反思、检视和反馈过程。

9.1.3 供应链绩效管理

（1）供应链绩效管理的概念。

供应链绩效管理是指对供应链的运营状况进行监测、考核、评价、反馈和改进的过程，目的在于实现供应链的整体目标，同时满足供应链个体的意愿。

供应链绩效管理的基础是，供应链实现了一定程度的协同，具有自己的比较固定的组成企业，并且具有共同的战略目标和具体策略，能够在管理上建立相互联系。毕竟供应链绩效管理不同于企业绩效管理，前者的协调难度更大，对管理水平和信息基础设施的要求更高。

（2）供应链绩效管理与企业绩效管理的异同。

仅从概念上看，二者之间的差异不大，主要是管理对象即特定主体的不同，前者是供应链，后者则是企业。但是供应链绩效管理与企业绩效管理相比，仍然存在很大的差异，主要表现在以下几个方面：

1）评价对象不同：现行企业绩效评价主要针对单个企业内部的职能部门或者职员；供应链绩效管理不仅要考虑每个节点企业的效益，更重要的是要考虑该节点企业的运营绩效对其上层节点企业或整个供应链的影响。这是二者最根本的差异。

2）评价思路不同：现行企业绩效评价主要是基于部门职能的评价；供应链绩效评价是基于业务流程的评价。由于二者在评价对象上的不同，导致供应链绩效评价不能采取按职能部门评价的思路，因为这种理念无法反映整个供应链的运营情况，如在供应链中如果某个节点企业自身的效益达到了最大，但这是建立在此时的供应链运行良好状态，事实上这种供应链网络肯定不牢靠，存在很大的解体风险，除非这个得益企业做出妥协，以保证其他企业的利益或者提升整体供应链的绩效。

3）评价时效不同：现行企业绩效评价主要采取事后分析与评价，时间上存在滞后性，这是因为所采用财务指标存在时间滞后性的原因；供应链绩效评价则应该考虑采用实时分析与评价，而不仅仅是事后分析与评价，即需要强调除财务指标以外的其他能够反映实时特征的指标。这主要是由供应链网络关系这一特征决定的，因为节点企业之间即使存在联盟关系，也只是一种松散的关系，完全不同于企业内部各职能部门之间关系的紧密程度。如果仅依靠事后分析与评价，当发现问题时损失已经产生，而且纠正问题的举措时间上存在较大的滞后性，显然不利于供应链网络关系的稳定，而稳定的供应链关系是供应链得以发挥其效用的基础之一。

9.2 供应链绩效评价体系

9.2.1 供应链绩效评价内容

（1）供应链绩效评价的定义。

绩效评价是指运用一定的技术方法，采用特定的指标体系，依据统一的评价标准，按照一定的程序，通过定量、定性对比分析，对业绩和效益做出客观、标准的综合判断，真实反映现时状况，预测未来发展前景的管理控制系统。

可以说供应链绩效是，供应链各成员通过信息协调和共享，在供应链基础设施、人力资源和技术开发等内外资源的支持下，通过物流管理、生产操作、市场营销、顾客服务、信息开发等活动增加和创造的价值总和。为达到上述目标，供应链成员采取的各种活动的表现，即为过程绩效。

在一定程度上，供应链绩效评价是指在围绕供应链战略目标的不同成员之间，通过综合分析和测量，来评价供应链整体及它的每个成员（特别是核心企业）之间的业务流程和相互关系，从而达到识别改善机会的目的。

（2）供应链绩效评价与绩效管理的异同。

比较绩效管理和绩效评价存在差异时，绩效管理是一个紧密耦合的循环控制系统，为了从不同等级管理系统的绩效，而它部署战略和策略来获得回馈；而绩效评价是一个过程，来决定怎么使组织或个人获得实现他们目标和战略的程度。

绩效评价系统是一个信息系统，它是绩效管理过程的核心，是绩效管理系统最关键的子集。具体地说，绩效评价只负责建立绩效评价体系，选择评价指标集，评价模型，评价方法，最后得出评价报告。而绩效管理包括所有的绩效评价的内容，还包括根据绩效评价的结果进行调整，优化业务流程，制定新的激励措施等内容。

供应链绩效评价的作用主要包括以下几个方面：

1）通过供应链绩效评价，让供应链成员明确对供应链绩效所做的贡献，从而更好地协调供应链战略目标和企业自身战略目标的关系。

2）通过供应链绩效评价，让供应链决策者发现改进的机会，从而及时调整和改进供应链结构、业务流程和运行状态。

3）通过供应链绩效评价，对供应链成员起到激励作用，包括核心企业对非核心企业的激励，也包括供应商、制造商和分销商之间的相互激励。

4）通过供应链绩效评价，明确与竞争者供应链的相对位置。

9.2.2 供应链绩效评价体系

要构造供应链绩效评价系统，必须明确供应链绩效评价系统基本组成要素。具体地说，供应链绩效评价系统要解决评价什么、如何评价、评价结果是什么等问题。一般将供应链绩效评价系统分为供应链绩效评价对象、供应链绩效评价模型、供应链绩效评价指标体系、供应链绩效评价标准、供应链绩效评价方法、供应链绩效评价组织及供应链绩效评价报告等七个方面，如图9-2所示。

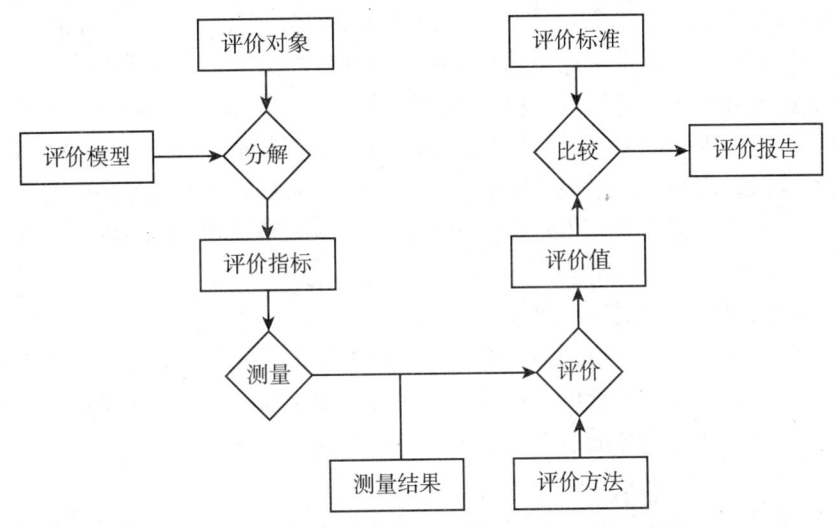

图9-2 供应链绩效评价基本要素相互关系及位置图

（1）供应链绩效评价对象。

供应链绩效评价对象是供应链战略目标的执行效果，主要用供应链中的股东利益及其顾客满意度来衡量，涉及供应链中的所有成员。供应链战略比较抽象，难以直接衡量，必须对其进行分解、映射，并把供应链的战略目标和供应链关键业务流程结合起来。一般通过将供应链分解成业务流程，再将业务流程分解成具体的活动和任务，再对其进行绩效测量、分析，综合得到供应链整体绩效。因此，供应链绩效评价对象实际上是个树状的层次结构。

（2）供应链绩效评价模型。

供应链绩效评价模型是指怎么依据供应链的绩效战略目标划分而形成能进行度量的供应链绩效指标体系。在供应链中常用的评价方法有：平衡计分卡模型（Balanced Score Card，BSC）、供应链运作参考模型（Supply Chain Operational Reference，SCOR）、数据包络分析（DEA）模型、约束理论、作业成本法、模糊评价法、灰色系统评价法等。

（3）供应链绩效评价指标体系。

供应链绩效评价指标体系是指通过哪些关键指标来反映供应链绩效，它是实施供应链绩效评价的基础。没有切合实际的指标体系，没有一系列具体指标，评价就会得出空洞无物的结论。这些指标有的是定性的，如顾客满意度；有的是定量的，如准确运输率；有时是两者结合。这些指标既应该包括财务方面的（如供应链总成本等指标），也应该包括非财务方面的（如供应链有效提前期等指标），进行平衡的评价才能得出更客观的结论。供应链绩效评价指标体系可以通过层次结构来描述，在战略层使用关键绩效指标（Key Performance Indicator，KPI），而在战术及操作层使用具体绩效指标。如何将战略层的关键成功因素准确地体现在关键绩效指标上，以及如何将关键绩效指标分解成活动/任务绩效指标并与业务流程映射起来，是绩效评价系统设计的主要问题。

（4）供应链绩效评价标准。

供应链效绩评价标准，是判断评价对象绩效优劣的基准。选择什么标准作为评价的基准，取决于评价的目的。评价供应链绩效也必须有评价度量标准，以供评价时参考，其评价判断结果对决策者来说才有可比性。供应链的绩效评价标准可以用供应链过去的绩效评价数据为标准进行比较，来反映绩效的改进程度；也可以与同行业竞争者供应链绩效进行比较。在具体选用标准时，应与评价对象紧密联系。如评价对象是战术或操作层的对象时，应采用过去的历史和既定的目标作为评价标准；而评价对象是战略层时，应该以过去的历史、既定的目标和竞争者的情况作为标准。

（5）供应链绩效评价方法。

供应链效绩评价方法是供应链绩效评价的具体手段，主要是将各具体指标的评价值经过适当的计算，得出最终目标评价值，最后再与评价标准比较，得出评价结论。没有科学的评价方法对评价指标和评价标准的运用，就不能得出正确的结论。

（6）供应链效绩评价组织。

供应链效绩评价组织是反映由什么样的组织来负责构造供应链绩效评价系统，包括供应链绩效评价模型的选择、评价指标体系的建立、评价标准的设定等问题。供应链绩效评价与企业绩效评价不同，企业绩效评价由于在企业内部进行，管理层有权威来强制实施绩效评价，并将绩效评价的结果与员工的奖惩相结合，所以企业绩效评价能得以顺利进行。而在供应链管理中，由于供应链成员的协作本质是协商，没有一个有权限的组织来领导建立供应链绩效评价体系，因此，组织良好的供应链应该以供应链核心企业为发起者，邀请供应链中所有关键业务伙伴的成员参与，以供应链战略为目标，协商建立供应链绩效评价系统，使大家对供应链绩效评价的目标及理论有一致的认识，并在绩效系统中反映所有伙伴的利益，以供应链绩效评价体系中的指标来衡量其对供应链绩效所做的贡献，防止以企业战略目标为方向来进行绩效评价，形成局部最优。

(7) 供应链效绩评价报告。

供应链评价报告是绩效评价系统的输出信息,也是绩效评价系统的结论性文件。绩效评价系统通过各种方式获取的评价信息经过加工、整理后得出绩效评价对象的评价指标数值或状况,对这些评价指标进行计算得出供应链整体绩效,并对评价指标以及计算结果的数值状况与预先确定的评价标准以及历史评价报告进行对比,得出评价对象绩效优劣及发展趋势的结论,形成供应链绩效评价报告,提供给供应链决策者参考。

9.2.3 供应链绩效评价指标体系

由于评价的目的不同、评价的供应链结构差异、供应链的行业差异、应用的评价工具差异,供应链评价所形成的指标体系差异很大。

(1) 基于供应链职能主线的指标体系。

供应链绩效评估指标中,以贯穿于供应链的四个重要纽带——计划、采购、生产及配送交付为主线,构造一个供应链绩效评估的体系框架。在这个体系框架中,可以把各个纽带的衡量指标作为参考依据,对供应链不同环节的绩效进行评估,对存在的问题进行分析,进而达到提高供应链绩效、实现供应链优化的目标。具体如图 9-3 所示。

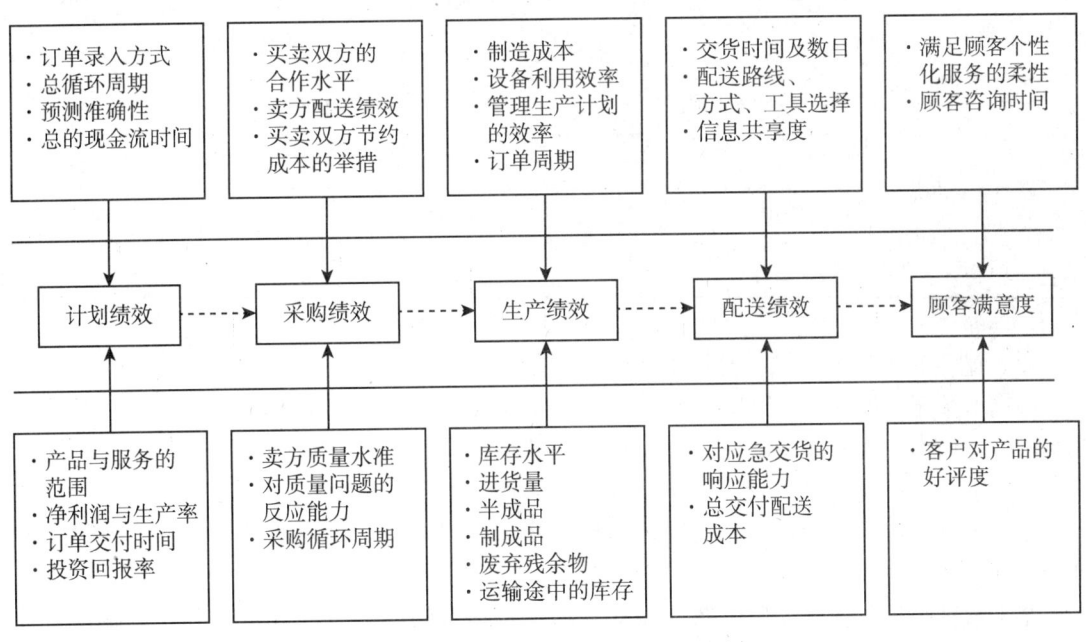

图 9-3 供应链绩效评估体系示意图

(2) 基于平衡计分卡的指标体系。

基于平衡计分卡的四个维度,财务维度、顾客维度、业务流程维度和革新增长维度,构造了供应链整体绩效评价指标体系,具体如表 9-1 所示。

表 9-1　　　基于平衡计分卡的供应链整体绩效评价指标体系

评价角度	目标	指标	性质
财务角度	利润率	供应链内伙伴利润率	定量
	现金流	现金周转率	定量
	收入增长	顾客销售利润及增长率	定量
	投资回报率	供应链资本收益率	定量
顾客角度	改进产品和服务质量	顾客保有率	定量
	及时响应	订单完成的总周期	定量
	灵活响应	顾客对供应链柔性响应的认同	定性
	增加顾客价值	顾客价值率	定量
业务流程角度	时间压缩	供应链有效提前期	定量
	浪费减少	订单完美履行率	定量
	成本最低	供应链成本	定量
	柔性响应	供应链柔性	定性
革新和增长角度	产品或流程的革新	产品及流程的革新能力	定性
	组织适应力	成员间协调能力	定性
	信息管理	信息化水平	定性
	危机/替换	危机应对能力	定性

(3) 基于约束理论的供应链评价指标体系。

构建了基于约束理论 (TOC) 的供应链评价指标体系，如图 9-4 所示。TOC 思想认为，现实当中任何系统都不能无限地产出，所以任何系统都存在着一个或者多个约束。任何系统都可以想象成由一连串的环构成，环环相扣，整个系统的强度就取决于其中最弱的一环。如果供应链想要达成预期的目标，必须从最弱的环节—"瓶颈"或约束的环节大力改进，才可能得到显著的成效。

基于这种思想，绩效评价体系要能够反映这种动态的改进过程，体现出对"瓶颈"环节的关注和考评。将供应链中成员企业的个体利益与供应链整体利益联系起来，考虑到制约绩效表现的主要因素和常见"瓶颈"，在吸收现有评价体系的科学性的基础上，并基于约束理论的思想设计一套新的绩效考核体系。体系首先建立了基于有效产出指标（利润、投资回报、现金流）和竞争因子指标（质量、服务、成长等）的整体战略目标，然后将其分解到成员企业的绩效指标，并重点监控"瓶颈"绩效指标和缓冲绩效指标，由此将供应链更为紧密地联系起来，加强协同效果。

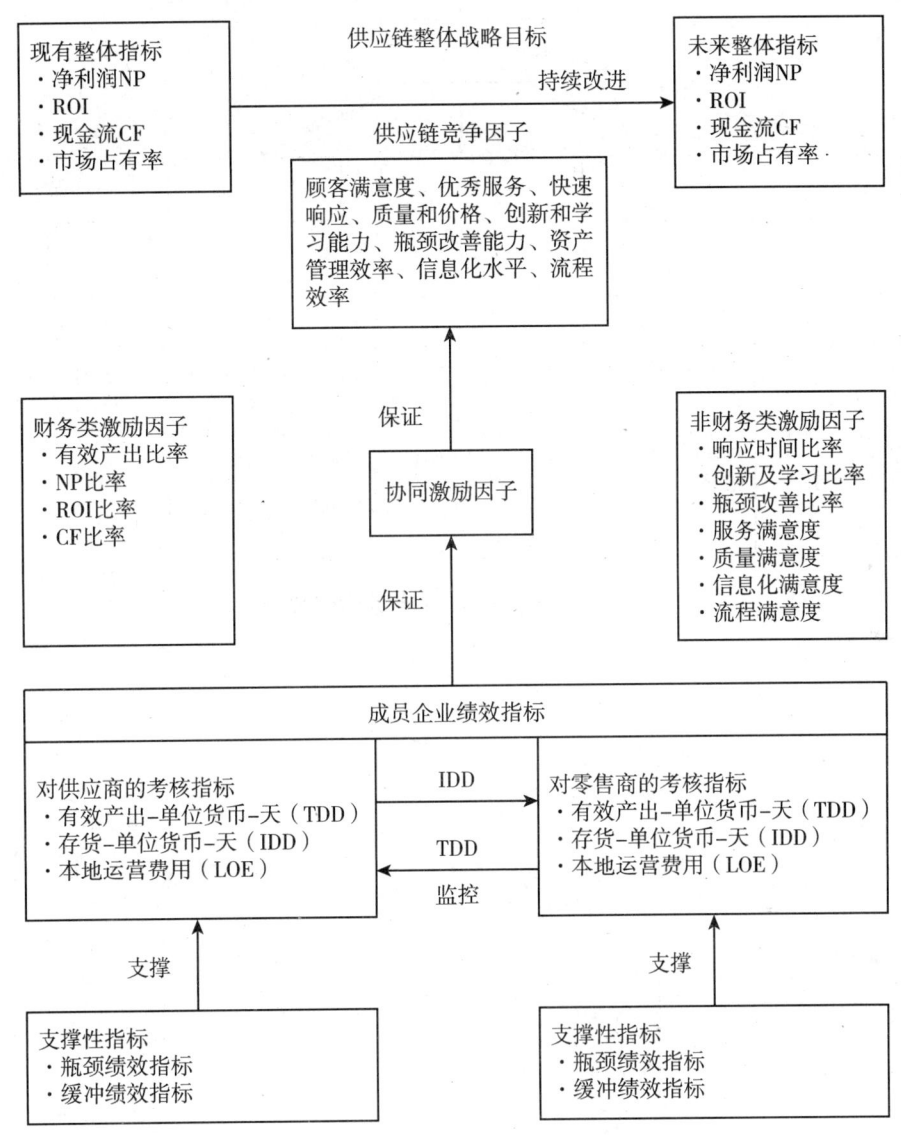

图 9-4 基于 TOC 的评价指标体系

(4) 绿色供应链评价指标体系。

绿色供应链的评价指标体系，如图 9-5 所示，体现在平衡记分卡的供应链评价指标体系的基础上考虑了环保方面。

(5) 基于供应链成员的指标体系。

主要考虑通过绩效评价而获得对整个供应链的运行状况了解，找出供应链运作方面的不足，也可用于对供应链上各个成员企业做出评价，用于吸引优秀企业加盟，剔除不良企业。其具体构建思路如图 9-6 所示。

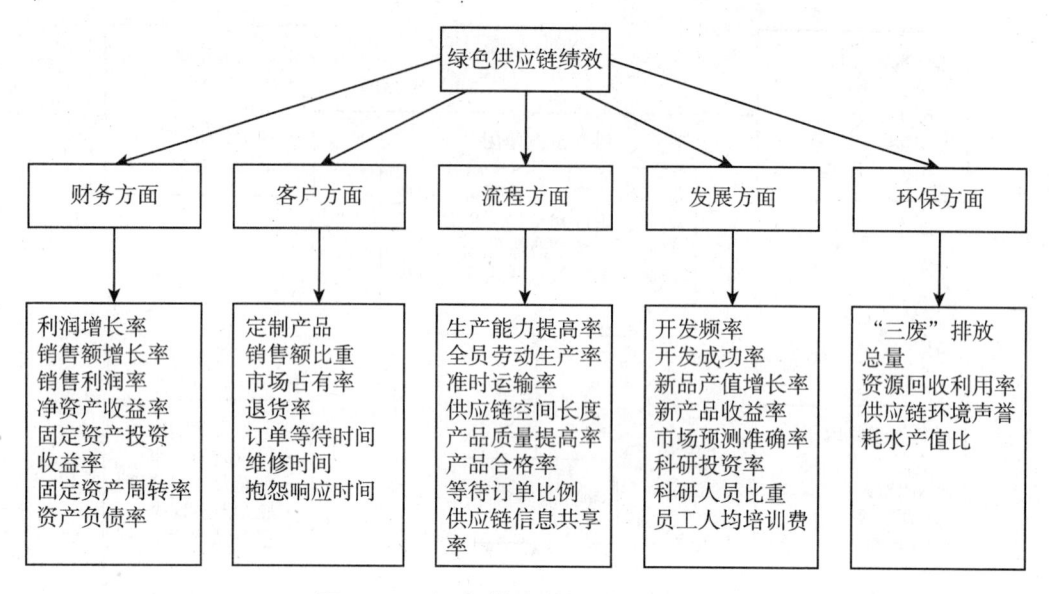

图 9-5　绿色供应链评价指标体系

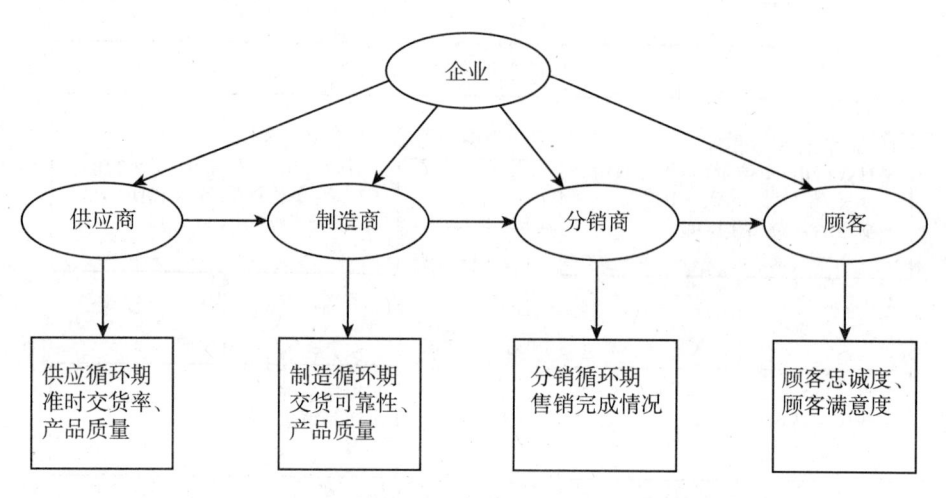

图 9-6　基于供应链的绩效评价体系图

9.2.4　供应链绩效评价计算过程

评价供应链系统的绩效往往要综合观察诸多运行指标。事实上，供应链绩效计算与评价的最大难点是供应链系统的多目标性，因此，科学、客观地将一个多目标问题综合成一个单指数的形式，即对各指标加权，然后再将其综合评价。

结合供应链系统的特点，要综合计算与评价其绩效，必须解决以下三个关键问题：

1）计算模型的确定。传统的评价计算模型大都是以线性评估模式来进行，不适合对供应链这种复杂系统的绩效做综合评价。因此，必须确定合适的计算模型来综合评价供应链绩效，研究如何将众多的评价指标确定值计算并汇总，从而得到最终评价结果。

2）指标及其关系值确定。必须研究如何确定供应链绩效指标值（包括定性指标和定量指标）以及它们之间的相互关系，具体包括如何将定量指标值在供应链成员之间进行分解并汇总，如何确定指标对供应链绩效的贡献程度（即权重），如何将定量指标值与定性指标值归一化等。

3）指标相关性排除。供应链绩效评价选取指标的重要原则之一是指标之间无相关性，事实上很难做到这一点，许多关键指标之间都存在着内在的和必然的联系，指标及权重值的确定也难免包含着人的主观性，这些因素都对供应链绩效产生干涉或重叠的影响。

9.2.4.1 供应链绩效计算过程步骤

依据供应链绩效计算模型，以三层指标体系为例：第一层为供应链整体绩效，即相对于供应链评价标准表现的竞争力；第二层为供应链依据各分类方法划分的子模块的绩效指标；第三层是子模块的具体指标。建立供应链指标时用自上向下的方法，实际评价时是自下向上对信息进行收集、分析及计算，最后得出供应链整体绩效。供应链绩效计算与评价过程分为以下六个步骤：

（1）区分评价指标的性质。

将关键业绩评价指标划分为正指标、逆指标和适度指标。正指标是指能够对供应链的绩效起促进作用的指标，该类指标值越大，说明对供应链绩效的贡献越多；逆指标是指对供应链的绩效起阻碍作用的指标，该类指标值越大，说明对供应链绩效的贡献就越少；适度指标是指能够对供应链的绩效起适中作用的指标。因此在供应链绩效中，以追求正指标的提高、逆指标的降低和适度指标的适中为目标。

（2）第三层指标得分值的确定。

一般采用 0~10 的分值范围（下限为 0，上限为 10）来评定关键业绩指标得分，与 0 分对应的是供应链可接受的评价指标最低标准；与 10 分对应的是供应链绩效评价指标的最高标准。对于不同类型的指标，建立了不同的评价模型，把供应链绩效评价指标实际值与实际得分联系起来，但无论正指标、适度指标，还是逆指标，得分均具有相同的意义。

（3）第三层指标权重值的确定。

即确定第三层的指标对其子模块的权重，第三层几个指标的权重之和应为 1。具体确定参见层次分析法。

（4）模块绩效综合评估值的确定。

根据第三层指标的得分值和权重计算模块的值。

（5）绩效模块权重的分配及检验。

本步骤主要确定一级指标（即几个大模块指标）的权重，并检验权重设置是否符合思维的一致性。

（6）供应链绩效的计算及评价。

本步骤主要是将一级评价指标的得分进行排序，找出供应链做得最好和最差的方面，以确定供应链在一级指标方面的成效；然后与选定的标准进行比较，找出供应链绩效的差距；最后，根据一级指标的权重和得分得到供应链整体绩效的值，与选定标准进行比较，从而确认整体的差距。

9.2.4.2 常见的权重确定方法

复杂系统的评价，要将一个多指标问题综合成一个单指数的形式进行计算与评价。在多指标评价问题中，指标权重的确定有主观法和客观法两大类。

主观法是由评估者对各指标的主观重视程度而赋权的一类方法，主要有专家调查法、循环评分法、二项系数法、层次分析法等；客观法是根据指标自身的作用和影响确定权数的方法，主要有嫡值法、主成分分析、因子分析、聚类分析、判别分析等多元分析方法。上述方法在进行综合评价分析中各有优缺点，主观法客观性较差，而客观法确定的权数有时与指标的实际重要程度相悖。因而，需要根据评价指标性质和评价目的进行选择配合使用。最常用的是层次分析法或者层次分析法与其他方法的结合。

（1）层次分析法（AHP）。

层次分析法是美国著名运筹学家、皮兹堡大学教授萨蒂于20世纪70年代中期提出来的。它指出，研究大系统的第一步就是研究其层次性。这是由于任何系统都可以在空间和时间上进行逐级分解，分成次级、次次级的系统，形成一个金字塔式的树状层次结构，从而反映出系统的本质特征，这样才有利于分析和决策。AHP方法是一种定性与定量相结合的决策分析方法，它是一种将决策者对复杂系统的决策思维过程模型化、数量化的过程。

（2）层次分析法（AHP）基本原理。

AHP法首先把问题层次化，按问题性质和总目标将此问题分解成不同层次，构成一个多层次的分析结构模型，然后根据实际，建立出不同方案，并对方案的优劣次序进行排序和选择。

（3）层次分析法（AHP）具体步骤。

明确问题：在分析社会、经济以及科学管理等领域的问题时，首先要对问题有明确的认识，弄清问题的范围，了解问题所包含的因素，确定出各因素之间的关联关系和隶属关系。

递阶层次结构的建立：根据对问题的分析和了解，将问题所包含的因素按照是否共有某些特征进行归纳成组，并把它们之间的共同特性看成是系统中新的层次中的一些因素，而这些因素本身也按照另外的特性组合起来，形成更高层次的因素，直到最终形成单一的最高层次因素。一般分为：最高层是目标层；中间层是准则层；最低层是方案层或措施层。

建立两两比较的判断矩阵：判断矩阵表示针对上一层次某单元（元素），本层次与它有关单元之间相对重要性的比较。

一般取如表9-2形式。

表9-2　　　　　　　　　　层析分析法的1~9标度

标度	定义与说明
1	两个元素对某个属性具有同样重要性
3	两个元素比较，一元素比另一元素稍微重要
5	两个元素比较，一元素比另一元素明显重要
7	两个元素比较，一元素比另一元素重要得多
9	两个元素比较，一元素比另一元素极端重要
2，4，6，8	表示需要在上述两个标准之间折中时的标度
$1/b_{ij}$	两个元素的反比较

判断矩阵中的 b_{ij} 是根据资料数据、专家的意见和系统分析人员的经验经过反复研究后确定。应用层次分析法保持判断思维的一致性是非常重要的,对于三阶及以下矩阵,其一致性很容易保证,对于高阶矩阵,一般按照 C.I. 判断矩阵是否具有完全的一致性。

$$C.I. = \frac{\lambda \max - n}{n - 1}$$

一致性指标 C.I. 的值越大,表明判断矩阵偏离完全一致性的程度越大;C.I. 的值越小,表明判断矩阵越接近于完全一致性。一般判断矩阵的阶数 n 越大,人为造成的偏离完全一致性指标 C.I. 的值便越大;n 越小,人为造成的偏离完全一致性指标 C.I. 的值便越小。

对于多阶判断矩阵,引入平均随机一致性指标 R.I.（Random Index）,表 9-3 给出了 1~15 阶正互反矩阵计算 1 000 次得到的平均随机一致性指标。

表 9-3　　　　　　　　1~15 阶的平均随机一致性指标

n	1	2	3	4	5	6	7	8
R.I.	0	0	0.58	0.90	1.12	1.24	1.32	1.41
n	9	10	11	12	13	14	15	
R.I.	1.46	1.49	1.52	1.54	1.56	1.58	1.59	

当 $n < 3$ 时,判断矩阵永远具有完全一致性。判断矩阵一致性指标 C.I. 与同阶平均随机一致性指标 R.I. 之比,称为随机一致性比率 C.R.（Consistency Ratio）。

$$C.R. = \frac{C.I.}{R.I.}$$

当 C.R. < 0.10 时,便认为判断矩阵具有可以接受的一致性;当 C.R. ≥ 0.10 时,就需要调整和修正判断矩阵,使其满足 C.R. < 0.10,从而具有满意的一致性。

层次单排序:层次单排序就是把本层所有各元素对上一层来说,排出评比顺序,这得到的是各指标对上一层次的权重。

层次综合排序:利用层次单排序的计算结果,进一步综合出对更上一层次的优劣顺序,一般得到的是各模块对总指数的权重。

9.3 供应链绩效评价方法

9.3.1 SCOR 模型

9.3.1.1 SCOR 模型简介

供应链运作参考模型（Supply Chain Operations Reference model,SCOR）是由供应链协会（Supply Chain Council,SCC）开发支持,适合于不同工业领域的绩效评价模型。SCOR 是第一个标准的供应链流程参考模型,是供应链的诊断工具,涵盖所有行业。SCOR 使企业间能够准确地交流供应链问题,客观地测评其性能,确定性能改进的目标,并影响今后供应链管理软件的开发。它将业务流程重组、标杆管理及最佳业务分析集成为多功能一体化的模型结构,为企业供应链管理提供了一个跨行业的普遍适用的共同标准。

9.3.1.2 SCOR 模型的结构

SCOR 流程参考模型通常包括一整套流程定义、测量指标和比较基准,以帮助企业开发流程改进的策略。SCOR 不是第一个流程参考模型,但却是第一个标准的供应链参考模型。SCOR 模型主要由四个部分组成:供应链管理流程的一般定义、对应于流程绩效的指标基准、供应链"最佳实践"的描述和选择供应链软件产品的信息。SCOR 模型如图 9-7 所示。

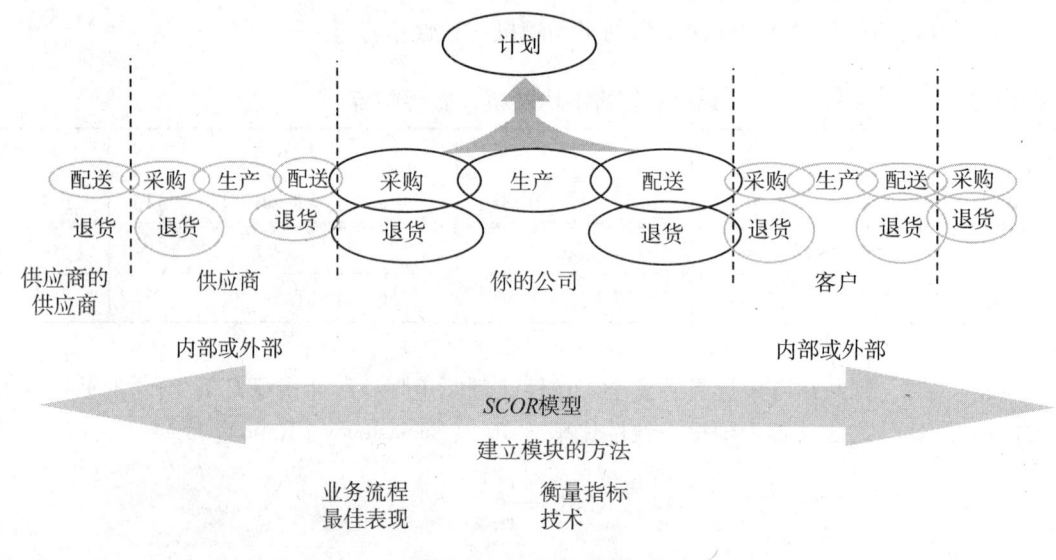

图 9-7 SCOR 模型

SCOR 模型按标准流程描述供应链时,把供应链分为定义层、配置层、流程元素层等几个层次,每一层的每一个过程都有明确定义的业绩表现衡量指标和最佳业务表现。SCOR 模型包括三个层次,第一层描述了五个基本流程——计划(Plan)、采购(Source)、生产(Make)、发运(Deliver)和退货(Return),它定义了供应链运作参考模型的范围和内容。企业通过对第一层 SCOR 模型的分析,可做出基本的战略决策。

1)计划。这是供应链管理的策略部分。企业需要研究确定一套策略来管理所有的资源,以使产品或服务能满足顾客的需求。计划的重点主要是发展出一套能监控供应链,使其更有效率、更节省成本,并能反映顾客要求的绩效指标。

2)采购。选择能够让企业生产所需的产品或服务的供应商。企业与供应商共同发展出一套订价、运送及付款过程的机制,并建立能监控及改善彼此关系的标杆。此外,还必须能够整体性地管理上游供应商运送来的产品与服务的库存,包括收受货物、清点货物、搬动货物至适当的制造场所,然后批准供货商的款项。

3)制造。这是指在制造阶段中详细列出生产、测试、包装与运送等活动的时间表。这是整个供应链运作的过程中最能够用量化指标来衡量绩效的部分,应该针对产品质量、生产产出及员工生产力加以衡量评价。

4)分发。这里的分发是指"物流"。协调来自顾客的订单接收和履行、决策和部署分发网络、挑选分发商发送产品到顾客手中,以及建立与发货系统相应的收款渠道。

5)退货。企业除了考虑如何有效地将产品或服务递送至顾客手中之外,还应该建立一套能完善地从顾客手中回收不合格产品以及从下游供应链伙伴手中回收过剩产品的机制。

SCOR模型的第二层是配置层,由可能构成供应链的30个核心流程范畴组成。企业可选用该层中定义的标准流程单元构建它们的供应链。每一种产品或产品型号都可以有它自己的供应链。

SCOR模型的第三层是流程分解层,它给出第二层每个流程分类中流程元素的细节,为企业提供成功计划和设定其改进供应链的目标所需的信息。

第三层以下还可能有第四层或者更多层次,这些层次都是实施层。

SCOR模型的绩效衡量指标有五方面特征:供应链的配送可靠度、供应链的反应能力、供应链的柔性、供应链的总成本和供应链资产管理。每一个方面都表明供应链的一个典型特征,每一层次都有相应的评价指标,通过第一层指标的计算企业可以衡量自己的组织运营是否达到了所设定的市场竞争目标。相关关系如表9-4所示。

表9-4 SCOR模型的绩效衡量指标

绩效范畴	绩效范畴定义	第一层衡量指标
供应链的配送可靠度	供应链配送的性能特征:正确的产品,到达正确的地点、正确的时间、正确的产品包装条件下,正确的质量和正确的数量,送达正确的客户	配送性能 完成率 完好订单的履行
供应链的反应能力	企业将产品送达到客户的速度	订单完成提前期
供应链的柔性	供应链面对市场变化获得和维持竞争优势的灵活性	供应链响应时间 生产的柔性
供应链的总成本	供应链运营所耗成本	产品销售成本 供应链管理总成本 增值生产力 担保成本
供应链资产管理	一个组织为满足需求利用资本的有效性,包括各项资本的利用——固定资本和营运资本	现金周转时间 存货的供应天数 资产周转

可以看出,SCOR模型主要是一个流程运作参考模型,但它在每个层次给出的性能指标均可以用来有效地评估供应链的绩效。SCOR模型使供应链的运转实现科学测评和高效控制,对流程绩效进行实时测评,为企业核心竞争力的培育提供依据。

9.3.1.3 SCOR模型的优点与不足

(1)SCOR模型优点分析。

SCOR模型在供应链绩效评价中的应用,主要有以下优点:

1)强调了供应链绩效评价必须是基于业务流程的评价。

2）提供了业务流程的分解方法，为绩效目标及指标建立了相应的联系。
3）为供应链绩效评价信息系统标准化做出了有益的尝试。
4）强调供应链绩效评价必须与供应链最佳实践相结合。
（2）SCOR 模型不足分析。
SCOR 模型在供应链绩效评价中的应用，存在以下缺点：
1）没有指出供应链绩效各评价维度间的因果关系。
2）没有包括对顾客服务的评价。
3）没有从供应链革新与增长角度对供应链可持续发展能力进行评价。

SCOR 模型是一个先进的基于流程管理的工具，国外的很多企业已经越来越开始重视研究和应用这个标准化工具。但是目前对 SCOR 模型的应用开发还不尽完善，大部分公司只是在模型的第二个层次开始规划供应链，此时常常会暴露出现有流程的低效或无效。而且，使用 SCOR 模型需要掌握系统的供应链基础知识，并且企业的供应链绩效评价需要在正确的战略规划指导下进行，因此需要企业有良好的管理基础和人员素质。如果企业在管理技术和人员素质方面做不到位，则很容易影响到 SCOR 模型评价供应链绩效的结果。因此，根据 SCOR 框架，积极吸收和采用先进的供应链管理理念和方法，采用先进的供应链管理技术，是在供应链绩效评价之前需要做好的工作。

9.3.2 平衡计分卡

9.3.2.1 平衡计分卡简介

1992 年，美国的卡普兰（Kaplan）和诺敦（Norton）在《哈佛商业评论》上发表了一系列关于平衡计分法的文章，将过去绩效评价中的财务评价和未来绩效的驱动力结合在一起，创立了通过平衡计分卡来进行绩效评估的方法。平衡计分法（Balanced Score Card，BSC）的核心思想反映在一系列指标间形成平衡，即短期目标和长期目标、财务指标和非财务指标、滞后型指标和领先型指标、内部绩效和外部绩效之间的平衡。管理的注意力从短期目标的实现转移到兼顾战略目标实现，从对结果的反馈思考转向到对问题原因的实时分析。据调查，目前全世界前 500 强的企业中有 70% 的企业已运用了平衡计分卡。由此可见，平衡计分卡确实对企业绩效管理和运营有一定的作用。

9.3.2.2 平衡计分卡的结构与内容

卡普兰和诺敦提出的平衡计分法分为四个方面，分别是客户角度、内部流程角度、学习与成长角度和财务角度，其中财务指标是企业追求的结果，其他三个方面的指标（非财务指标）是取得这种结果的动因。非财务指标不是对财务指标的取代，而是对财务指标的补充。平衡计分卡中的非财务指标是在考虑股东以外的其他利益相关者目标的基础上形成的，这种因果关系的建立解决了经营管理中业绩评价指标之间关系混乱的问题。平衡计分卡的评价指标根源于组织的战略目标和竞争需要，而且，平衡计分卡要求管理者从四个角度选择数量有限的关键指标，因而有助于把注意力集中到战略远景上来，这样，平衡计分卡能够满足企业战略管理的要求。平衡计分卡四个角度的关系如图 9-8 所示。

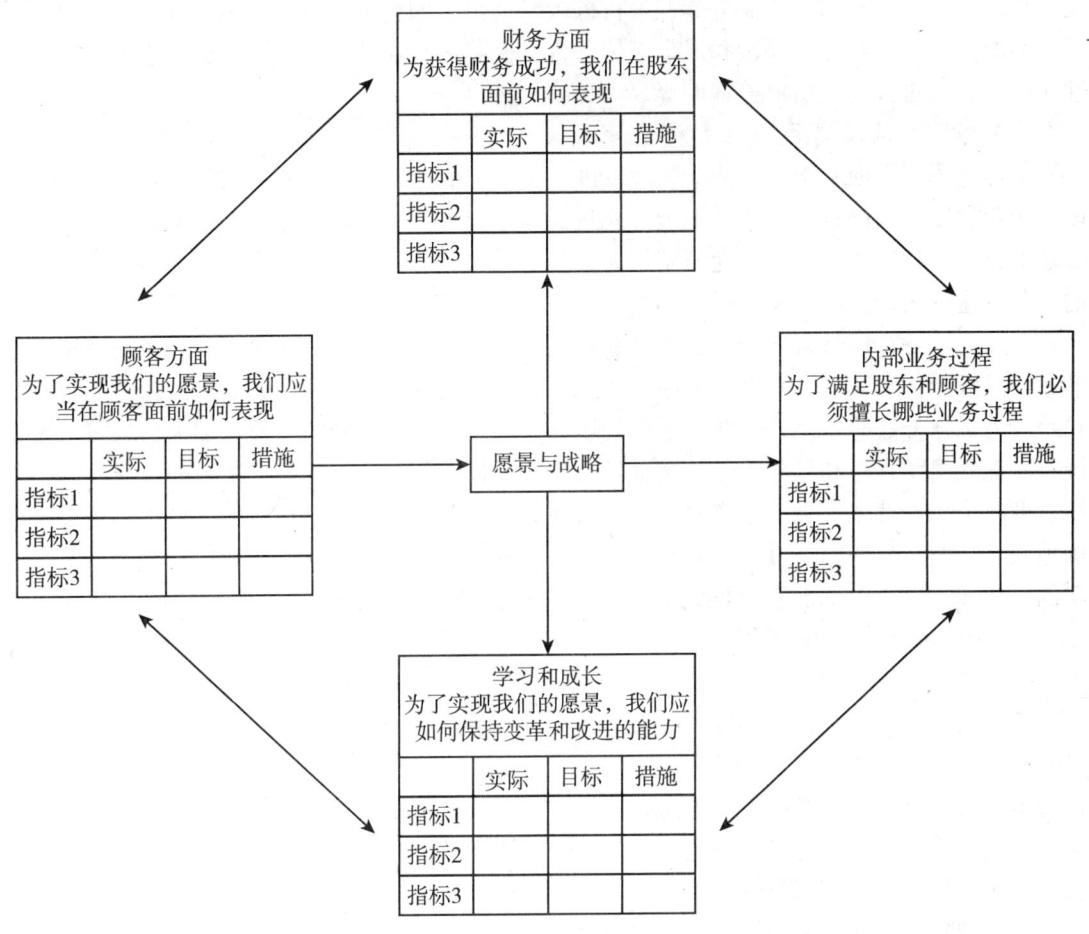

图 9-8 平衡计分卡战略透视图（卡普兰等，2004 年）

平衡计分卡把使命和战略转变为目标和指标而组成四个不同的层面。

(1) 客户层面。

客户因素在平衡计分卡中占有重要地位，因为如果无法满足或达到客户需求，企业的愿景和目标是很难实现的。企业为了获得长远的财务业绩，就必须创造出受客户满意的产品和服务。客户关心的问题可以分为四类：时间、质量、性能和服务。客户层面的指标使企业的管理者能够阐明客户和市场战略，从而创造出色的财务回报。衡量客户的指标包括：客户满意度、客户保持率、客户获得率、客户盈利率等，具体应用时针对第一套各项指标进行逐层细分，制定出评分表。

(2) 内部业务流程层面。

传统的业绩评价重视的是监督和改进现有流程，即从接到现有客户购买现有产品或服务的订单开始，到把产品交付客户为止。传统绩效评价虽然加入了生产提前期、产品质量回报率等评价，但是往往停留在单一部门绩效上，仅靠改造这些指标只能有助于组织生存，但不能形成组织独特的竞争优势。平衡计分卡通常确认全新的流程：企业在设定了财务和客户层面的目标和指标后，就开始为内部业务流程层面设计目标和指标。平衡计分卡的业务流程包括：创新流程、经营流程和售后服务流程。平衡计分法从满足投资者和客户需要的角度出发，从供应链上针对内部的业务流程进行分析，提出了四种绩效属性：质量导向的评价、基于时间的评价、柔性导向评价和成本指标评价。衡量内部业务流程的指标通常有：交货可靠性、库存、销售日的产品覆盖程度等。

（3）学习与成长层面。

学习与成长层面着眼于企业的长远发展，这个方面的观点为其他领域的绩效突破提供手段。企业利用目前的技术和能力不大可能达到客户和内部业务流程层面的长期目标；平衡计分法的目的和特点之一就是避免短期行为，强调未来投资的重要性。同时，并不局限于传统的设备改造升级，更注重员工系统和业务流程的投资。

企业的学习和成长有三个主要的来源：人才、系统和组织程序。平衡计分卡前三个层面的目标一般会揭示人才、系统和程序的实际能力和实现突破性绩效所必需的能力之间存在的差距。为了弥补这些差距，企业必须进行培训，以使员工获得新的技能，加强信息技术及系统，并理顺组织程序和日常工作。衡量学习与成长指标一般包括：雇员绩效的衡量——员工满意度、员工保持率、员工生产效率等；系统绩效的衡量——运营作业中的员工能否及时准确地获得有关客户的内部过程的重要信息；组织程序绩效的衡量——对员工的激励与组织成功因素和客户以及内部流程之间的衔接。相关指标包括新产品开发循环期、新产品销售比率、流程改进效率，等等。

（4）财务层面。

传统的绩效评价指标体系以财务指标为主；而平衡计分卡绩效评价体系中，财务指标仅是其中的一个组成部分。企业各个方面的改善只是实现目标的手段，而不是目标本身。平衡计分卡保留财务层面，是因为财务指标概括了过去的容易衡量的经济结果。财务指标还可以显示企业的战略及其实施和执行是否对改善企业盈利做出贡献。财务指标通常与获利能力有关，常用的指标包括：营业收入、资本报酬率、经济增加值、资产利用率等。供应链平衡计分卡的四个角度任务及成功因素如表9-5所示。

表9-5　　　　　供应链平衡计分卡的四个角度任务及成功因素表

四个角度	任　务	关键成功因素
客户角度	在正确的时间、正确的地点将正确的产品/服务以合适的价格和方式交付给特定的客户	质量、可靠性、反应速度、柔性和营销力
内部流程角度	能够在合理的成本下以高效率的方式进行生产	生产运营过程、物流过程和运营成本
学习与成长角度	集成供应链内部的资源，注重改进创新，抓住发展机遇	成员之间的伙伴关系、信息共享程度和创新能力
财务角度	突出供应链的竞争价值，达到供应链的盈利最大化	盈利能力、运营能力、发展能力和偿债能力

9.3.2.3　平衡记分卡的优缺点分析

（1）平衡计分卡的优点

1）强调从战略高度进行绩效评价，对战略目标进行分解，形成具体可测的企业的战略目标听起来比较抽象,它是一个比较宏观的目标,如何把它进一步细化、具体化、内部化,把它落实到具体的工作行为当中,平衡计分卡解决了这个问题。

2)指出了供应链绩效各个角度之间的因果关系:平衡计分卡既考虑了财务和非财务的考核因素,也考虑了内部和外部客户,还考虑了短期利益与长期利益的相互结合。平衡计分卡的"平衡"体现了财务与非财务的平衡、长期与短期的平衡、先行与滞后的平衡、内部与外部的平衡。

以往的考核工具和手段往往对财务的、内部的、短期利益的考核考虑得比较多,而忽视了企业长期的、非财务的、外部的考核要素,这样的考核是片面的,也存在一定的不公平性,采集的考核信息也是不完全对称的。平衡计分卡为企业的绩效测评管理提供了立体的、前瞻的测评依据。

(2)平衡计分卡的不足。

平衡计分卡的不足之处在于以下几点:

1)平衡计分卡的实施难度大,工作量也大。平衡计分卡在实施时对管理者的素质要求很高。首先,要准确定位企业的战略目标;其次,企业的各级管理人员对战略目标的理解能力要强;再次,企业还要具备完整规范的管理平台。

2)没有考虑竞争者的位置,使得评价主要是基于绩效绝对定量数值的统计以及相对定性数值的评估,没有提供与竞争者有可比性的相对评价角度。

3)仅是从宏观方面提供了全面评价的角度,没有提供将宏观指标分解的途径,使得针对供应链这种复杂系统绩效评价缺乏可操作性。

9.3.3 标杆法

9.3.3.1 标杆管理法简介

标杆的定义可以概括为:不断寻找和研究同行一流公司的最佳实践,以那些出类拔萃的企业为基准,将本企业的产品、服务和管理措施等方面的实际状况与这些基准进行定量评价和比较,分析这些基准企业的绩效达到优秀水平的原因,在此基础上选取改进的最优策略,从而进入赶超一流公司,创造优秀业绩的良性循环过程。其核心是向业内或业外的最优企业学习。通过学习,企业重新思考和改进经营实践,创造自己的最佳实践,这实际上是模仿创新的过程。

供应链的标杆管理是一种新型的标杆管理方法,是将标杆管理的思想、工作方法贯穿于从供应商、生产商、销售商到最终用户的整个供应链过程。标杆管理站在全行业甚至更广阔的全球视野上寻找基准,突破了企业的职能分工界限和企业性质与行业局限,重视实际经验,强调具体的环节、界面和流程,因而更具有特色。标杆管理过程帮助企业识别最好的供应链或者企业所采用的方法,并且在自己的商业计划中,这可以直接导致绩效的提升。标杆管理也是打破因循守旧的状况的一种方法,管理者通过关注企业外部的情况,考虑到底是什么让企业保持领先的地位。

9.3.3.2 标杆管理的三种方法

标杆管理主要分为战略性、操作性和国际性三种。

1) 战略性标杆管理是在与同业最好公司进行比较的基础上,从总体关注企业如何竞争发展,明确和改进公司战略,提高公司战略运作水平。战略标杆管理是跨越行业界限,寻求绩优公司成功的战略和优胜竞争模式。战略性标杆分析需要收集各竞争者的财务、市场状况进行相关分析,提出自己的最佳战略。许多公司通过标杆管理成功地进行了战略转变。

2) 操作性标杆管理是一种注重公司整体或某个环节的具体运作,找出达到同行最好的运作方法。从内容上可分为流程标杆管理和业务标杆管理。流程标杆管理是从具有类似流程的公司中发掘最有效的操作程序,使企业通过改进核心过程提高业绩;业务标杆管理是通过比较产品和服务来评估自身的竞争地位。从形式上,该项管理可分为环节、成本和差异性三个方面。环节标杆管理是针对任何单独环节,或针对一系列环节及其之间的相互作用。目前,多数产业利润率很低,因此实现差异化和低成本是比较困难的。操作性标杆管理通常主要着眼于把一个环节做到最好。

3) 国际性标杆管理分如下三种情况进行:a. 外国竞争者威胁公司的传统优势市场。这时就需要进行标杆管理,迅速找出问题所在,实施防御和攻击战略。b. 要进入新的外国市场或新产业。它是通过标杆管理了解最成功的公司是怎样进入某一外国市场或产业的,以及进入新市场的困难与问题。c. 公司与几家外国和国内公司的竞争陷入胶着状态。这时通过标杆管理,可帮助公司从竞争者和最好公司的动作中获得思路和经验,冲出竞争者包围,超越竞争对手。

9.3.3.3 标杆管理的用途

1) 确认组织的优势与劣势。
2) 增强组织业务流程的有效性、适应性。
3) 寻找、确认最佳且适用的运作流程与经营管理实践,有效整合到组织运营当中。
4) 有助于设定既具挑战性、又具现实可行性的目标。
5) 有助于预测行业的发展动态。
6) 设定有关优秀绩效的全新标准。
7) 赢得竞争优势。
8) 降低流程改进的成本。

9.3.3.4 供应链绩效管理标杆法的实施步骤

供应链绩效管理标杆法的实施步骤如下:

1) 确立标杆内容。该内容主题可以是企业最关心的问题或最关键的竞争力决定因素,即选取企业进行绩效考核的指标。这需要企业先审视自身的情况,确定需要改进的流程、服务内容、绩效指标等。标杆管理的内容应当是在标杆管理主题范围内决定标杆管理对象主要表现业绩的作业流程、管理实践或关键要素。

2) 选取恰当的标杆对象。这个对象应当是在同组织、同行业、同部门业绩最佳、效率最高的少数有代表性的对象。由于企业在以后的改进行动中始终要围绕着选取的标杆对象进行学习,所以企业必须选择适合于自己做参照物的标杆对象。不同企业从事的具体业务内容不同、企业规模不同、宗旨不同,在实施标杆绩效衡量时,选取了在公司规模、服务内容、服务范围等方面处于同等水平的公司来进行对比,从中寻找差距。

3）收集标杆对象的相关指标数据，并比较分析这些数据，找出绩效水平上的差距。标杆数据是实施绩效评价的基础，因此能否收集到准确的数据，决定了企业能否取得标杆管理的成功。在得到准确数据后，就需要在此基础上进行归类分析，综合比较本企业与目标企业的差异性部分，并根据比较结果制定出期望绩效目标，而且还要分析讨论目前绩效与期望绩效的差距该如何弥补。

4）确定改进绩效的行动方案。在得出与标杆对象之间的差距点之后，企业就需要根据自己的具体情况有针对性地确定行动方案，包括计划、安排、实施的方法和技术，以及阶段性的成绩评估，并在企业内部各部门及其成员之间达成共识，推动方案的有效实施。不同企业由于企业文化、资金力量、技术发展程度、人员构成等因素不同，制定行动方案时涉及的因素也会不同。所以每个企业在制定绩效改进方案时的侧重点必然会有所差别，甚至相距甚远。

5）实施、评价及改进行动方案。实施标杆管理的最终目的是发现企业的不足之处，赶上并超过竞争对手，以提高企业未来的绩效水平。所以必须将前面制定的行动方案付诸行动，在实施方案过程中，可以根据实际效果对方案进行调整与改进。

9.3.3.5 标杆法的优点及局限性

（1）标杆法的优点。

1）标杆法能够克服单一定量或定性分析的缺陷，通过以先进企业的同类指标做参考，较为直观、方便地找出企业本身存在的缺陷与不足。

2）标杆法能够从战略角度上确定企业未来的目标，克服了其他方法衡量企业绩效时的短期行为。通过标杆法，企业可以明确自己在行业中所处的地位，从而制定适合本企业有效的中长期发展战略，并通过与竞争对手的对比分析来制订战略实施计划，并采取相应的策略与措施。

3）标杆法在对各项活动的结果进行分析的同时，还注重对业务操作流程的分析，能够满足企业的需要。通过将本企业业务操作流程的各个环节与先进企业的流程环节进行比较，评价各个环节的业绩状况、效率水平，来促进企业各个业务流程的改进，通过标杆法，则能够发现其中导致效率低下环节的深层次原因。

（2）标杆管理的局限性。

虽然作为一种管理方法或技术，标杆管理可以有效地提升企业的竞争力，但是企业实施标杆管理的实践已证明，仅仅依赖标杆管理未必就一定能够将竞争力的提高转化为竞争优势，有的企业甚至陷入了"标杆管理陷阱"之中。这就意味着标杆管理还存在许多局限之处。

1）标杆管理导致企业竞争战略趋同。标杆管理鼓励企业相互学习和模仿，因此，在奉行标杆管理的行业中，可能所有的企业都企图通过采取诸如提供更广泛的产品或服务以吸引所有的顾客细分市场等类似行动来改进绩效，在竞争的某个关键方面超过竞争对手。模仿使得从整体上看企业运作效率的绝对水平大幅度提高，然而企业之间相对效率差距却日益缩小。普遍采用标杆管理的结果必然使各个企业战略趋同，各个企业的产品、质量、服务甚至供应销售渠道大同小异，市场竞争趋向于完全竞争，造成在企业运作效率上升的同时，利润率却在下降。

2）标杆管理陷阱。由于科技的迅速发展，使得产品的科技含量和企业使用技术的复杂性日益提高，模仿障碍提高，从而对实施标杆管理的企业提出了严峻的挑战：能否通过相对简单的标杆管理活动就能获得、掌握复杂的技术和跟上技术进步的步伐？如果标杆管理活动不能使企业跨越与领先企业之间的"技术鸿沟"，单纯为赶超先进而继续推行标杆管理，则会使企业陷入繁杂的"落后—标杆—又落后—再标杆"的"标杆管理陷阱"之中。

9.3.4 其他方法

9.3.4.1 物流计分卡模型

物流计分卡（The Logistics Scorecard）由国际物流资源公司开发，国际物流资源公司是专业从事供应链物流方面咨询、顾问的企业。物流计分卡推荐使用一套集成的绩效指标，该指标分成以下几个类别：

1）物流财务绩效指标（如投资回报率及开支等）；
2）物流生产率绩效指标（如每小时发送订购数及运输工具利用率等）；
3）物流质量绩效指标（如库存精确性及运输损毁率等）；
4）物流循环时间绩效指标（如运输时间及订单接收时间等）。

物流计分卡专门针对供应链物流管理的财务、生产力、质量及周转期等进行分析。

9.3.4.2 经济增加值模型

经济增加值（Economic Value Added，EVA）是美国斯特恩斯图尔特咨询公司于20世纪80年代提出的，背景是因为当时的企业评价主要集中于短期的财务绩效（如每年或每季度的利润和税收），而很少考虑股东的长远利益（如人力资源的培养、新产品开发等）。为了弥补传统方法的缺陷，一些财务分析家提倡预估企业的投资回报率和经济价值增值。

EVA是指企业资本收益与资本成本之间的差额。也就是指企业税后营业净利润与全部投入资本（借入资本和自有资本之和）成本之间的差额。EVA最大的特点就是从股东角度重新定义企业的利润，考虑了企业投入的所有资本（包括权益资本）的成本。EVA指标的设计着眼于企业的长期发展，鼓励经营者进行能给企业带来长远利益的投资决策。

EVA是评价企业经营业绩和考核企业资本保值增值的核心指标，企业追求其净利润大于权益资本利润。EVA值计算公式如下：

$$EVA = NOPAT - IC \times \left[\frac{D}{D+E}K_D + \frac{E}{D+E}(R_F + R_P)\right]$$

式中，$NOPAT$——税后营业净利润；
IC——投资资本；
D——长期负债；
E——所有者权益；
K_D——长期负债成本；
R_F——无风险投资报酬率；
R_P——风险投资补偿率。

9.3.4.3 基于作业成本模型

基于作业成本模型（Activity Based Costing. ABC）缩称 ABC 模型，是一种基于价值链分析的成本模型。

基于作业成本的方法是克服了传统财务统计方法的不足，它将财务评价和业务运作结合了起来。这个方法将业务流程分解成单个成本驱动的活动，并评估每一个活动需要的资源（如时间、成本等）。这种方法使得供应链业务流程的成本和真正生产率评估较之传统的财务统计方法更有效。例如，使用 ABC 模型让组织或供应链能更精确地评估某一个特定顾客或面向某一市场特定产品的成本。ABC 模型不是取代传统的财务统计方法，而是提供对供应链成本绩效更精确的理解。ABC 模型使得供应链绩效评价指标更好地与业务流程及活动的人力、材料、设备等资源相联系，精确评估了供应链业务流程的生产率和成本。

用 ABC 模型来对供应链进行成本管理，可以基于质量功能配置（Quality Function Deployment. QFD）的供应链产品开发，基于价值的增值等供应链管理运作新模式的需要。从集成供应链角度出发，供应链成本控制模式如图 9-9 所示。

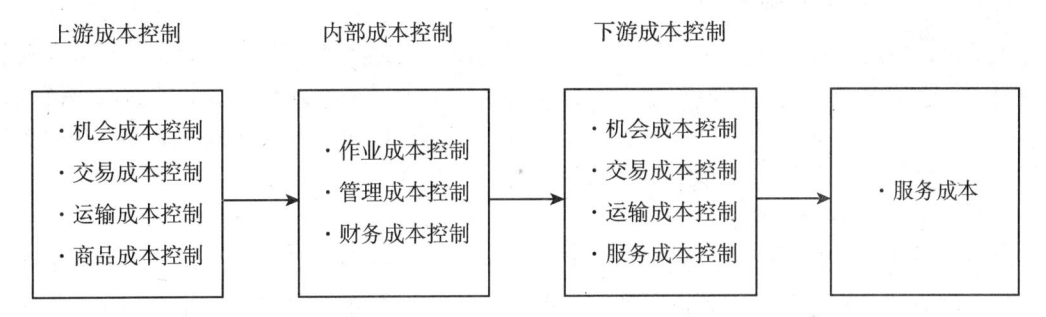

上游成本控制	内部成本控制	下游成本控制	
·机会成本控制 ·交易成本控制 ·运输成本控制 ·商品成本控制	·作业成本控制 ·管理成本控制 ·财务成本控制	·机会成本控制 ·交易成本控制 ·运输成本控制 ·服务成本控制	·服务成本

图 9-9 供应链的成本控制模式

9.4 供应链合作中的激励机制

9.4.1 供应链激励机制概述

9.4.1.1 激励的概述

激励有狭义和广义之分，狭义的激励往往专指对企业中的经营者激励；而广义的激励已成为经济学的核心问题，贯穿于财富的生产、分配和消费。

从供应链的委托—代理特征去理解，所谓激励，就是委托人拥有一个价值标准或目标（如最小个人成本、最大预期效用），委托人希望能够达到这些目标，那么委托人应该制定什么样的规则使其他市场参与者（代理人）都能够使利己行为的最后结果与委托人给出的标准一致呢？更进一步地分析，激励就是如何使委托人使代理人从自身效用最大化出发，自愿或不得不选择与委托人标准或目标一致的行动。

9.4.1.2 激励机制

激励机制：在组织系统中，激励主体通过激励因素与激励对象（或称激励客体）之间相互作用的方式。或简单地说，在组织中用于调动其成员积极性的所有制度的总和。

激励机制作为一种系统机制，就是指组织系统中激励主体为提高激励因素或激励手段与激励客体之间相互作用关系的总和。也就是指企业激励主体与客体内在关系结构、运行方式和发展演变规律的总和。激励机制所包括的内容相当广泛，既有外部激励机制，又有内部激励机制。外部激励机制是指消费者、职能政府、社会公众等对企业的激励；而内部激励机制则是指对企业成员的激励。

从微观经济学角度来看，激励机制实际上是用来规范或约束供应链成员行动的一种契约或制度。供应链上的成员通过契约来激励供应链上成员规范自己的决策行为，减少因信息不对称造成的生产、供应和销售等环节的不确定性，以及消除因供应链的各成员目标不同而造成的利益冲突，提高供应链的整体绩效。

9.4.1.3 供应链激励机制的作用

在供应链中的企业是具有不同的独立利益的实体，因此企业之间的合作在现实上存在着许多问题，供应链企业间保持长期稳定的合作关系的一个根本前提是：企业加入供应链伙伴关系所得到的利益要大于企业独自经营时的利益。企业合作激励机制从根本上说，是解决这个问题的，具体来说，供应链激励机制的作用有以下几个：

（1）供应链的利润分配。

供应链中的主体是那些独立或半独立的经济实体，彼此之间不存在任何行政上的隶属关系，整个供应链是靠某种共同利益所产生的凝聚力暂时维系在一起的，因此不存在真正完整的组织机构和严格的等级制度。

供应链节点企业不可能像在一个企业内部那样，为了整体利益而过分地损害某个局部利益，各节点企业在运作中做出自己的贡献，都希望获得不断增大的利润，都想从增加的利润中分得更大的一份。所以，节点企业在与外部其他供应链竞争时，表现出坚强的合作关系；可是在利润分配时，却表现出激烈的竞争状态。

供应链激励机制（如供应链契约）体现了新增利益再分配的原则及实现方式。当然，对于新增总收益的划分机制除了满足供应链绩效最优之外，还取决于零售商和供应商等供应链节点企业之间的讨价还价能力。

（2）供应链的风险共担。

在供应链企业之间的合作过程中，存在着各种产生内部不确定性和外部不确定性的因素，这些不确定性因素的存在是导致供应链出现各种风险的主要原因。企业承担风险必然是希望得到相应的回报，这就客观上要求供应链企业进行合作，形成共享利润、共担风险的双赢局面，建立紧密的合作伙伴关系，制定日后可能出现的风险共担机制，以防止日后出现问题相互推诿。

（3）供应链相互信任。

信任在合作中的作用很重要，企业之间信息的共享、风险的承担、互相之间对彼此的信任是成功的基石；一旦供应链中出现不诚实的行为，其带来的损失将远远超过彼此信赖时所带来的收益。

（4）供应链信息沟通。

供应链中的信息传递问题不仅仅是指现代信息、网络技术的运用以获得相互有用的信息资源，还指的是相互之间通过有效的协商，解决合作问题的能力。信息不对称是沟通问题的最大障碍，信息的失真最终导致了供应链合作的牛鞭效应。要减少供应链生产、供应、库存管理和市场营销风险，在激励机制的设计过程中，要鼓励供应链成员之间的信息共享与知识共享。

9.4.2 供应链激励机制的内容

激励机制的内容包括三部分：激励主体和客体、激励目标和激励方式（手段）。

9.4.2.1 激励主体和客体

激励主体是指激励者，激励客体是指被激励者，也就是激励的对象。在供应链激励机制中，其激励对象（主体和客体）主要是指其成员企业，如上游的供应商企业、下游的分销商企业、零售商企业，等等。供应链管理环境下的主体和客体主要有以下几对，如图9-10所示。

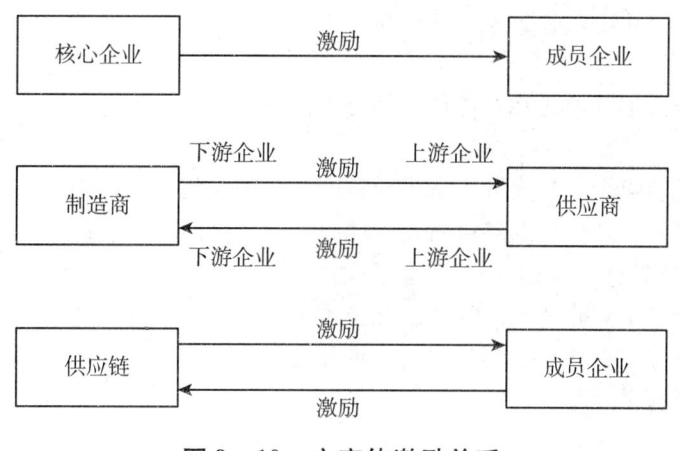

图9-10 主客体激励关系

9.4.2.2 激励目标

激励目标主要是通过某些激励手段调动节点企业的积极性，兼顾合作双方的共同利益，消除由于信息不对称和败德行为带来的风险。供应链的激励目标就是强调链上各节点企业之间建立战略伙伴关系，互相信任，信息共享，每个节点企业充分发挥自己的核心竞争力，以实现资源的整合优势，使集成化供应链的运作更加顺畅，实现集成化供应链的"双赢"甚至是"多赢"，最终公平合理地分配供应链的总利润。

9.4.2.3 激励方式

供应链管理模式下的激励手段有多种多样。从激励理论的角度理解，主要就是正激励和负激励两大类。正激励和负激励是一种广义范围内的划分。正激励是指一般意义上的正向强化、正向激励，是鼓励人们采取某种行为；而负激励则是指一般意义上的负强化，是一种约束、一种惩罚，阻止人们采取某种行为。

具体到激励手段，主要有：物质激励、精神激励、情感激励、信息激励。物质激励是采用物质鼓励的手段调动人们的积极性；精神激励是采用精神鼓励的手段调动人们的积极性；感情激励则既不以物质为刺激，也不以精神理想为刺激，而是以企业与企业之间的感情联系为手段来调动人们的积极性；信息激励是核心企业对上游供应商和下游销售商有针对性地分享信息资源，供应链企业成员往往会因为获得较多的信息而被激励，这里的信息既不同于物质，也不属于精神，称之为信息激励模式。

综合考虑以上几种激励模式的实际运用，给出以下几种激励方式：

（1）价格激励。

供应链的各个企业间的利益分配主要体现在价格上。价格包含供应链利润在所有企业间的分配、供应链的优化而产生的额外收益或损失在所有企业间的均衡。价格对供应商的激励是显然的。高的价格能增强企业的积极性，不合理的低价会挫伤供应商的积极性。但是，价格激励本身也隐含着一定风险，这就是逆向选择问题。即制造商在挑选供应商时，由于过分强调低价格的谈判，他们往往选中了报价较低的企业，而将一些整体水平较好的企业排除在外，其结果影响了产品的质量、交货期等。对于销售商，价格激励主要表现为根据批量、绩效、信息共享等因素给予价格折扣，这也是很多企业采取的激励模式。

（2）信任激励。

合作伙伴关系的前提就是相互信任。因此，供应链企业之间需形成一种基于长期合作的团队式的信任关系。

信任是供应链节点企业在充分了解供应链团队规则、其他企业的权利与义务、核心竞争优势和自己的权利和义务，以及各自所期望的报酬后所做出的一个理性的选择行为。基于信任关系，供应链可以搜集、加工处理和应用独立学习时所不能获得的信息和知识，整合信息和资源，取长补短，节点企业在加深对彼此技术和知识能力了解的同时，还能完善自身的知识技能；有助于形成它们相互之间建立的一种如竞争信任关系、良好愿望关系和合同信任关系等，从而达到供应链激励的目的。

（3）商誉激励。

商誉是一个企业的无形资产，对于企业极其重要。商誉来自于供应链内其他企业的评价和在公众中的声誉。商誉反映企业的社会地位（包括经济地位、政治地位和文化地位）。从长期来看，代理人必须对自己的行为负完全的责任。良好的商誉有助于供应商拓展业务范围、提高合作伙伴的层次，从而提高未来的收入；不好的商誉（如不能按交货期按时交货、降低产品质量、不按合同付款、恶意欠债等），使企业难以获得订单，未来发展也埋下了风险的种子。

商誉激励对供应商、制造商主要体现为认证合格供应商、定点制造商等，对于销售商主要体现为优秀销售商等荣誉称号。

（4）组织激励。

在一个较好的供应链环境下，企业之间的合作愉快，供应链的运作也通畅，少有争执。也就是说，一个良好组织的供应链对核心企业及合作伙伴企业都是一种激励。减少供应商的数量，并与主要的供应商保持长期稳定的合作关系，是制造商采取的组织激励的主要措施。

（5）订单激励。

一般来说，一个核心企业（委托人）拥有多个供应商（代理人），多个代理人竞争来自于委托人的订单，更多的订单是对供应商的一种有效激励。制造商将订单下到哪一家企业，下到哪一种行为类型的供应商，这种行为本身对供应商就是一种引导。如果制造商一味选择报价低但在交货期、质量等方面较差的供应商，那么供应商就会只追求低报价而忽视交货期与物品质量；反之，制造商在综合考虑价格、质量和交货期等因素的基础上选择供应商，就会引导供应商朝供应链健康发展的轨道发展。所以，订单激励是供应商观察制造商诚信程度的基本依据。

（6）参与激励。

新产品、新技术的共同开发和共同投资也是一种激励机制，它可以让供应商全面掌握新产品的开发信息，有利于新技术在供应链企业中的推广和开拓供应商市场。供应链管理实施得好的企业，都将供应商、经销商甚至用户结合到产品的研究开发工作中来，按照团队的工作方式展开全面合作。在这种环境下，合作企业也成为整个产品开发中的一分子，其成败不仅影响制造商，而且也影响供应商及经销商。因此，每个人都会关心产品的开发工作，这就形成了一种激励机制，构成对供应链上企业的激励作用。

制造商参与供应商新产品、新技术的投资生产也是对供应商的一种有效激励。由于产品需求的顾客化、多样化，供应商应该向制造商提供顾客化的零部件。但是，这种变化需要进行设备投资、流程设计、人员培训、技术更新等方面的投资，单靠供应商有时难以独立完成，因此，制造商从整体利益出发，对供应商进行这方面的投资。这种投资既可使制造商获得顾客化的产品供应，同时又可以很大程度地激励供应商更好的合作。

（7）信息激励。

信息流是供应链管理的对象之一，信息共享是供应链管理的一大特色。在信息时代，信息成了继劳动力、土地、资金之后的又一资源，企业拥有的信息越多，就意味着拥有更多的信息资源，从而获得更多的发展机遇。信息共享有助于减少投机行为，有助于促进重要生产信息的自由流动。信息激励对供应链企业而言，虽然是间接的激励方式，但是它的作用不可低估。

如果供应商能够快捷地获得制造商的需求信息，就能够主动采取措施提供优质服务，必然使制造商的满意度大为提高；同时，如果制造商能及时了解供应商的信息，它就能够有效克服逆向选择问题，挑选到最优秀的供应商，这对在合作双方建立起信任有着非常重要的作用。对于销售商，及时掌握制造商供应状况、上游市场的供应波动、新产品的上市信息，有助于其提前制订业务计划和对策，从而取得更好的收益。

（8）结算激励。

价格公道、订单较多，供应商有了满负荷的工作任务，当然会大大增强供货的积极性。如果供应商再辅之以及时结算供货账款，让供应商享受到实实在在的双赢实惠，那么这种激励的作用会更加明显、更加直接。从实践上讲，国内对供应商的结算周期主要有：到付、30天、60天、90天、180天、360天，甚至有长达2年的。制造商若采用缩短结算货款周期这种方法对供应商进行激励，一定可以取得显著的效果。

（9）淘汰激励。

淘汰激励是负激励的一种。优胜劣汰是世间事物生存的自然法则，供应链管理也不例外。为了使供应链的整体竞争力保持在一个较高的水平，供应链必须建立对成员企业的淘汰机制，同时供应链自身也面临淘汰。淘汰弱者是市场规律之一，保持淘汰对企业或供应链都是一种激励。对于优秀企业或供应链来讲，淘汰弱者使其获得更优秀的业绩；对业绩较差者，为避免淘汰的危险它更需要求上进。淘汰激励是在供应链系统内形成一种危机激励机制，让所有合作企业都有一种危机感。这样一来，企业为了能在供应链管理体系获得群体优势的同时自己也获得发展，就必须承担一定的责任和义务，对自己承担的供货任务从成本、质量、交货期等负有全方位的责任。这一点对防止短期行为和"一锤子买卖"给供应链群体带来的风险也起到一定的作用。

9.4.3 供应链激励机制的设计

9.4.3.1 激励机制设计的步骤

激励机制的设计一般包括以下两个关键步骤：

（1）设计全局的合作规划

供应链各成员企业的行动必须进行优化组合，使供应链信息共享合作能够达到最佳利益点。这种优化范围包括从确定型系统到随机型系统，对于确定型供应链，一般使用大型线性规划或混合整数规划方法；如考虑随机的情况，则多数采用随机动态规划模型。

（2）具体分析各成员的利益要求，设计激励机制

一个理想的激励机制能够使得供应链成员密切合作，实现系统最优的状态。目前，主要是用博弈论作为工具深入分析供应链成员的决策问题，以及成员之间的竞争行为，预测实际达到的均衡结果，设计具体的协调方案和参数，对个体成员的决策进行建模分析。

9.4.3.2 针对供应商的激励机制设计

长期以来，产品质量被视为企业生命。对制造商而言，为保障产品质量，其先决条件是如何从供应商那里获得高品质原材料或零部件。为实现这一目标，制造商常常采取抽样方式对供应商所提交的产品进行质量评估，并据此进行相应的奖励或惩罚，从而促使供应商提高原材料或零部件供应品质。

供应商质量激励问题，惩罚机制作为典型的激励机制得到了人们的深入研究，如贝曼在考虑到惩罚机制，应用两步惩罚的策略：首先，制造商在接收供应商所提交的产品时采取抽样检查方式，对检测出的不合格品进行质量惩罚；其次，如果有质量缺陷的产品未被检出而流入最终市场，导致随后产生的赔偿、产品召回等问题，也将对供应商进行惩罚。一定条件下通过两步惩罚策略可以实现对供应商产品质量的较好诱导。

现实中对供应商的激励除惩罚机制外，人们还常采用奖励机制、固定支付机制等其他机制。这些机制常常表现为：首先，合约签订初期，制造商给予供应商一定额度的固定支付以表明合作诚意，启动生产；然后，合约执行过程中制造商根据预先规定的标准对供应商进行考核，如果产品质量或准时交货率高于（或低于）合约预先规定的标准，则制造商将给予相应的奖励（或惩罚）。

对供应商而言，它非常清楚自己的产品质量，处于信息优势；然而，对制造商而言，它

往往难以对供应商的生产过程实施有效的全程监督与控制。在于信息非对称条件下,制造商不能对供应商的生产过程实施有效的全程监督与控制,不能确知供应商的质量投入水平,在此情形下供应商可以选择对自己最有利的质量投入水平以最大化自己的利益。与之相比,对称信息下制造商对这些信息完全了解,它可以强制要求供应商达到某个预先规定的质量投入水平,否则对其实施强制性惩罚。

本章小结

本章在介绍绩效的概念基础上介绍了绩效管理、供应链绩效管理的概念,以及供应链绩效与企业绩效的异同;作为供应链管理的一个主要环节,重点介绍了绩效评价的内容、体系、主要指标体系以及计算方法;供应链评价的方法主要介绍了 SCOR 模型、平衡计分卡、标杆法;供应链的激励机制设计在介绍激励机制概念的基础上介绍了激励的常见方式,激励机制的设计重点讲述了供应商、分销商的激励机制设计。

关键术语

供应链运作参考模型(Supply Chain Operation Reference Model,SCOR)
平衡计分法(Balanced Score Card,BSC)
标杆(Benchmarking)
物流计分卡(The Logistics Scorecard,LS)

复习思考题

1. 供应链管理的关键业务流程有哪些?
2. 比较供应链绩效评价与企业绩效评价的异同。
3. 供应链绩效评价的范围和内容有哪些?
4. 供应链绩效评价指标体系有哪几类?
5. 供应链标杆管理的实施步骤和过程分为哪些?
6. 供应链的企业激励手段有哪些?

讨论案例

美孚 5 年标杆管理

"速度—微笑—安抚"的金三角标杆管理,让美孚公司加油站的平均年收入得到 10% 的回报。

2000 年,埃克森美孚公司全年销售额为 2 320 亿美元,位居全球 500 强第一位。人均产值为 193 万美元,约为中国石化的 50 倍。而让美孚公司取得如此骄人业绩的关键,在于其实施的标杆管理。1992 年,美孚石油公司还只是一个每年仅有 670 亿美元收入的公司,但年初的一个调查让公司决定对公司的服务进行变革。

当时美孚公司询问了服务站的 4 000 位顾客,什么对他们是重要的?结果得到了一个令人震惊的数据：仅有20%的被调查者认为价格是最重要的；其余的80%想要三件同样的东西——能提供帮助的友好员工、快捷的服务和对他们的消费忠诚予以认可。

根据这一发现，美孚公司开始考虑如何改造遍布全美的 8 000 个加油站，讨论的结果是实施标杆管理。公司由不同部门人员组建了三个团队，分别以速度（经营）、微笑（客户服务）、安抚（顾客忠诚度）命名，以通过对最佳实践进行研究作为公司的标杆，努力使客户体会到加油也是愉快的体验。

速度小组找到了彭思克团队，它在服务比赛中以快捷方便的加油站服务而闻名。速度小组仔细观察了彭思克如何为通过快速通道的赛车加油：这个团队身着统一的制服，分工细致，配合默契。速度小组还了解到，彭思克团队的成功部分归于电子头套耳机的使用，它使每个小组成员能及时地与同事联系。

微笑小组考察了丽嘉—卡尔顿宾馆的各个服务环节，以找出该饭店是如何获得不寻常的顾客满意度的。结果发现，卡尔顿的员工都深深地铭记，自己的使命就是照顾客人，使客人舒适。微笑小组认为，美孚公司同样可以通过各种培训，建立员工导向的价值观来实现自己的目标。

安抚小组到"家居仓储"去查明该店为何有如此多的回头客。在这里他们了解到，公司中最重要的人是直接与客户打交道的人。这意味着企业要把时间和精力投入到如何招聘和训练员工上。安抚小组的调查改变了公司的观念，使领导者认为自己的角色就是支持一线员工，让他们把出色的服务和微笑传递给客户，传递到公司以外。

美孚公司提炼了他们的研究结果，并形成了新的加油站概念——"友好服务"。美孚公司在佛罗里达的 80 个服务站开展了这一试验。"友好服务"与其传统的服务模式大不相同。希望得到全方位服务的顾客一到加油站，迎接他的是服务员真诚的微笑与问候，所有服务员都穿着整洁的制服，打着领带，配有电子头套耳机，以便能及时地将顾客的需求传递到便利店的出纳那里。希望得到快速服务的顾客可以将车开进站外的特设通道中，只需要几分钟，就可以完成洗车和收费的全部流程。

美孚公司由总部人员和一线人员组成了实施团队，花了 9 个月的时间构建和测试维持友好服务的系统。"友好服务"的初期回报是令人振奋的，加油站的平均年收入增长了 10%。1997 年，"友好服务"扩展到公司所有的 8 000 个服务站。

资料来源：http://www.pep.com.cn/case/65988_421_67/832.html

讨论问题
1. 美孚公司的标杆管理属于战略性标杆管理还是运营性标杆管理？
2. 美孚公司的标杆管理属于内部标杆管理还是外部标杆管理？
3. 美孚公司是如何进行标杆管理？

参考文献

[1] 霍佳震. 物流与供应链管理 [M]. 北京：高等教育出版社，2012.

[2] 马士华，林勇. 供应链管理 [M]. 北京：高等教育出版社，2006.

[3] 何开伦. 供应链管理 [M]. 武汉：华中科技大学出版社，2010.

[4] 王槐林. 物流管理学 [M]. 武汉：武汉大学出版社，2009.

[5] 邵晓峰，等. 供应链管理 [M]. 北京：机械工业出版社，2006.

[6] 霍红，华蕊. 采购与供应链管理 [M]. 北京：中国物资出版社，2005.

[7] 赵晓波. 库存管理 [M]. 北京：清华大学出版社，2008.

[8] 解琨，刘凯，周双贵. 供应链战略联盟的风险问题研究 [J]. 中国安全科学学报，2003（11）：38-41.

[9] 陈金波. 基于生态学的企业集群内在风险与对策研究 [J]. 当代经济，2005（6）：68-71.

[10] 张维迎. 博弈论与信息经济学 [M]. 上海：上海人民出版社，1996.

[11] 鲁凯. 信息不对称下供应链激励机制研究 [R]. 西安电子科技大学，硕士学位论文，2008（1）.

[12] 刘长贤. 制造商视角的供应链激励合约设计 [R]. 南京理工大学博士学位论文，2010（9）.

[13] 何静. 团队建设中的激励机制建设 [R]. 硕士学位论文. 成都：西南交通大学管理学院，2004.

[14] 杨丽伟. 供应链企业合作的激励机制研究 [R]. 武汉理工大学硕士学位论文，2004（11）.

[15] 李朝霞. 企业进化机制 [M]. 第1版. 书目文献出版社. 2001.

[16] 关培兰. 组织行为学 [M]. 武汉：武汉大学出版社，2000.

[17] 霍佳震，马秀波，朱琳婕. 集成化供应链. 绩效评价体系及应用 [M]. 清华大学出版社，2005.

[18] 曲盛恩. 供应链绩效评价的系统研究 [R]. 哈尔滨工程大学博士学位论文，2006.

[19] 查敦林. 供应链绩效评价系统研究 [R]. 南京航空航天大学博士学位论文，2003.

[20] 曾德明，龚红. 基于企业制度和企业理论的利益相关者评价方法 [J]. 南开管理评论，2004（1）.

[21] 张涛，文新三. 企业绩效评价研究 [M]. 北京：经济科学出版社，2002.

[22] Bititci U S, Carrie A S, McDevitt L. InteDevelopment Guide [J]. International Management. ed Performance Measurement Journal of Operations and Systems production 1997, (5): 522-534.

[23] 毕意文,孙永玲. 平衡计分卡中国战略实践 [M]. 机械工业出版社, 2003.

[24] 高立法,冯腾达. 企业经营分析与效绩评价 [M]. 北京:经济管理出版社, 2005.

[25] 吴涛. 集成供应链运作与物流管理的研究 [R]. 武汉理工大学博士学位论文, 2003 (4).

[26] 韩小花,薛声家. 一种基于标杆管理的绿色供应链绩效评价方法 [J]. 工业技术经济, 2006 (11).

[27] 孙晓燕. 供应链绩效评价指标体系构建研究 [R]. 东北财经大学硕士学位论文, 2006 (12).